Werner Siepe

Immobilienfinanzierung
Die richtige Strategie

Inhaltsverzeichnis

20 Unter dem Hammer: 10 Tipps für Auktionen

152 Günstige Darlehen: Alle wichtigen Förderprogramme

67

Stein für Stein:
So berechnen Sie
Ihre Gesamtkosten

118

Schuldenfrei:
Wie Sie Kredite
clever tilgen

161

Gut versichert:
Diesen Schutz
braucht Ihr Haus

171

Wie kreditwürdig
sind Sie? Prüfen Sie
selbst!

Was wollen Sie wissen?

Sie möchten ein Haus bauen oder kaufen, um darin mit Ihrer Familie selbst zu wohnen? Oder wollen Sie eine vermietete Eigentumswohnung oder ein Miethaus zur Kapitalanlage erwerben? Dann wird es Zeit, die beste Finanzierung für Ihr Haus oder Ihre Wohnung zu finden.

Wie viel Haus oder Wohnung kann ich mir eigentlich leisten?

Als Selbstnutzer können Sie sich ein Haus oder eine Wohnung leisten, wenn Sie die monatliche Belastung aus Zins und Tilgung für das Darlehen auf Dauer tragen können und darüber hinaus auch die laufenden Betriebs- und Instandhaltungskosten.

Ihre finanzielle Belastbarkeit hängt von Ihrem verfügbaren Haushaltseinkommen, Ihrem vorhandenen Eigenkapital und den Gesamtkosten für Ihr Eigenheim ab. Im Kapitel „Was Sie sich leisten können" ab Seite 39 erfahren Sie alles Nähere dazu.

Wie viel eigenes Erspartes soll ich einsetzen?

Für Selbstnutzer gilt die Regel „So viel Eigenkapital wie möglich". Mindestens 20 Prozent der gesamten Anschaffungskosten sollten es schon sein. Je mehr, desto besser. Bei Kapitalanlegern, die Haus oder Wohnung künftig vermieten werden, kann die Eigenkapitalquote auch niedriger sein. Wie Sie Ihr Vermögen ermitteln und die Eigenkapitalquote errechnen, steht im Abschnitt „Ihr Vermögen und die Eigenkapitalquote" ab Seite 53.

Von wem bekomme ich ein Hypothekendarlehen?

Drei mögliche Kreditgeber stehen zur Wahl: Banken, Bausparkassen und Lebensversicherungen. Meist wird es eine Bank sein, bei Selbstnutzern eventuell auch eine Bausparkasse. Für Kapitalanleger eignen sich Hypothekendarlehen von Banken in aller Regel am besten. Was Sie alles dabei beachten sollten, steht im Kapitel „Wer soll Ihr Finanzier sein?" ab Seite 77.

Wie lange soll ich die Zinsen festschreiben?

Bei der Kreditaufnahme über eine Bank ist ein klassisches Hypothekendarlehen mit einer festen Monatsrate für Zins und Tilgung allererste Wahl. In Niedrigzinsphasen wie zurzeit sollten Sie die Zinsen so lange wie möglich festschreiben, also über mindestens zehn Jahre, besser noch über 15 oder 20 Jahre. Für Selbstnutzer empfiehlt sich sogar ein Volltilgerdarlehen, bei dem am Ende der von Ihnen gewählten Laufzeit das komplette Darlehen zurückgezahlt ist. Im Abschnitt „Bankenlösung: Klassisches Annuitätendarlehen als erste Wahl" ab Seite 88 und auf den Seiten 106 bis 117 finden Sie alles Wissenswerte über die Wahl der richtigen Zinsbindung.

Wie hoch soll ich die Tilgung wählen?

In einer Niedrigzinsphase sollten Sie als Selbstnutzer auf jeden Fall einen höheren Tilgungssatz als 1 Prozent pro Jahr wählen, um Ihr Eigenheim schneller zu entschulden. Der jährliche Tilgungssatz sollte bei mindestens 2 Prozent, besser noch bei 3 oder gar 4 Prozent liegen. Die Belastung aus niedrigem Zins und höherer Tilgung muss aber auf jeden Fall für Sie verkraftbar sein. Vereinbaren Sie am besten schon bei Vertragsabschluss eine flexible Tilgung, sodass Sie den Tilgungssatz während der Zinsbindung zweimal wechseln und Sondertilgungen von jährlich bis zu 5 oder gar 10 Prozent der Darlehenssumme leisten dürfen. Näheres dazu finden Sie im Abschnitt „Tilgungsstrategien" ab Seite 118.

Wann lohnt sich Wohn-Riester für mich?

Wohn-Riester, auch als „Eigenheimrente" bezeichnet, kommt grundsätzlich nur für selbstgenutzte Wohnimmobilien infrage. Geförderte Wohn-Riester-Darlehen von Bausparkassen oder ganz selten von Banken lohnen sich vor allem dann, wenn die dafür gezahlten Zinsen nicht oder nur unwesentlich höher liegen im Vergleich zu den Zinsen für ungeförderte Bauspardarlehen. Im Abschnitt „Wohn-Riester-Darlehen beim Eigenheim" ab Seite 138 erfahren Sie alles, was Sie darüber wissen müssen.

Bekomme ich zinsgünstige Darlehen von der KfW?

Grundsätzlich ja. Als Selbstnutzer können Sie im Rahmen des Wohneigentumsprogramms für den Kauf oder Bau von selbstgenutzten Eigenheimen oder Eigentumswohnungen Darlehen bis zu 100 000 Euro von der KfW Förderbank erhalten. Die weiteren KfW-Programme für energieeffizientes Bauen und Sanieren stehen Selbstnutzern und Kapitalanlegern zur Verfügung. Informieren Sie sich im Abschnitt „KfW-Mittel: Zinsverbilligte Darlehen von der KfW Bankengruppe" ab Seite 154 über die günstigen Zins- und Tilgungskonditionen.

Welche Versicherungen sollte ich abschließen?

Eine Wohngebäudeversicherung, die Sie vor finanziellen Verlusten bei Feuer, Sturm, Hagel und Leitungswasser schützt, ist unverzichtbar. Bauherren können sich zusätzlich absichern über spezielle Bauversicherungen rund um den Bau, siehe Abschnitt „Versicherungen: Auf Nummer sicher gehen" ab Seite 161. Zur Absicherung des Ehegatten im Todesfall empfiehlt sich der Abschluss einer kostengünstigen Restschuldversicherung.

Wie kann ich mit Banken auf Augenhöhe verhandeln?

Mit den Kreditinstituten können Sie auch ohne fremde Hilfe auf Augenhöhe über die Höhe von Darlehen, Zins und Tilgung verhandeln. Vorausgesetzt, Sie haben sich vorher genügend informiert und sind anhand einer selbst erstellten, ausführlichen Unterlagenmappe gründlich auf das Kreditgespräch mit der Bank vorbereitet. Das Pokern um günstige Darlehen und Zinsen bleibt nicht nur den Finanzierungsprofis vorbehalten. Wenn das Kreditgespräch erfolgreich verlaufen ist, wird auch der sichere Abschluss des Darlehensvertrags kein Problem mehr sein. Wie Sie mit Banken verhandeln und abschließen, erfahren Sie im Kapitel „Auf Augenhöhe verhandeln" ab Seite 167.

Wie kann ich als Haus- und Wohnungseigentümer Steuern sparen?

Vor allem Vermieter von Haus oder Wohnung können Steuern sparen, da sie außer Abschreibungen noch Schuldzinsen und Instandhaltungskosten steuerlich von den Mieteinnahmen absetzen können.

Sofern die abzugsfähigen Werbungskosten über den Mieteinnahmen liegen, entsteht ein steuerlicher Verlust auf Vermietung, der zu Steuerersparnissen führt. Für Selbstnutzer gibt es außer den Zulagen für Wohn-Riester, Steuervergütungen für Handwerkskosten und haushaltsnahe Dienstleistungen nur noch in ganz seltenen Fällen spezielle Möglichkeiten, Steuern zu sparen, siehe Abschnitt „Landesmittel und sonstige Förderstellen" ab Seite 152.

Wofür Sie Geld benötigen

Fast jeder Bauherr, Käufer oder Modernisierer eines Hauses oder einer Wohnung benötigt fremdes Geld, um seine Pläne und Wünsche in die Tat umzusetzen. Er nimmt also einen Kredit bei der Bank oder bei anderen Geldinstituten auf. Nur um diese Fremdfinanzierung geht es in der Regel bei der Frage nach dem günstigsten Zins- und Tilgungsplan.

→ **Daneben setzt er eigenes Geld ein.** Fremd- und Eigenkapital zusammen bilden die Finanzierung beziehungsweise das Gesamtkapital. Zwei Ausnahmen gibt es von dieser Regel, also dem Normalfall mit Fremd- und Eigenkapital:

▶ Bei der nur noch selten anzutreffenden Vollfinanzierung werden alle Gesamtkosten durch fremde Geldgeber finanziert. Dies ist jedoch wegen der extremen Abhängigkeit vom Finanzierungsinstitut vor allem beim Bau oder Kauf eines Eigenheims sowohl teuer als auch riskant und daher fast immer abzulehnen. Nur bei gesicherten und sehr guten Einkommensverhältnissen werden zudem Banken bereit sein, das vom Kreditnehmer selbst genutzte Eigenheim vollständig zu finanzieren.

▶ Die zweite Ausnahme ist allerdings ebenso selten anzutreffen: Der Bauherr, Käufer oder Modernisierer benötigt überhaupt kein fremdes Geld, da er genügend Eigenkapital besitzt oder die Immobilie erbt oder geschenkt bekommt. Dieser unentgeltliche Erwerb in Form der Erbschaft oder Schenkung zieht normalerweise zunächst nur die eventuelle Zahlung von Erbschaft- und Schenkungsteuer nach sich.

Bau-, Kauf- oder Modernisierungsfinanzierung

Der Finanzierungsbedarf, die Höhe der Kreditaufnahme und die Auszahlungsmodalitäten richten sich nach der Art der geplanten Investition und der anschließenden Nutzung.

Selbst Erben beziehungsweise Beschenkte, die ein Haus oder eine Wohnung bekommen haben, führen oft noch eine gründliche Modernisierung durch, für die das eigene verfügbare Geld meist nicht ausreicht. Die typischen Finanzierungsgründe hängen also von folgenden Kriterien ab:

- **Investitionsart:** Bau, Kauf oder Modernisierung (Finanzierungsanlässe)
- **Nutzungszweck:** Selbstnutzung oder Vermietung, also Eigenheim oder vermietete Immobilie (Finanzierungsobjekte)
- **Zeitpunkt:** Erst- oder Anschlussfinanzierung (Finanzierungszeitpunkte)

Finanzierung bei Neubau oder Erwerb einer Gebrauchtimmobilie

Ein jeder, der sich den oft lang gehegten Traum vom Eigenheim erfüllen möchte, steht zunächst vor der Frage: Selbst neu bauen oder eine vorhandene Immobilie kaufen? Und wie viel muss ich dann noch investieren, um diese umzubauen? Einige Jahre oder Jahrzehnte nach dem Einzug in die eigenen vier Wände steht dann häufig eine Modernisierung an.

Bauen oder kaufen ist zwar die Gretchenfrage für jeden künftigen Haus- und Wohnungseigentümer. Bei näherer Betrachtung gibt es aber sogar vier Möglichkeiten, in die eigenen vier Wände zu gelangen – Bauen auf eigenem Grundstück, Neubaukauf vom Bauträger, Kauf einer Gebrauchtimmobilie aus zweiter Hand oder Ersteigern einer zur Selbstnutzung geeigneten Immobilie beim zuständigen Amtsgericht.

Bauen auf eigenem Grundstück

Der Traum vom freistehenden Einfamilienhaus auf eigenem Grundstück lässt sich aus finanziellen Gründen oft gar nicht verwirklichen. Wer es sich aber leisten kann, sucht ein passendes Grundstück und lässt darauf sein Traumhaus mithilfe eines eigenen Architekten bauen. Handwerklich geschickte Bauherren mit viel Zeit und guten Nerven packen selbst an (Selbstbauhaus) oder übernehmen zumindest den Innenausbau (Ausbauhaus), da sie den Rohbau von einem Bauunternehmen erstellen lassen. Andere

Richtfest
Beim klassischen Haus-
bau müssen Zahlungen
nach Baufortschritt ge-
leistet werden.

bestellen ein Fertighaus ab Oberkante Keller nach ihren eigenen Wünschen.

In allen genannten Fällen sind die Gesamtkosten sorgfältig zu ermitteln, damit es zu keinen negativen Überraschungen kommt. Die Gesamtkosten eines Hauses auf eigenem Grundstück setzen sich aus Grundstückskosten (reiner Grundstückspreis plus Erwerbsnebenkosten und Erschließungskosten), Rohbaukosten (Bau- und Baunebenkosten) und Ausbaukosten (Bau- und Baunebenkosten für den Innenausbau einschließlich der Außenanlagen) zusammen.

Unter Baukosten ist die Summe aus reinen Baukosten, Baunebenkosten und Außenanlagen zu verstehen. Die reinen Baukosten teilen sich ungefähr je zur Hälfte in Kosten für Rohbau und Ausbau auf.

Nach einer groben Faustregel machen die Baunebenkosten (zum Beispiel Kosten aller Architekten- und Ingenieurleistungen, Kosten für behördliche Genehmigungen)

rund 15 Prozent der reinen Baukosten aus und die Außenanlagen (zum Beispiel Kosten für Entwässerungs- und Versorgungsanlagen außerhalb des Gebäudes, Kosten für Hofbefestigung und Gartenanlagen) rund 5 Prozent.

Die gesamten Baukosten liegen somit rund 20 Prozent über den reinen Baukosten für das Gebäude.

Neubaukauf vom Bauträger

Der Kauf eines Neubaus vom Bauträger kommt häufig bei Reihenhäusern, Doppelhaushälften und Eigentumswohnungen vor. Da der Bau vom Bauträger in dessen Namen und auf seine Rechnung schlüsselfertig erstellt wird, sind Sonderwünsche und Eigenleistungen nur in einem engen Rahmen möglich. Im notariell vereinbarten Neubaukaufpreis sind alle Baukosten einschließlich der Kosten für das Grundstück enthalten sowie der vom Bauträger kalkulierte Gewinn.

Die Preise für neu gebaute Einfamilienhäuser und für Neubau-Eigentumswohnungen sind seit 2009 in den Ballungszonen deutlich gestiegen. Dies gilt insbesondere für die sieben Top-Städte München, Stuttgart, Frankfurt, Köln, Düsseldorf, Hamburg und Berlin.

Die aktuellen Preise von Einfamilienhäusern und Eigentumswohnungen, die im Jahr 2000 oder danach gebaut oder vollständig saniert worden sind, listet seit 2003 der Verband deutscher Pfandbriefbanken (vdp) auf.

Finanztest veröffentlicht jedes Jahr aktuelle Immobilienpreise, die auf der Basis dieser vdp-Daten erstellt werden. Bei Einfamilienhäusern wird davon ausgegangen, dass die Geschossfläche 60 Prozent der Grundstücksfläche ausmacht (die sogenannte Geschossflächenzahl von 0,6). Die Eigentumswohnungen sollen eine durchschnittliche Wohnfläche von rund 70 Quadratmetern haben. Die vdp-Immobilienpreise in Euro pro qm Wohnfläche für Häuser und Eigentumswohnungen in 50 Städten und Land-

Staffelung des Gesamtkaufpreises nach MaBV

Bauleistungen	Teilzahlung in Prozent der Vertragssumme
Nach Beginn der Erdarbeiten, wenn Eigentum an einem Grundstück übertragen wird und eine Eigentums- beziehungsweise Auflassungsvormerkung im Grundbuch zugunsten des Neubaukäufers eingetragen ist:	30,00 % (aber nur 20 % bei Bestellung oder Übertragung eines Erbbaurechts)
Nach Rohbaufertigstellung	28,00 %
Nach Fertigstellung der Rohinstallation einschließlich Innenputz, ausgenommen Beiputzarbeiten	17,50 %
Nach Fertigstellung der Schreiner- und Glaserarbeiten (Fenster, Treppeneinbau, Türzargen)	10,50 %
Nach Bezugsfertigkeit und Besitzübergabe	10,50 %
Nach vollständiger Fertigstellung, also nach Abschluss der Restarbeiten und Beseitigung von Mängeln	3,50 %
Summe	**100,00 %**

Maximale Aufteilung in Teilsummen nach MaBV

Leistung	Teilzahlung in Prozent der Vertragssumme*
Nach Beginn der Erdarbeiten, wenn Eigentum an einem Grundstück übertragen wird und eine Eigentums- beziehungsweise Auflassungs- vormerkung im Grundbuch zugunsten des Neubaukäufers eingetragen ist:	30,00 %
Nach Fertigstellung des Rohbaus einschließlich Zimmererarbeiten	28,00 %
Herstellung der Dachflächen und Dachrinnen	5,60 %
Rohinstallation der Heizungsanlagen	2,10 %
Rohinstallation der Sanitäranlagen	2,10 %
Rohinstallation der Elektroanlagen	2,10 %
Fenstereinbau einschließlich Verglasung	7,00 %
Innenputz, ausgenommen Beiputzarbeiten	4,20 %
Estrich	2,10 %
Fliesenarbeiten im Sanitärbereich	2,80 %
Nach Bezugsfertigkeit und Zug um Zug gegen Besitzübergabe	8,40 %
Fassadenarbeiten	2,10 %
Nach vollständiger Fertigstellung	3,50 %
Summe	**100,00 %**

*) Die insgesamt 13 möglichen Teilzahlungen muss das Bauunternehmen, wenn es den Zahlungsplan für den Bauträgervertrag aufstellt, so zusammenfassen, dass maximal sieben Teilzahlungen entstehen.

Gebraucht?
Altbauwohnungen in
gepflegtem Zustand
sind sehr begehrt.

kreisen sind zuletzt in Finanztest 8/2020 veröffentlicht worden.

Außer dem Preisvergleich vor Ort sollte der Ruf des Bauträgers eine große Rolle spielen. Eigenheimkäufer sollten sich daher bereits schlüsselfertig erstellte Vergleichsobjekte ansehen und deren Bewohner nach ihren Erfahrungen mit dem Bauträger fragen. Der notariell zu beurkundende Bauträgervertrag muss genau überprüft werden. Sinnvoll ist auch die Einschaltung eines Architekten oder Bauingenieurs für die ständige Bauüberwachung. Dieser kann die Qualität der Bauarbeiten nach wichtigen Bauabschnitten vor Ort kontrollieren. Adressen sind über die örtlichen Architekten- und Ingenieurkammern erhältlich. Ansprechpartner können Sie beim Verband privater Bauherren oder beim Bauherren-Schutzbund (beide in Berlin) sowie bei der Bauberatung einer Verbraucherzentrale finden.

Der Neubaukaufpreis ist entweder in einer Summe nach Fertigstellung des Hauses oder nach Baufortschritt in Teilzahlungsraten fällig. Nach der Makler- und Bauträgerverordnung (§ 3 MaBV) ist grundsätzlich eine Staffelung des Gesamtkaufpreises wie in der Tabelle auf Seite 14 vorgesehen.

Der Zahlungsplan wird regelmäßig bereits bei Vertragsabschluss festgelegt und muss mit den Vorgaben der Makler- und Bauträgerverordnung (MaBV) übereinstimmen.

Der Zahlungsplan laut MaBV gibt Höchstgrenzen dafür an, welcher Prozentanteil des Preises bei welchen Teilleistungen maximal gefordert werden darf. Das Ziel besteht darin, zu verhindern, dass der Neubaukäufer mehr zahlt, als es dem Wert der ausgeführten Teilleistungen entspricht, und dass er durch solche Vorleistungen zum Beispiel bei einer Insolvenz des Bauträgers Geld verliert.

Die insgesamt 70 Prozent der Auftragssumme nach Beginn der Erdarbeiten können für die weiteren Arbeiten am Bau auch ganz detailliert aufgegliedert werden, wie es die Tabelle „Maximale Aufteilung in Teilsummen" auf Seite 15 zeigt.

Dieser Zahlungsplan enthält einschließlich der Anfangsrate von 30 Prozent nach Beginn der Erdarbeiten insgesamt dreizehn mögliche Teilzahlungen, die das Unternehmen, wenn es den Zahlungsplan für den Bauträgervertrag aufstellt, so zusammenfassen muss, dass maximal sieben Teilzahlungen entstehen. Das Unternehmen kann also je nach Bauablauf und Bauorganisation einzelne Teilzahlungen unterschiedlich bündeln, muss dabei aber die Höchstgrenzen einhalten, die die MaBV setzt. Werden die Höchstgrenzen überschritten, ist der vertraglich vereinbarte Zahlungsplan unwirksam.

Das Unternehmen kann dann keine Teilzahlungen verlangen, und der Neubaukäufer muss erst nach Fertigstellung und abschließender Abnahme überhaupt etwas zahlen.

Kauf einer Gebrauchtimmobilie aus zweiter Hand

Wer weder bauen noch einen Neubau erwerben will, kann auf ein Haus (zum Beispiel Reihenhaus) oder eine Eigentumswohnung aus zweiter Hand ausweichen.

Diese Gebrauchtimmobilie wird meist vom jetzigen Eigentümer, der seine eigenen vier Wände bisher selbst bewohnt hat, über Makler oder „von Privat an Privat" angeboten.

Der Vorteil eines Erwerbs aus zweiter Hand ist offensichtlich: Als Kaufinteressent können Sie Lage, Zustand und Ausstattung des Hauses oder der Eigentumswohnung selbst in Augenschein nehmen und mit anderen Angeboten vergleichen.

Sie gehen kein Bau- und Fertigstellungsrisiko ein wie ein Bauherr, müssen allerdings die Kosten für die Beseitigung von Baumängeln oder -schäden (zum Beispiel Feuchtigkeitsschäden) und eventuell Modernisierungs- und Renovierungskosten (zum Beispiel nicht mehr zeitgemäße Ausstattung von Küche und Bad oder Renovierungsstau) richtig einkalkulieren. Vor dem Kauf sollte daher unbedingt ein Baufachmann zu Rate gezogen werden, der auf die möglichen Schwachstellen und den Sanierungsbedarf hinweist.

Die Höhe des Kaufpreises für eine Gebrauchtimmobilie hängt insbesondere ab von

▸ **der Größe:** Wohnfläche, außerdem Grundstücksgröße beim Haus,
▸ **der Lage:** Standort, Wohn- und Verkehrslage innerhalb des Ortes,
▸ **der Qualität der Immobilie:** Zustand und Ausstattung sowie
▸ **bestehenden Mietverträgen.** Bei vermieteten Immobilien sind Preisabschläge üblich.

Zum reinen Kaufpreis kommen noch rund 5 bis 8 Prozent für Kaufnebenkosten hinzu (3,5 bis 6,5 Prozent Grunderwerbsteuer und

HÄTTEN SIE'S GEWUSST?

Die einfache Frage „Was kostet eine Eigentumswohnung in deutschen Großstädten?" ist gar nicht einfach zu beantworten. Es gibt nämlich keine bundesweite amtliche Statistik zur Entwicklung von Wohnungspreisen und Mieten. Je nach Datenpool, Lage und Ausstattung kann eine vergleichbare Wohnung in Köln zum Beispiel 4 000 oder 5 000 Euro/qm kosten, in Frankfurt 5 000 oder 7 500 Euro/qm und in München gar 8 000 bis 10 000 Euro/qm. Achten Sie also immer darauf, welches Marktsegment ausgewählt wurde: nur Bestandsimmobilien oder auch Neubaupreise? Wurden nur Angebotspreise oder tatsächlich erzielte Verkaufspreise ausgewertet?

circa 1,5 Prozent Notar- und Grundbuchgebühren) sowie eventuell die Maklerprovision von 3 Prozent zuzüglich Mehrwertsteuer.

Bis Ende 1996 lag die Grunderwerbsteuer bei nur 2 Prozent. Seit Ende 2006 können die Bundesländer die Sätze dafür selbst festlegen. In den meisten Bundesländern macht die Grunderwerbsteuer zurzeit 5 Prozent des Kaufpreises aus.

Die Kaufnebenkosten, die im Extremfall (Grunderwerbsteuer 6,5 Prozent, Notar- und Grundbuchkosten 1,5 Prozent und Maklerprovision 3,57 Prozent inklusive Mehrwertsteuer) auf rund 12 Prozent des reinen Kaufpreises ansteigen, dürfen demzufolge nicht unterschätzt werden und müssen bei der Finanzierung auf jeden Fall Berücksichtigung finden.

Typischerweise liegen die Kaufpreise pro qm Wohnfläche umso höher, je besser Lage und Ausstattung von Haus oder Wohnung sind.

Der Verband deutscher Pfandbriefbanken (vdp) hat seit 2003 eine einzigartige Datenbank aufgebaut. Sie enthält alle Preise, die Käufer für Wohnungen und Einfamilienhäuser in Städten und Landkreisen gezahlt haben. Allein 2020 wurden 350 000 Immobilienkäufe ausgewertet, die von 600 Banken finanziert wurden.

Bei den vdp-Immobilienpreisen innerhalb der erfassten Städte wird dabei nach den Kategorien sehr gute, gute und mittlere Lage unterschieden. Außerdem werden die Preise um ein Weiteres getrennt nach sehr guter, guter, mittlerer und einfacher Ausstattung.

Einer der großen Trends: Laut vdp sind die Immobilienpreise in den deutschen Metropolregionen deutlich stärker gestiegen als im Landesdurchschnitt. Dies wird auch durch die Internetportale Immobilienscout24 und Europace bestätigt. Europace erstellt jeden Monat auf Basis von realen Käufen und Finanzierungen einen Hauspreisindex (EPX).

Wenn Sie ermitteln wollen, welcher Preis für eine Immobilie angemessen ist, kann Ihnen zum Beispiel die Datenbank auf www.test.de mit Preisen von Häusern und Eigentumswohnungen in 160 Städten und Landkreisen helfen: auf www.test.de Suche nach „Immobilienpreise".

→ Ein Makler kann den Markt-wert realistischer sehen

Ein Kauf über Makler muss trotz Maklerprovision übrigens letztlich nicht teurer sein. Bei einem Kauf von Gebrauchtimmobilien direkt vom Eigentümer fällt zwar keine Provision an. Oft sind die Preisvorstellungen der Privateigentümer aber deutlich überzogen, da diese einen ansehnlichen Gewinn einstreichen oder einen drohenden finanziellen Verlust im Vergleich zu ihrem eigenen Einstiegspreis auf jeden Fall vermeiden wollen. In diesem Fall sollte der Käufer den Kaufpreis herunterhandeln oder vom Kauf ganz Abstand nehmen.

Immer mehr Immobilienangebote finden sich mittlerweile im Internet, so zum Beispiel unter www.immobilienscout24.de (größtes Internetportal für Angebote von Wohnimmobilien), www.immowelt.de und www.immonet.de.

Durch den Vergleich von ähnlich gelegenen und ausgestatten Häusern oder Eigentumswohnungen lässt sich damit der aktuelle und ortsübliche Marktpreis recht gut ermitteln.

> 66 **Es lohnt sich, einige Termine probeweise wahrzunehmen und den Ablauf einer Immobilienversteigerung per Zuschlag beim Amtsgericht kennenzulernen.**

Ersteigern beim Amtsgericht
Schnäppchenjäger möchten ihr Traumobjekt zu einem besonders günstigen Preis beim zuständigen Amtsgericht ersteigern. Bei attraktiven Eigenheimen tummeln sich aber viele Bietinteressenten im Gerichtssaal. Einige steigern sich sogar in einen „Bietrausch" hinein, sodass der Ersteigerungspreis bei Einfamilienhäusern am Ende eher höher als der vom Gerichtsgutachter

ermittelte Verkehrswert ausfallen kann. Im September 2018 beispielsweise wurde am Amtsgericht Düsseldorf ein 1990 gebautes freistehendes Einfamilienhaus für 620 000 Euro versteigert, obwohl es nur einen Verkehrswert von lediglich 590 000 Euro laut Gutachten hatte.

Finanziell interessanter ist möglicherweise das Ersteigern von vermieteten Eigentumswohnungen, da das Angebot von zur Zwangsversteigerung anstehenden Objekten auf diesem Spezialmarkt größer ist und sich die Nachfrage zuweilen noch in Grenzen hält. Eine sorgfältige und intensive Vorbereitung auf den Versteigerungstermin ist aber auch in diesem Fall unerlässlich. Es lohnt sich, einige Termine probeweise wahrzunehmen und den Ablauf einer Immobilienversteigerung per Zuschlag beim Amtsgericht kennenzulernen.

Um nicht die Katze im Sack zu kaufen beziehungsweise zu ersteigern, sollte eine eingehende Besichtigung auch bei vermieteten oder leerstehenden Eigentumswohnungen erfolgen. Darüber hinaus ist es anzuraten, dass Sie über den Hausverwalter oder den jetzigen Eigentümer unbedingt die Teilungserklärung, die Gemeinschaftsordnung, die Höhe des monatlichen Hausgelds und die Höhe der angesparten Instandhaltungsrücklagen laut Wirtschaftsplan sowie die Protokolle der letzten Wohnungseigentümerversammlungen anfordern oder dort einsehen.

Die 10 Gebote für Bieter bei Versteigerungen

Diese zehn Tipps für Bietinteressenten und Ersteigerer gelten in abgewandelter Form auch für alle anderen Kaufinteressenten.

Der Zuschlag beim Amtsgericht ersetzt dabei den notariellen Kaufvertrag. Zuschlags- und Eintragungsgebühr fallen mit knapp 1 Prozent des Ersteigerungspreises geringer aus als die sonst fälligen Notar- und Grundbuchgebühren.

1. Vertrauen Sie niemals blind dem bei Gericht oder im Internet unter www.zvg-portal.de einsehbaren Gutachten. Überzeugen Sie sich selbst von Lage, Zustand und Ausstattung des Objekts.

2. Besichtigen Sie das Haus oder die Wohnung, sofern dies möglich ist, auch von innen, und nehmen Sie einen Baufachmann mit, falls Sie nicht selbst vom Fach sind.

3. Nehmen Sie auf der Geschäftsstelle des Zwangsversteigerungsgerichts Einsicht in den Grundbuchauszug.

4. Nehmen Sie so früh wie möglich Kontakt mit den Gläubigerbanken auf, deren Namen Sie dem Grundbuchauszug entnehmen können. Sprechen Sie schon vor dem Versteigerungstermin mit ihnen über den möglichen Erwerbspreis, aber lassen Sie sich nicht auf schriftlich vereinbarte Pflichten ein, mindestens eine bestimmte Summe zu bieten (Ausbietungsgarantien), die nur Sie verpflichten.

5 Stellen Sie auf jeden Fall schon vor dem Versteigerungstermin die Finanzierung durch eine vorläufige Darlehenszusage sicher. Platzt die Finanzierung nämlich später, kommt die Immobilie erneut unter den Hammer.

6 Setzen Sie sich vor dem Versteigerungstermin ein Gebotslimit, halten Sie dies unbedingt ein und hüten Sie es wie ein Staatsgeheimnis.

7 Sorgen Sie für eine ausreichende Sicherheitsleistung in Höhe von 10 Prozent des Verkehrswerts, zum Beispiel durch rechtzeitige Überweisung des Betrages auf das Konto der vom Amtsgericht angegebenen Gerichtskasse.

8 Rufen Sie kurz vor dem Termin beim zuständigen Rechtspfleger und eventuell bei der Gläubigerbank an, ob der Termin noch steht oder ob das Verfahren eingestellt wurde.

9 Legen Sie sich für die Bietzeit von 30 Minuten eine ausgefeilte Biettaktik zurecht und lassen Sie sich nicht durch Konkurrenten aus der Ruhe bringen. Da zu diesen auch die Gläubigerbank zählt, sprechen Sie noch während der Bietzeit mit dem Bankenvertreter.

10 Sorgen Sie, falls Sie als Meistbietender den Zuschlag bekommen haben, für eine zügige finanzielle Abwicklung bis zum Verteilungstermin, der etwa sechs bis acht Wochen nach dem Versteigerungstermin selbst liegt.

Die Gesamtkosten müssen finanzierbar sein

Ob Bauen (auf eigenem Grundstück oder Neubaukauf vom Bauträger) oder Kaufen (aus zweiter Hand per notariellem Kaufvertrag oder per Ersteigern beim Amtsgericht): Bei jeder dieser Investitionsarten spielt die Höhe der Gesamtkosten eine ganz entscheidende Rolle. Je höher die Gesamtkosten der Investition ausfallen, desto höher wird auch der Finanzierungsbedarf sein.

Da vielen Eigenheimwünschen finanzielle Grenzen gesetzt sind, gibt es beim Auseinanderklaffen von Gesamtkostenschätzung des Wunschobjekts und Finanzierbarkeit des Bau- oder Kaufvorhabens nur zwei Möglichkeiten: kosten- beziehungsweise preisgünstigere Alternativen nutzen oder auf den Bau beziehungsweise Kauf des Eigenheims zumindest zum jetzigen Zeitpunkt verzichten.

Jeder weiß es: Bauen ist in Deutschland immer noch sehr teuer, und auch die Grundstückspreise sind in manchen Gegenden unbezahlbar. Wenn Kosten und Preise für den geplanten Neubau sich also als zu hoch oder nicht finanzierbar erweisen, können folgende Alternativen ins Auge gefasst werden.

→ Die Gesamtkosten drücken

Die Möglichkeiten für einen preisgünstigen Kauf nach dem Motto „Im Einkauf liegt der Gewinn" sollte man nutzen, falls das Geld für ein neu errichtetes Traumhaus nicht ausreicht oder der mit dem Bau verbundene Stress vermieden werden soll.

1. Kostensparend bauen: Sparen bei Rohbau und Ausbau durch kostengünstigere statt herkömmlicher Bauweise (zum Beispiel Rationalisierung durch mehr industrielle Vorfertigung oder bessere Bauorganisation durch Koordination von Planung und Durchführung in einer Hand).

2. Geringere Bauherrenansprüche: Verzicht auf bisher gewohnte Standardansprüche wie volle Unterkellerung, kompletter Ausbau des Dachgeschosses oder aufwendige Erstausstattung mit offenem Kamin.

3. Bescheideneres Erstobjekt: Reihenhaus oder Doppelhaushälfte statt freistehendes Einfamilienhaus, Eigentumswohnung statt Einfamilienhaus als Einstiegsimmobilie.

4. Kleineres Objekt: statt des Hauses zum Beispiel mit einer Wohnfläche von 180 Quadratmetern auf 500 Quadratmeter großem Grundstück ein kleineres Grundstück und geringere Wohnfläche als geplant.

5. Älteres Objekt: Erwerb einer Gebrauchtimmobilie aus zweiter Hand statt Neubau, da deutlich geringerer Kaufpreis.

Preisspielräume nutzen

Besonders preisgünstig sind Immobilien aus zweiter Hand, bei denen der tatsächliche Kaufpreis deutlich unter dem ortsüblichen Kaufpreis liegt. Wie das möglich ist?

Ein für Sie als Käufer attraktiver Preisabschlag hängt nicht selten vom Anbieter selbst ab. Eventuell müssen Eigentümer ihre Immobilie unter Druck verkaufen. Sie sitzen auf dem sprichwörtlichen Pulverfass und brauchen dringend Geld, um ihre finanziellen Probleme zu lösen. Hinter der „Pulverfass-Situation" verbirgt sich eine Scheidung, eine zerstrittene Erbengemeinschaft, plötzliche Krankheit oder Arbeitslosigkeit, vielleicht aber auch nur das fortgeschrittene Alter des Eigentümers.

Ob der Angebotspreis marktgerecht ist, können Sie über den Vergleich mit ortsüblichen Marktpreisen feststellen. Einen guten Überblick liefern Kaufpreissammlungen der örtlichen Gutachterausschüsse, Preisspiegel des IVD (Immobilienverband Deutschland), Gespräche mit ortsansässigen Immobilienmaklern und das Durchforsten der Immobilienanzeigen im Internet oder in der örtlichen Tageszeitung.

Der reine Kaufpreis pro Quadratmeter Wohnfläche stellt den gemeinsamen Nenner bei allen Preisvergleichen dar. Bei Eigentumswohnungen dividieren Sie einfach den geforderten Preis für die Wohnung durch die Wohnfläche. Hinzu kommt noch der Preis für einen eventuell vorhandenen Tiefgaragenstellplatz.

Was den Kaufpreis von Immobilien bestimmt

☐ **Standort und Lage**
- Makrolage: zum Beispiel Ballungs-räume München, Stuttgart, Frank-furt, Köln, Düsseldorf, Hamburg, Berlin oder Klein- und Mittelstadt am Ballungsrand
- Mikrolage: Wohn- und Verkehrsla-ge innerhalb eines Ortes mit Infra-struktur wie Einkaufs- und Erho-lungsmöglichkeiten, Schulen und Kindergärten, ärztliche Versor-gung und öffentliche Einrichtun-gen
- Lage innerhalb der Wohnanlage: zum Beispiel bei Reihenhaussied-lungen oder bei Eigentumswoh-nungen

☐ **Größe und Grundriss**
- Grundstücksgröße bei freistehen-den Einfamilienhäusern, Reihen-häusern und Doppelhaushälften
- Anzahl und Größe der Zimmer
- Wohnfläche in Quadratmetern bei Haus oder Eigentumswohnung plus eventuelle Nutzfläche
- Wohnungsgrundriss und Raum-aufteilung

☐ **Zustand und Ausstattung**
- Baujahr, eventuell Jahr einer um-fassenden Modernisierung
- Äußerer Zustand des Hauses: Außenhaut des Gebäudes bezie-hungsweise Bau- und Ausfüh-rungsqualität als äußere Qualität, zum Beispiel Keller und Dach, Außenwände und Decken, Fens-ter und Haus- sowie Wohnungs-eingangstür
- Ausstattung des Hauses bezie-hungsweise der Wohnung: Aus-stattungsqualität als innere Quali-tät, zum Beispiel Sanitärobjekte, Heizung, Fußbodenbelag, Wand-fliesen in Küche und Bad, Innen-türen, Küchen-, Elektro-, Telefon-und Fernsehanschlüsse, Extras

☐ **Nutzung jetzt und künftig**
- Jetzige Nutzung: noch vom Eigen-tümer bewohnt oder noch vermie-tete oder auch leerstehende Im-mobilie
- Künftige Nutzung: beabsichtigte Eigennutzung, Vermietung oder Mischnutzung

Bei Reihenhäusern oder Doppelhäusern, die zur Selbstnutzung dienen, kann der Angebotspreis mit dem von einem Gutachter geschätzten Sachwert verglichen werden. In den Sachwert gehen der Grundstücks- beziehungsweise Bodenpreis sowie der Zeitbauwert des Gebäudes ein. Aktuelle Bodenpreise sind den Bodenrichtwert-Sammlungen der örtlichen Gutachterausschüsse zu entnehmen. Der Gebäudewert kann ermittelt werden, indem man die Wohn- oder Geschossfläche mit dem ortsüblichen Quadratmeterpreis multipliziert. In der Checkliste auf Seite 23 sind die wichtigsten Kaufpreiskriterien aufgeführt.

Modernisierungs- und Energiesparmaßnahmen

Die Modernisierungs- und Sanierungskosten fallen bei älteren Gebäuden an, entweder unmittelbar nach dem Kauf einer Gebrauchtimmobilie oder nach einer längeren Selbstnutzung eines Eigenheims.

▸ Modernisieren mit zinsgünstigen Krediten

Bei der Wohnraummodernisierung stehen meist ein neues Bad, ein verbesserter Wohnungszuschnitt sowie eine neue Heizung, neue Fenster, Fußbodenbeläge oder ein zusätzlicher Wintergarten auf der Wunschliste. Zinsgünstige Kredite und auch nicht zurückzuzahlende Zuschüsse bietet die KfW Förderbank (KfW) in ihrem Gebäudesanierungsprogramm an. Doch auch Banken unterbreiten zinsgünstige Angebote – vor allem dann, wenn das Eigenheim bereits schuldenfrei ist.

Gut schneiden alle Sanierer mit einem konkurrenzlos günstigen Kredit von nur 1 Prozent Effektivzins ab. Noch besser stehen sich die Modernisierer mit einem KfW-Kredit, wenn die Immobilie durch die anfallenden Arbeiten altersgerecht umgebaut wird (zum Beispiel bodengleiche Dusche und Einbau eines Treppenlifts) oder der Energieverbrauch (zum Beispiel durch Umstellung der Heizanlage auf erneuerbare Energien wie Solarkollektoren oder Pelletkessel) sinkt. Allerdings müssen die zinsgünstigen KfW-Förderdarlehen über eine Bank (zum Beispiel die Hausbank) beantragt werden. Die Banken sind aber nicht verpflichtet, KfW-Förderdarlehen zu vermitteln.

▸ Energiesparen mit KfW-Mitteln

Sanierungen, die bei älteren Häusern zu erheblichen Energieeinsparungen führen, zielen auf eine bessere Wärmedämmung (Keller- oder oberste Geschossdecke, Außenwände, Dach), einen Austausch der Heizungsanlage sowie einen Austausch der Fenster ab. Eine komplette energetische Modernisierung (umfangreiche Wärmedämmung, dreifach verglaste Fenster, Erneuerung der Heizung) kann je nach Hausgröße 40 000 bis 50 000 Euro kosten.

Die KfW gewährt Zuschüsse sowie günstige Zins- und Tilgungskonditionen. Sie fördert mit extrem zinsgünstigen Krediten bis zu 120 000 Euro die energieeffiziente

Sanierung oder das energieeffiziente Bauen. Bei einer Zinsbindung von 10 Jahren betrug der Effektivzins nur 0,75 Prozent (Stand August 2021).

Außerdem ist noch ein Tilgungszuschuss von 12,5 bis 27,5 Prozent der Darlehenssumme beim energieeffizienten Bauen und von bis zu 15 Prozent beim energieeffizienten Sanieren je nach Effizienzhaus-Standard möglich.

Ein Sachverständiger muss vor Beginn der Umbaumaßnahmen bestätigen, dass die Anforderungen für den KfW-Energieeffizienz-Standard erfüllt sind. Der Energiebedarf des sanierten Hauses darf laut Berechnung des Sachverständigen den Höchstwert eines Neubaus nach Energieeinsparverordnung (EnEV) nur um maximal 30 Prozent übersteigen.

Für mit Architekten oder Ingenieuren abgeschlossene Honorarvereinbarungen über Modernisierungs- und Energieeinsparungsmaßnahmen gilt seit 2009: Das Honorar wird grundsätzlich nach den anrechenbaren Kosten des Objekts auf Grundlage der Kostenberechnung gemäß DIN 276 in der Fassung von Dezember 2008 berechnet.

Für Umbauten und Modernisierungen ist nach §35 HOAI (Honorarordnung für Architekten und Ingenieure) ein Umbau- und Modernisierungszuschlag bis zu 80 Prozent des Honorars möglich, wobei der bisherige Mindestumbauzuschlag von 20 Prozent weiter gelten soll.

Eigenheim- oder Miethausfinanzierung

Nicht nur die geplante Investitionsart (Bau, Kauf oder Modernisierung) hat Auswirkungen auf die Finanzierung, sondern genauso der Nutzungs- oder Verwendungszweck der Immobilie.

Auch für Durchschnittsverdiener ist ein Reihenhaus oder eine Eigentumswohnung zur eigenen Nutzung dank niedriger Hypothekenzinsen und trotz hoher Immobilienpreise vielleicht noch finanzierbar. Die Frage „Kauf oder Miete?" stellt sich für immer mehr Familien.

Dabei spielen subjektive Faktoren wie der Wunsch nach den eigenen vier Wänden, die Unabhängigkeit von Vermietern und die

Die drei Nutzungsarten

Reine Selbstnutzung: selbstbewohntes Einfamilienhaus oder selbstgenutzte Eigentumswohnung (Eigenheim im engeren Sinne)

Fremdnutzung durch Mieter: vermietete Eigentumswohnung, vermietetes Einfamilienhaus oder Mietwohnhaus

Gemischte Nutzung: selbstgenutzte und vermietete Wohnung in einem Haus (zum Beispiel Haus mit zwei Eigentumswohnungen, von denen die eine selbst genutzt und die andere vermietet wird)

Erfüllung eines Lebenstraums eine große Rolle. Paradox, aber wahr: Es gibt Familien, die sich ein Eigenheim finanziell leisten können, aber aus Furcht vor hohen Schulden dennoch lieber weiter zur Miete wohnen (wobei sie ja jeden Monat Miete zahlen müssen). Auf der anderen Seite bauen oder kaufen Leute ein Eigenheim, das sie finanziell völlig überfordert.

Neben diesen subjektiven Motiven sprechen auch objektive und rein wirtschaftliche Faktoren für den Umstieg von Miete auf Eigentum: Sicherheit vor Mietsteigerungen und Kündigungen, steuerfreie Mietersparnis, miet- und schuldenfreies Wohnen im Alter, Schutz vor Geldentwertung sowie eine erhoffte, ebenfalls steuerfreie Wertsteigerung. Viele sehen im Eigenheim sogar die beste private Altersvorsorge.

Die möglichen Nachteile eines Eigenheims dürfen aber nicht unter den Teppich gekehrt werden: Bei beruflich bedingten Ortswechseln hat man eine geringere Flexibilität, die eigenen Geldmittel sind langfristig gebunden. Eine Falschberatung beim Finanzierungskonzept und fehlender Schutz in den Wechselfällen des Lebens (zum Beispiel Krankheit, Arbeitslosigkeit, Scheidung) können zum teuren Verlust des Eigenheims führen.

Kauf oder Miete?

Die Chance, dass sich das Eigenheim unter Anlage- und Vorsorgegesichtspunkten auf Dauer rentiert, ist dennoch groß. Finanztest hat die Geldanlage auf dem Kapitalmarkt mit der Investition derselben Summe in eine Eigentumswohnung verglichen und die vorteilhaftere Variante gesucht.

In einem realistischen Musterszenario zahlt der Käufer für eine 100 Quadratmeter große Eigentumswohnung aus zweiter Hand 300 000 Euro plus 30 000 Euro Kaufnebenkosten und setzt dafür Eigenkapital von 90 000 Euro und 240 000 Euro für den Kredit ein.

Das Hypothekendarlehen in Höhe von 240 000 Euro wird zu folgenden Konditio-

Kauf oder Miete: Ein Vermögensvergleich

Ein Ehepaar kauft eine Wohnung für 300 000 Euro plus 30 000 Euro Nebenkosten, die sie mit 90 000 Euro Eigenkapital und einem Kredit von 240 000 Euro finanziert. In der Grafik links entspricht der Kaufpreis 20 Jahreskaltmieten für eine vergleichbare Mietwohnung (Monatsmiete 1 250 Euro). In der Grafik rechts sind es 25 Jahresmieten (Monatsmiete 1 000 Euro). Die Grafiken zeigen für beide Fälle den Vermögensvorteil oder -nachteil des Käufers je nach Miet- und Werteentwicklung.[1]

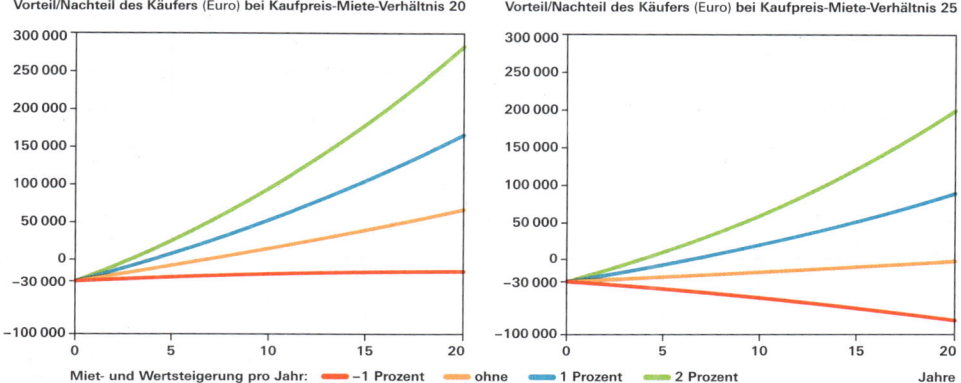

Vorteil/Nachteil des Käufers (Euro) bei Kaufpreis-Miete-Verhältnis 20   Vorteil/Nachteil des Käufers (Euro) bei Kaufpreis-Miete-Verhältnis 25

Miet- und Wertsteigerung pro Jahr: ■ –1 Prozent ■ ohne ■ 1 Prozent ■ 2 Prozent   Jahre

1) Zusätzliche Annahmen: Beim Käufer fallen jährlich 3 750 Euro für Instandhaltung (inklusive Rücklage) und Verwaltung an.
Der Kreditzins beträgt 2,2 Prozent, die Tilgung 3,0 Prozent. Der Mieter legt sein Kapital langfristig an und erzielt eine
durchschnittliche Rendite von 2,2 Prozent vor Steuern.

nen aufgenommen: Sollzins 2,2 Prozent mit einer Zinsbindung über 20 Jahre sowie Tilgung 3 Prozent zuzüglich ersparter Zinsen. Beim Käufer sollen jährlich 3 750 Euro für die Instandhaltung und die Hausverwaltung anfallen. Der Mieter legt sein Geld mit einer durchschnittlichen Rendite von 2 Prozent nach Steuern an.

Der Wohnungskäufer erzielt seinen Ertrag aus der Wertsteigerung der Immobilie und der Miete, die er einspart. Nebenkosten für Heizung, Strom und Wasser sind für Mieter und Eigentümer gleich.

Nur in den ersten sieben Jahren geht der Vermögensvergleich ganz eindeutig zugunsten des Mieters aus, sofern die monatliche Nettokaltmiete 1 250 Euro ausmacht und der Kaufpreis daher nicht über das 20-Fache der Jahresnettokaltmiete hinausgeht (siehe linke Grafik). Während der Mieter sein Erspartes anlegen kann, steckt der Käufer so viel wie nur irgend möglich in sein Eigenheim. Aber schon ab dem achten Jahr wendet sich in unserem Fall das Blatt. Der Käufer hat den Mieter bei der Rendite des eingesetzten Kapitals überholt, selbst wenn keine jährliche Miet- und Wertsteigerung vorliegt. Langfristig gewinnt er bei einer durchschnittlichen Miet- und Wertsteigerung von 1 oder gar 2 Prozent deutlich.

Das ist nicht unwahrscheinlich, vor allem wenn die Wohn- und Verkehrslage begehrt ist. Sicher ist die Wertsteigerung aber keineswegs. In den vergangenen Jahren sind die Preise für Einfamilienhäuser und Eigentumswohnungen zwar in Ballungsgebieten deutlich gestiegen, in bestimmten Regionen außerhalb der Ballungsräume aber auch gesunken.

Das Plus für den Eigentümer wird nach 20 Jahren richtig groß, da der Kredit nun weitgehend getilgt ist. Dann gibt er für das

Wohnen weit weniger aus als der Mieter, meist nur noch laufende Unterhaltskosten. In den folgenden Jahren baut er seinen Vorsprung rapide aus: Nach 30 Jahren ist seine Wohnung deutlich mehr wert als das Vermögen des Mieters – unter Berücksichtigung der Kosten fürs Wohnen. Sofern der Käufer aber das 25-Fache der Jahresnettokaltmiete als Kaufpreis akzeptieren kann und der Mieter nur eine monatliche Nettokaltmiete von 1 000 Euro zahlt, stellt sich der Vorteil zugunsten des Käufers erst sehr viel später ein (Seite 27, rechte Grafik). Ohne Miet- und Wertsteigerung dauert es nun 20 Jahre, bis der Käufer besser abschneidet. Ob für Sie Kaufen ebenfalls besser als Mieten ist, können Sie mithilfe des kostenlosen Rechners „Kaufen oder mieten?" unter www.test.de/rechner selbst testen. Wie der Vorteil für den Käufer tatsächlich aussieht, hängt von etlichen Faktoren der Marktentwicklung ab. Fallen etwa Preise und Mieten, ist der Mieter der Vermögensgewinner. Auch steigende Zinsen schmälern den Vorteil des Wohneigentümers erheblich. Klettert der Kreditzins auf 5 Prozent, und der Mieter erhält für sein angelegtes Geld 5 statt 3 Prozent Zinsen nach Steuern, dauert es mehrere Jahrzehnte, bis die Immobilie mehr wert ist als das angelegte Geld.

Die staatlichen Fördermittel für den Immobilienkäufer sind im Vermögensvergleich noch nicht enthalten. Mit Wohn-Riester unterstützt der Staat Wohneigentum als Altersvorsorge. Für Bau, Kauf, Modernisie-rung und sparsamen Energieverbrauch gibt die staatliche KfW-Bank günstige Kredite.

Die Schuldenaufnahme für ein Eigenheim selbst sollte nicht das größte Problem sein, da es sich ja um produktive Schulden für den Sachwert Immobilie handelt. Sofern der Wert des Eigenheims immer über den Restschulden liegt, besteht keine Gefahr der persönlichen Überschuldung. Allerdings muss gewährleistet sein, dass die Schulden einschließlich Zinsen zurückgezahlt werden können. Am besten plant man dies spätestens bis zum Eintritt in den Ruhestand, um dann ein miet- und schuldenfreies Wohnen im Alter zu ermöglichen.

Eigentum statt Miete

Die Beispielrechnung für den Kauf eines Reihenhauses in der Tabelle „Vergleich Eigentum statt Miete" (Seite 29) zeigt, dass sich Immobilieneigentum trotz steigender Preise bei niedrigen Hypothekenzinsen im Vergleich zur Miete immer noch lohnt.

Der Tabelle liegen folgende Annahmen zu Grunde:
▶ Kaufpreis 400 000 Euro plus Kaufnebenkosten 40 000
▶ Eigenkapital 120 000 Euro, Hypothekendarlehen 320 000 Euro
▶ Sollzins 1,5 Prozent und Tilgungssatz 3,5 Prozent zuzüglich ersparter Zinsen mit Entschuldung nach knapp 24 Jahren
▶ Ersparte Miete = Jahresnettokaltmiete 16 000 Euro minus Instandhaltungskosten von 3 000 Euro im Jahr

Vergleich Eigentum statt Miete

Mehrbelastung bis zum 22. Jahr, aber Vermögensvorteil für den Eigentümer bereits ab dem 5. Jahr.

Jahr	Ersparte Miete	Kredit-rate	Mehr-belas-tung	Wert der Im-mobilie	Rest-schuld	Vermö-gen Käufer	Vermö-gen Mieter	Vorteil/Nachteil Käufer
0	–	–	–	400 000	320 000	80 000	120 000	–40 000
1	13 000	16 000	3 000	404 000	308 800	95 200	126 841	–31 641
5	13 528	16 000	2 472	420 404	262 295	158 109	154 822	3 287
10	14 218	16 000	1 782	441 849	200 130	241 719	191 225	50 494
15	14 943	16 000	1 057	464 388	133 160	331 228	229 261	101 967
20	15 705	16 000	295	488 076	61 015	427 061	268 977	158 084
25	16 507	0	–16 507	512 973	0	512 973	293 708	219 265
30	17 349	0	–17 349	539 140	0	539 140	249 847	289 220

Alle Angaben in Euro.

▶ Jährliche Miet-, Kosten- und Wertsteigerung 1 Prozent
▶ Rendite bei Wiederanlage 4 Prozent (zum Beispiel ETF-Pantoffel-Portfolio)
▶ Steuersatz 30 Prozent

Bis zum 22. Jahr hat der Käufer gegenüber dem Mieter noch eine finanzielle Mehrbelastung. Allerdings übertrifft sein Vermögen bereits ab dem 5. Jahr das des Mieters. Der anfängliche Nachteil wird also nach relativ kurzer Zeit durch einen Vermögensvorteil zugunsten des Käufers und Eigentümers abgelöst. Dieser finanzielle Vorteil setzt sich in den Folgejahren fort und steigt insbesondere nach völliger Entschuldung Ende des 25. Jahres stark an. Würde man die Instandhaltungskosten mit 6 000 Euro pro Jahr – und

damit im Vergleich zu der aufgeführten Beispielrechnung doppelt so hoch – ansetzen, würde sich der Vermögensvorteil des Käufers auf das 8. Jahr verschieben. Die finanzielle Mehrbelastung würde dann bis zum 24. Jahr anhalten.

Vermietete Eigentumswohnungen und Mietshäuser finanzieren

Ob sich eine vermietete Wohnimmobilie (Eigentumswohnung oder Mietwohnhaus) für den Kapitalanleger lohnt, hängt vor allem von der erzielbaren Mietrendite und dem Hypothekenzins ab.

Sofern die Mietrendite als Jahresreinertrag in Prozent der Investitionssumme dauerhaft über dem Effektivzins für die aufgenommenen Hypothekendarlehen liegt, ren-

Investitionsplan für die vermietete Immobilie

Prognose der Einnahmen und Ausgaben für einen Anlagezeitraum von 20 Jahren

Jahr	Mietein-nahmen[1]	Nicht umleg-bare Kosten[2]	Jahres-reiner-trag[3]	Kredit-rate[4]	Rest-schul-den[5]	Steuer-zahlung[6]	Unter-deckung/Über-schuss[7]
Beginn					180 000 €		− 40 000 €
1	8 640 €	1 728 €	6 912 €	7 200 €	176 400 €	− 64 €	− 224 €
5	8 902 €	1 798 €	7 104 €	7 200 €	161 265 €	88 €	− 184 €
10	9 356 €	1 890 €	7 466 €	7 200 €	140 581 €	328 €	− 62 €
15	9 833 €	1 986 €	7 847 €	7 200 €	117 744 €	590 €	57 €
20	10 335 €	2 088 €	8 247 €	7 200 €	92 529 €	874 €	+ 127 644 €

1) Mieteinnahmen: Jahresnettokaltmiete ohne Betriebskosten plus 1 % Mietsteigerung pro Jahr (erste Mieterhöhung nach 3 Jahren)
2) Nicht umlagbare Kosten: Verwaltungs- und Instandhaltungskosten (20 % der Nettokaltmiete) plus 1 % Kostensteigerung pro Jahr
3) Jahresreinertrag: Mieteinnahmen abzüglich nicht umlegbarer Kosten
4) Kreditrate: 4 % von 180 000 Euro (2 % Zins und 2 % Tilgung) mit einer Zinsbindung über 20 Jahre
5) Restschulden: Darlehenssumme 160 000 Euro minus Tilgung
6) Steuerzahlung bei einem zu versteuernden Einkommen von 60 000 Euro (Splittingtabelle für Verheiratete) und einer linearen Abschreibung von 2 Prozent auf anteilige Gebäudekosten von 176 000 Euro (= 80 Prozent der Anschaffungskosten)
7) Unterdeckung: Zu Beginn und bis zum 10. Jahr entsteht eine Unterdeckung in Höhe von 40 000 Euro für das eingesetzte Eigenkapital sowie laufende Unterdeckung.
Überschuss: laufender Überschuss nach Steuern ab 15. Jahr sowie einmaliger Überschuss nach Verkauf der Eigentumswohnung am Ende des 20. Jahres für 220 000 Euro (also in Höhe der Anschaffungskosten von 220 000 Euro)

tiert sich die Anlage. Hinzu kommen eventuell Miet- und Wertsteigerungen. Risiken bestehen bei längerem Leerstand durch Mietausfälle oder einem drastischen Einbruch der Preise für vermietete Wohnimmobilien.

Mit dem Excel-Programm „Lohnt der Kauf einer vermieteten Wohnung?" (siehe www.test.de, Suche nach „vermietete Wohnung"; Ergebnisse bei „Rechner") können potenzielle Kapitalanleger einen langfristigen Investitionsplan für ihre vermietete Eigentumswohnung aufstellen sowie Objekt-

und Eigenkapitalrenditen berechnen. Es lassen sich mit verschiedenen Annahmen (zum Beispiel Mietsteigerungen und künftiger Verkaufspreis) mehrere Szenarien für die Zukunft durchspielen. Wie Vermieter rechnen sollten, spielen wir an einem Beispiel durch: Hier wird die Vermietung einer Dreizimmer-Eigentumswohnung (Baujahr 1985, Kaufpreis 200 000 Euro plus Kaufnebenkosten 20 000 Euro, Jahresnettokaltmiete 8 640 Euro, jährliche Verwaltungs- und Instandhaltungskosten 1 728 Euro) mit dem Excel-Programm durchgerechnet. Die

Wohnung soll mit einem Hypothekendarlehen von 180 000 Euro (2 Prozent Sollzins plus 2 Prozent Tilgung fest für 20 Jahre) und einem Eigenkapital von 40 000 Euro finanziert werden (siehe Tabelle „Investitionsplan für die vermietete Immobilie", Seite 30).

Im ersten Jahr übersteigt die jährliche Kreditrate von 7 200 Euro den Jahresreinertrag von 6 912 Euro geringfügig, was aber bei einer Miet- und Kostensteigerung von nur 1 Prozent pro Jahr bereits nach 7 Jahren wettgemacht wird.

Wenn die vermietete Eigentumswohnung im 20. Jahr für 220 000 Euro verkauft wird, ist bei einem persönlichen Steuersatz von 30 Prozent eine Eigenkapitalrendite von 5,8 Prozent nach Steuern erzielbar.

Die Mietrendite als Verhältnis von Jahresnettokaltmiete zum Kaufpreis liegt im Beispielfall bei 4,32 Prozent. Davon ist die Netto-Mietrendite als Verhältnis von Jahresreinertrag (Jahresnettokaltmiete minus nicht umlagefähige Verwaltungs- und Instandhaltungskosten) zu den Anschaffungskosten (Kaufpreis plus Kaufnebenkosten) zu unterscheiden. Diese reine Objektrendite fällt auf 3,1 Prozent. Dabei sind die Finanzierung und die Steuern noch gar nicht berücksichtigt.

Wirtschaftliche Chancen für Vermieter

Entscheidend für den wirtschaftlichen Erfolg mit vermieteten Wohnimmobilien sind folgende Punkte:

▶ **Attraktive Netto-Mietrendite** (Jahresreinertrag mindestens 3 Prozent der Investitionssumme)
▶ **Guter Standort** und mindestens mittlere Wohnlage mit Realisierung von Miet- und Wertsteigerungen
▶ **Niedrige Hypothekenzinssätze** (auf Dauer maximal 3 Prozent)

Im Vergleich zur Eigenheimfinanzierung kann der Eigenkapitalanteil auch niedriger sein, zum Beispiel nur 10 bis 15 Prozent der Investitionssumme. Mindestens aber die Kaufnebenkosten sollten durch Eigenkapital aufgebracht werden.

Bei einer hohen Fremdkapitalquote von 85 bis 90 Prozent der Investitionssumme fallen entsprechend höhere Schuldzinsen an, die im Gegensatz zum Eigenheim bei vermieteten Immobilien steuerlich absetzbar sind. Da die anteiligen Gebäudekosten mit jährlich 2 Prozent abgeschrieben werden, entsteht ein weiterer steuerlicher Vorteil. Andererseits müssen die Mietreinerträge – also die Mieteinnahmen minus Betriebs-, Verwaltungs- und Instandhaltungskosten – versteuert werden. Liegt ein steuerlicher Verlust aus Vermietung vor, da die Werbungskosten (Schuldzinsen und Abschreibungen) über dem Mietreinertrag liegen, erhält der Kapitalanleger eine Steuerersparnis.

Diese Steuerersparnis darf aber immer nur das Sahnehäubchen bei der Kapitalanlage in vermietete Immobilien sein. Mietobjekte müssen sich auch vor Steuern rechnen. Nicht Steuerspar-Immobilien, sondern Rendite-Immobilien versprechen den nachhaltigen Erfolg.

Dies gilt für Mietwohnhäuser oder gemischt genutzte Mietshäuser (mit Wohn- und Gewerbeinheiten) noch viel stärker als für vermietete Eigentumswohnungen. Mietshäuser (auch Zins- oder Rentenhäuser genannt) kommen wegen der hohen Investitionssummen typischerweise nur für gut verdienende Gewerbetreibende, Freiberufler und Angestellte infrage, die eine zusätzliche private Altersvorsorge über Immobilien suchen.

Hände weg von Blindkäufen

Eine vermietete Eigentumswohnung erweist sich schnell als Reinfall, wenn man den Versprechungen windiger Vermittler blind vertraut und sich um überhaupt nichts kümmert. Davon können rund 300 000 Käufer von „Schrottimmobilien" ein garstig Lied singen, die vor allem in den Neunzigerjahren des vorigen Jahrhunderts mit überteuerten und überfinanzierten Eigentumswohnungen viel Geld verloren haben.

Vorsicht bei Anteilen an geschlossenen Immobilienfonds

Geschlossene Immobilienfonds, die seit 2014 geschlossene alternative Investmentfonds (AIF) Immobilien genannt werden, entlasten die Anleger von allen Arbeiten rund um Objektauswahl, Vermietung und Finanzierung. Der Fondsanleger, der schon mit Beträgen ab 10 000 Euro dabei ist, braucht sich also nicht um diese oft lästigen und nervenaufreibenden Tätigkeiten zu kümmern. Dies ist die gute Nachricht.

Die schlechte Nachricht über geschlossene Immobilienfonds als Kapitalanlage begründet sich aus den häufigen Schieflagen und Pleiten in der Vergangenheit. Unseriöse Fondsanbieter und/oder provisionsgetriebene Fondsvermittler haben nur an ihre eigenen Geldbeutel gedacht und nicht an die der Fondsanleger. Einmalige Kosten machen auch heute noch in den meisten Fällen 15 bis 20 Prozent der Beteiligungssumme aus.

Etwa die Hälfte davon entfällt auf weiterhin hohe Vermittlungsprovisionen. Hinzu kommen laufende Kosten für die Geschäftsführung und Anlegerverwaltung.

Wer sein Geld trotz der hohen einmaligen und laufenden Kosten in einem geschlossenen Immobilienfonds anlegt, muss wissen, dass er eine unternehmerische Beteiligung mit Chancen, aber auch mit hohen Risiken eingeht. Die versprochenen jährlichen Ausschüttungen in Höhe von 4 bis 6 Prozent, die im Kern nichts anderes als Kapitalentnahmen darstellen, dürfen auf keinen Fall mit der erzielbaren Rendite verwechselt werden.

Lediglich prognostizierte Renditen über 20 bis 30 Jahre sind mit äußerster Vorsicht zu genießen.

„Vorsicht, Falle!" bei vermieteten Eigentumswohnungen

- ☐ **Kauf ohne Besichtigung.** Immobilien muss man vor dem Kauf persönlich unter die Lupe nehmen!

- ☐ **Weit entfernte Wohnung.** Liegt die vermietete Eigentumswohnung mehrere Hundert Kilometer vom Wohnort des Käufers entfernt, wird er sich nicht selbst um seine Kapitalanlage kümmern können. Die laufende Bewirtschaftung wird dadurch vergleichsweise teuer.

- ☐ **Überteuerung.** Wer den geforderten Kaufpreis nicht mit ortsüblichen Marktpreisen und die angesetzte Miete nicht mit ortsüblichen Vergleichsmieten vergleicht, handelt grob fahrlässig.

- ☐ **Überfinanzierung.** Eine Vollfinanzierung des Kaufpreises nebst sämtlichen Kaufnebenkosten ist außerordentlich riskant.

- ☐ **Hohe Steuerersparnis.** Besonders bei vermieteten Eigentumswohnungen in unter Denkmalschutz stehenden Gebäuden wird mit der hohen Abschreibung und entsprechend hohen Steuerersparnissen geworben. Ein Mietobjekt muss sich aber vor Steuern rechnen!

- ☐ **Geschönte Beispielrechnungen.** Um einen Überschuss auszuweisen, wird in der Beispielrechnung mit allen Mitteln getrickst. Die Mieteinnahmen werden zu hoch, die laufenden Verwaltungs- und Instandhaltungskosten zu niedrig ausgewiesen. Utopische Miet- und Wertsteigerungen in der Zukunft täuschen über die Wirtschaftlichkeit der vermieteten Wohnung hinweg.

- ☐ **Mietausfallrisiko.** Es gibt keine Garantie, dass die Miete immer pünktlich gezahlt wird. Der Mietausfall als Hauptrisiko jedes Vermieters lässt sich auch nicht durch Mietpools oder zeitlich begrenzte Mietgarantien vermeiden. Den finanziellen Ausfall durch Mietrückstände oder Leerstand bei Mieterwechseln sollte man mit 2 bis 5 Prozent der Jahresnettokaltmiete einkalkulieren.

> **Geschlossene Immobilienfonds.** Wer den Mut zur Beteiligung aufbringt, sollte folgende Unterlagen genauestens prüfen oder von Dritten prüfen lassen: Verkaufs- bzw. Emissionsprospekt (Kurzüberblick für Vertriebszwecke reicht nicht), Anlagebedingungen und wesentliche Anleger-Informationen (wAI), die gesetzlich vorgeschrieben sind, und eventuell vorhandene Performanceberichte über Erfolge und Misserfolge mit Fonds aus der Vergangenheit (auch Leistungsbilanzen genannt).

Fast alle geschlossenen Immobilienfonds finanzieren die Mietobjekte (Gewerbe- oder Wohnimmobilien) mit dem Geld der Anleger und zusätzlich mit Bankdarlehen. Immer häufiger kommen Blind-Pool-Konzeptionen auf den Markt, bei denen der Anleger anfangs gar nicht weiß, in welche konkreten Mietobjekte der Fonds überhaupt investiert.

Von einer zusätzlichen Fremdfinanzierung der Beteiligungssumme des Anlegers (sogenannte Anteilsfinanzierung) ist dringend abzuraten. In der Vergangenheit hat es Fälle gegeben, wo der Anleger einen Totalverlust mit seiner Fondsbeteiligung erlitt und weiterhin sein persönliches Darlehen bedienen musste.

Finanzierung in Abhängigkeit von der Nutzungsart

Finanzierungs- und Steuersparkonzepte bei Wohnimmobilien hängen sehr stark von der Art der Nutzung ab. Bei Selbstnutzung sind ein hohes Eigenkapital und ein Bankdarlehen mit regelmäßiger Tilgung von jährlich 2 bis 3 Prozent zuzüglich ersparter Zinsen zu empfehlen, während bei Vermietung wegen des steuerlichen Schuldzinsenabzugs zu einem relativ hohen Fremdkapital in Form eines Bankdarlehens mit niedriger Tilgung zu raten ist.

Selbstgenutzte und vermietete Wohnung in einem Haus

Wird ein Haus teils vom Eigentümer selbst bewohnt und teils an Dritte vermietet, liegt der Hauptfall einer wohnlichen Mischnutzung vor. Es kann sich beispielsweise um ein teilweise vermietetes Zweifamilienhaus oder um ein Haus mit zwei Eigentumswohnungen (die eine selbst genutzt, die andere vermietet) handeln.

Das bis Ende 1986 aus steuerlichen Gründen bevorzugte „unechte" Zweifamilienhaus in Form eines Einfamilienhauses mit integrierter Einliegerwohnung hat längst an Bedeutung verloren. Bei einem echten Zweifamilienhaus wird der meist größere Teil selbst bewohnt und der dann kleinere Teil vermietet. Da es sich grundbuchrechtlich um ein und dasselbe Objekt handelt, kann die gesamte Finanzierung über ein einziges Darlehen laufen.

Dazu ein Beispiel: Neubau-Zweifamilienhaus mit 200 Quadratmeter Wohnfläche (120 Quadratmeter selbstgenutzt, 80 Quadratmeter vermietet), Anschaffungskosten insgesamt 500 000 Euro, Eigenkapital 200 000 Euro, Hypothekendarlehen über 300 000 Euro mit 2 Prozent Sollzins und 3 Prozent Tilgung plus ersparter Zinsen, Laufzeit 25,6 Jahre.

In diesem Falle werden 60 Prozent der Zinskosten dem selbstbewohnten und 40 Prozent dem vermieteten Teil zugeordnet, im ersten Jahr also 3 600 Euro nicht abzugsfähige Schuldzinsen für das Eigenheim und 2 400 Euro steuerlich abzugsfähige Schuldzinsen für die vermietete Wohnung.

Die finanziell und steuerlich günstigere Alternative besteht darin, ein Haus mit zwei Eigentumswohnungen zu erwerben und das gesamte Eigenkapital in Höhe von 200 000 Euro auf die selbstgenutzte Wohnung zu konzentrieren. Über die beiden aufzunehmenden Darlehen von 100 000 Euro für die selbstgenutzte beziehungsweise von 200 000 Euro für die vermietete Eigentumswohnung werden zwei Darlehensverträge abgeschlossen.

Voraussetzung für dieses Darlehens-Splitting ist, dass das Haus bereits vor dem Erwerb tatsächlich in zwei Eigentumswohnungen aufgeteilt wurde, wozu eine Abgeschlossenheitsbescheinigung der Gemeinde sowie eine notarielle Teilungserklärung

erforderlich sind. Wenn nach der Aufteilung in zwei Einheiten auch zwei Grundbuchblätter beim Amtsgericht angelegt werden, handelt es sich rechtlich um zwei verschiedene Objekte.

Finanzieller und steuerlicher Vorteil dieser Lösung: Nicht nur 2 400 Euro (= 2 Prozent von 120 000 Euro anteiligem Darlehen) bei der „Zweifamilienhaus-Lösung", sondern 4 000 Euro (= 2 Prozent von 200 000 Euro Darlehen für die vermietete Eigentumswohnung) sind bei der „Zwei-ETW-Lösung" steuerlich als Schuldzinsen absetzbar. Bei einem Steuersatz von 40 Prozent führt dies immerhin zu einer zusätzlichen Steuerersparnis von 640 Euro (= 40 Prozent von 1 600 Euro höheren Schuldzinsen).

Aus steuerlicher Sicht bewährt sich also die Aufteilung nach der Methode „Getrennt marschieren, vereint schlagen" und somit eine volle Fremdfinanzierung bei der vermieteten Eigentumswohnung in Kombination mit einem kompletten Eigenkapitaleinsatz bei der selbstgenutzten Eigentumswohnung.

Die Aufteilung eines Hauses in zwei selbstständige Eigentumswohnungen ist daher der Teilvermietung eines im Übrigen selbstgenutzten Zweifamilienhauses aufgrund der besseren finanziellen und steuerlichen Gestaltungsmöglichkeiten vorzuziehen. Darüber hinaus gilt dieses Prinzip analog auch für räumlich entfernte Objekte A (selbstgenutzt) und B (vermietet).

Die Finanzierungs- und Steuerregel lautet: Eigenkapital so viel wie möglich beim selbstbewohnten Eigenheim, aber beim Mietobjekt so viel wie möglich Fremdkapital. Dem folgt die allgemeine Tilgungsregel: Für die Finanzierung des selbstgenutzten Objekts ist ein Bankdarlehen mit relativ hoher Tilgung am besten geeignet, während beim Mietobjekt ein Bankdarlehen mit nur 1 Prozent jährlicher Tilgung wegen des höheren Schuldzinsenabzugs mehr Sinn macht.

Erst selbst nutzen, dann vermieten – oder umgekehrt

Was ändert sich bei der Finanzierung, wenn ein ursprünglich selbst genutztes Eigenheim anschließend vermietet wird? Grundsätzlich nichts, da kein Verkauf vorliegt. Nur bei einem Verkauf Ihrer Immobilie können Sie die Restschulden aus dem Verkaufspreis auf einmal ablösen. Besteht die Zinsbindungsfrist noch, müssen Sie eine Vorfälligkeitsentschädigung an Ihre Bank zahlen.

Ein bloßer Nutzungswechsel (Vermietung nach vorher erfolgter Selbstnutzung) berechtigt nicht zur vorzeitigen Rückzahlung Ihres Darlehens, was kein Nachteil sein muss, sofern der erzielte Mietreinertrag über der laufenden Darlehensrate aus Zins und Tilgung liegt. Ist dem nicht so, könnten Sie bei einem vertraglich vereinbarten Tilgungssatzwechsel von einem höheren Tilgungssatz von beispielsweise 3 Prozent nunmehr auf nur noch 1 Prozent zuzüglich er-sparter Zinsen umsteigen. Dies hat den steuerlichen Vorteil, dass die nun höheren Schuldzinsen steuerlich abziehbar sind.

Umgekehrt nutzen Sie Ihre Immobilie nach einer Vermietungsphase für sich und Ihre Familie. Auch dies wirkt sich nicht unmittelbar auf Ihre Finanzierung aus. Sofern aber noch hohe Restschulden bestehen, sollten diese zügig durch einen höheren Tilgungssatz oder eine jährliche Sondertilgung von 5 bis 10 Prozent der Darlehenssumme reduziert werden. Sofern Sie die nötigen Geldmittel für diese schnellere Tilgung haben und Ihr Darlehensvertrag eine solche flexible Tilgung zulässt, schlagen Sie gleich zwei Fliegen mit einer Klappe. Erstens wird Ihr Eigenheim schneller schuldenfrei, zweitens wiegt der nicht mehr mögliche steuerliche Abzug der Schuldzinsen geringer.

Generell sollten Sie sich von der Vorstellung lösen, dass Ihre Immobilie immer nur entweder selbst genutzt oder nur vermietet wird. Die selbst genutzte Wohnung später zu vermieten oder die zunächst vermietete Wohnung später selbst zu nutzen – warum soll dies nicht sinnvoll sein, wenn es die Lebens- und Wohnumstände erfordern?

Sogar ein doppelter Nutzungswechsel kommt in der Praxis vor. Beispiel: Erst selbst nutzen, dann vermieten und schließlich die gleiche Immobilie wieder selbst nutzen. Bei einem Auslandseinsatz etwa über fünf Jahre liegt dies sogar nahe. Auch wer eigentlich nie Vermieter sein wollte, kann in eine solche vorübergehende Situation geraten.

Erst- oder Anschluss-finanzierung

Je nachdem, zu welchem Zeitpunkt die Finanzierung erfolgt, ist zwischen Erstfinanzierung einer Immobilie oder Anschluss-finanzierung nach Ablauf der Zinsbindung zu unterscheiden.

Die Erstfinanzierung des Eigenheims mit „echtem" Fremdkapital erfolgt in der Regel durch Hypothekendarlehen mit Zinsbindung über fünf, zehn oder bis zu 25 Jahre. Läuft diese aus, kommt es zur Anschlussfinanzierung, sofern die Restschuld nicht auf einen Schlag zurückgezahlt wird. Erster Ansprechpartner für die Anschlussfinanzierung ist der Kreditgeber (Bank, Bausparkasse oder Versicherung), mit dem Sie auch die Erstfinanzierung durchgeführt haben. Ein Bankwechsel lohnt sich aber trotz zusätzlicher Grundbuchgebühren in dem Fall, wenn die neue Bank beim Zinsangebot um mehr als einen Zehntelprozentpunkt günstiger liegt.

Forwarddarlehen

Wer zum Ablauf der Zinsbindungsfrist steigende Zinsen erwartet, kann mit einem Vorlauf von bis zu fünf Jahren ein Forwarddarlehen abschließen. Damit werden die Zinskonditionen für die Anschlussfinanzierung ab Ende der Zinsbindung vorzeitig festgezurrt. Die Zinsaufschläge für Forwarddarlehen liegen bei 0,15 Prozentpunkten für eine zweijährige und bis zu 0,30 Prozentpunkten für eine fünfjährige Vorlaufzeit.

Läuft die Zinsbindung für das Darlehen innerhalb eines Jahres ab, lohnt sich ein Forwarddarlehen meist nicht. In diesem Fall kann ein ganz normales Anschlussdarlehen abgeschlossen werden, das erst zum Ablauf der Zinsbindung abgerufen wird. Zwar sind dafür in der Regel Bereitstellungszinsen ab dem dritten Monat fällig. Sofern der Beginn der Berechnung von Bereitstellungszinsen in Höhe von monatlich 0,25 Prozent des noch nicht abgerufenen Anschlussdarlehens um sechs Monate und mehr hinausgezögert wird, sind nur geringe Zinsen fällig. Viele Banken verzichten auch völlig auf die sonst üblichen Bereitstellungszinsen.

Um eine Anschlussfinanzierung im weiteren Sinne handelt es sich auch, wenn nach Ablauf der Zinsbindung ein Teil des Bankdarlehens durch die Bausparsumme (Bausparguthaben und Bauspardarlehen) aus einem zugeteilten Bausparvertrag abgelöst wird. Diese teilweise Ablösung des Erstdarlehens durch einen „Tilgungsbausparvertrag" bewirkt de facto eine Umschuldung.

Terrasse 3
9.30 m²

2

HAUS 3

24

6.39

Was Sie sich leisten können

Nur wenige bekommen ihr Traumhaus vererbt oder geschenkt. Bauherren und Hauskäufer müssen also in der Regel sechsstellige Summen für ihr Eigenheim aufbringen. Da das eigene Vermögen dazu üblicherweise nicht ausreicht, kommen sie an einer Kreditaufnahme nicht vorbei.

Wenn Sie nicht jahrzehntelang auf die Verwirklichung Ihres Traumes verzichten wollen, müssen Sie sorgfältig prüfen, ob Sie sich die eigenen vier Wände schon heute finanziell leisten können.

Ein Kassensturz zeigt Ihnen, ob Ihre persönlichen Einkommens- und Vermögensverhältnisse den Aufstieg vom Mieter zum Eigentümer zum gegenwärtigen Zeitpunkt zulassen. Der Kassensturz sollte dabei sowohl Ihr privates Budget als auch Ihre private Vermögensbilanz erfassen.

Nettoeinkommen und vorhandenes Eigenkapital als finanzielle Faktoren entscheiden maßgeblich darüber, wie teuer ihr Eigenheim werden darf.

Viele Haus- und Wohnungseigentümer in spe gehen am Anfang den umgekehrten Weg. Sie wählen ein für sie geeignetes Haus aus und fragen erst danach, ob alles finanzierbar ist. Wenn die Finanzierung dann mit waghalsigen Tricks „passend gemacht" wird, ist die finanzielle Katastrophe fast schon vorgezeichnet. Der Traum von den eigenen vier Wänden wird dann zum Albtraum und endet im schlimmsten Fall mit der Zwangsversteigerung des geliebten Hauses. Aber es muss ja nicht so weit kommen.

Ihr Einkommen und die Belastungsquote

Der richtige Weg führt Sie von Ihren persönlichen Einkommens- und Vermögensverhältnissen zu den realistisch finanzierbaren Gesamtkosten des Eigenheims.

Sie können sich dann gezielt auf die Suche und Auswahl eines geeigneten Eigenheims begeben, das sich Ihrem finanziellen Rahmen anpasst.

Das gedankliche Motto sollte daher sein: „Erst finanzieren, dann investieren".

Setzen Sie sich aufgrund Ihrer privaten Finanzen zunächst ein Preislimit für Ihr Haus oder Ihre Wohnung. Anschließend konzentrieren Sie sich auf die objektbedingten Faktoren wie Wohn- und Verkehrslage, Größe und Grundrissgestaltung, äußerer Zustand des Hauses und Ausstattung der Wohnung.

Kassensturz bei Einnahmen und Ausgaben

Das verfügbare Nettoeinkommen und die laufenden Haushaltsausgaben (ohne die zurzeit gezahlte Miete) begrenzen die mögliche Belastung aus Kapitaldienst, also die Ausgaben für Zins und Tilgung aus der geplanten Finanzierung. Je höher der Überschuss der Einnahmen über den Ausgaben (ohne Miete, falls Eigenheimerwerb geplant ist), desto höher können die Belastung aus

Kapitaldienst und das aufzunehmende Hypothekendarlehen ausfallen.

Es dürfte Ihnen nicht schwerfallen, die Höhe Ihres monatlichen Nettoeinkommens zu ermitteln. Unter monatlichem Nettoeinkommen ist bei Arbeitnehmern zunächst das monatliche Bruttogehalt abzüglich Arbeitnehmeranteil zur Sozialversicherung (gesetzliche Renten-, Arbeitslosen-, Kranken- und Pflegeversicherung) und Lohnsteuer plus eventuell Kirchensteuer zu verstehen.

Bei Beamten tritt der Beitrag für die private Krankenversicherung und die soziale Pflegeversicherung an die Stelle des Arbeitnehmeranteils, da Beamte keine Beiträge für die Renten- und Arbeitslosenversicherung zahlen müssen.

Familien-Nettoeinkommen ermitteln

Das Kindergeld kommt zum Nettogehalt hinzu. Verzichten Sie aber aus Sicherheitsgründen auf den Ansatz des Weihnachts- oder Urlaubsgelds. Nebeneinkünfte aus einem Minijob bis zu 450 Euro sowie Nettoeinkünfte des Ehepartners sollten nur angesetzt werden, wenn sie relativ sicher auch in Zukunft anfallen. Gleiches gilt für Zins- und Mieteinkünfte.

Berechnung des Familien-Nettoeinkommens

  Nettogehalt des Hauptverdieners

+ Nettoeinkünfte aus unternehmerischer Tätigkeit

+ Nettoeinkünfte des Ehepartners[1]

+ Nebeneinkünfte[2]

+ Zusatzeinkünfte (Zins- und Mieteinkünfte)[3]

+ Kindergeld (2021 je 219 Euro für 1. und 2. Kind)

= Monatliches Familien-Nettoeinkommen

1 Nicht ansetzen, falls Aufgabe der beruflichen Tätigkeit bei Geburt und Erziehung von Kindern wahrscheinlich

2 Nur zur Hälfte ansetzen, falls stark schwankende Einnahmen oder Minijob auf 450-Euro-Basis

3 Nur die nach Einsatz aller Eigenmittel für das Eigenheim noch verbleibenden Zinseinnahmen sowie die Mietüberschüsse bei vermieteten Immobilien ansetzen.

Ausgaben und monatliches Budget

Um einen genauen Überblick über Ihr monatliches Budget zu gewinnen, müssen Sie alle Ausgaben (außer der monatlichen Nettokaltmiete, aber mit Zuschlag für erhöhte laufende Bewirtschaftungskosten als Eigentümer) erfassen. Dies macht erfahrungsgemäß viel Mühe. Die wenigsten Haushalte tragen penibel alle Ausgaben in ein Haushaltsbuch ein. Auch wenn Sie auf die laufen-

HÄTTEN SIE'S GEWUSST?

Das Statistische Bundesamt hat in einer Einkommens- und Verbrauchsstichprobe für 2019 Durchschnittswerte für die monatlichen Ausgaben deutscher Haushalte bestimmt:

890 € für Wohnen und Energie

351€ für Mobilität

356€ für Essen und Trinken, Tabakwaren

284€ für Freizeit und Kultur

106€ für Bekleidung und Schuhe

587€ für anderes (Restaurant, Hotel, Möbel, Haushaltsgeräte u. a.)

2574€ Ausgaben insgesamt pro Monat

Monatliches Budget

Einnahmen	Ausgaben
Nettogehalt des Hauptverdieners Nettogehalt des Ehegatten Lohn aus Minijob (falls vorhanden) Einkünfte aus unternehmerischer Tätigkeit (falls vorhanden) Kindergeld Zinserträge Mieterträge	**Feststehende Ausgaben:** zum Beispiel Autoversicherung und Kfz.-Steuer Rundfunk-, Fernseh-, Telefon- und Zeitungsgebühren Bauspar- und Versicherungsbeiträge Sparraten für Fondssparpläne und ETFs Raten für bestehende Kredite Unterhaltszahlungen Wohnnebenkosten **Veränderliche Ausgaben (eigentliche Lebenshaltungskosten):** zum Beispiel Nahrungs- und Genussmittel Schuhe und Bekleidung Körper- und Gesundheitspflege Bildung und Unterhaltung Verkehrsmittel Sonstiges (Hobbys, Geschenke)

de Führung eines Haushaltsbuchs verzichten, sollten Sie sich über die ungefähre Höhe Ihrer monatlichen Ausgaben klar werden. Es empfiehlt sich, das monatliche Haushaltsbudget zumindest vor und nach dem Eigenheimerwerb genau unter die Lupe zu nehmen und zu versuchen, bestimmte unnötige Kosten einzusparen.

→ Tipp

Erfassen Sie probeweise über einen Zeitraum von drei Monaten alle laufenden monatlichen Ausgaben und legen Sie alle vierteljährlich, halbjährlich und jährlich gezahlten Kosten auf monatliche Beiträge um.

Monatliche Ausgaben

Feste Ausgaben (Versicherungs- und Bausparbeiträge, Kreditraten)

+ Lebenshaltungskosten[1]

+ Wohnnebenkosten[2]

= **Monatliche Ausgaben (ohne Nettokaltmiete)**

1 Kosten für Ernährung, Bekleidung und Schuhe, Körper- und Gesundheitspflege, Auto und Verkehr, Persönliches (Bildung, Unterhaltung, Sport, Hobbys, Reisen, Urlaub), zum Beispiel pauschale Erfahrungssätze der Banken: 750 Euro für Einzelperson, 1 000 Euro für Ehepaar + 250 Euro zusätzlich pro Kind

2 Mindestens tatsächliche Nebenkosten bei Miete, aber in aller Regel höhere Bewirtschaftungskosten bei Eigentum in Höhe von schätzungsweise monatlich 3 bis 4 Euro pro Quadratmeter Wohnfläche

Um das monatliche Budget in den Griff zu bekommen, empfiehlt es sich, alle laufenden Einnahmen und Ausgaben (ohne monatliche Nettokaltmiete) zu erfassen und gegenüberzustellen:

Nettoeinkommen und mögliche Belastung

Es kommt nun darauf an, wie viel Geld Ihnen nach Abzug der laufenden Ausgaben vom Nettoeinkommen verbleibt, um damit Zins und Tilgung für das Darlehen aufzubringen. Banker nennen diesen Restbetrag „Belastung aus Kapitaldienst", der dauerhaft aus dem Nettoeinkommen aufgebracht werden muss. Somit gilt:

Monatliches Familien-Nettoeinkommen

− Laufende Ausgaben (ohne monatliche Nettokaltmiete)

= Mögliche Belastung aus Kapitaldienst (Zins und Tilgung für Hypothekendarlehen)

Da die bisher gezahlte monatliche Nettokaltmiete ab Einzug in das Eigenheim wegfällt, wird sie nicht mehr unter den laufenden Ausgaben erfasst. Etwas anderes gilt für die bisher an den Vermieter gezahlten monatlichen Betriebs- und Nebenkosten (zum Beispiel für Kalt- und Warmwasser und Heizung). Als künftiger Eigentümer müssen Sie diese direkt an die zuständigen Stellen zahlen (zum Beispiel Grundsteuer an die Stadt, Strom- und Wasserkosten an die Stadtwerke). Sofern die Wohnfläche Ihres Eigen-

heims deutlich größer als die Wohnfläche der bisher gemieteten Wohnung ausfallen wird, muss dafür ein Zuschlag vorgesehen werden.

Dazu ein Beispiel: Die Nebenkosten für eine gemietete Wohnung betragen 240 Euro (= 80 Quadratmeter Wohnfläche x 3 Euro). Bei 120 Quadratmetern im Eigenheim erhöhen sich die laufenden Betriebskosten schon wegen der größeren Wohnfläche auf geschätzte 360 Euro. Zusätzlich dazu sollten noch 60 bis 120 Euro pro Monat für laufende Instandhaltungskosten in Höhe von 0,50 bis 1 Euro pro Quadratmeter Wohnfläche angesetzt werden, sodass die künftigen Betriebs- und Instandhaltungskosten mit 420 bis 480 Euro einzukalkulieren sind. Bei Eigentumswohnungen kommen die Kosten für den Hausverwalter in Höhe von rund 25 Euro pro Monat noch einmal oben drauf. Damit würden sich Ihre laufenden Nebenkosten als Eigentümer praktisch verdoppeln.

Mögliche Belastung ermitteln

Wenn Sie die laufenden monatlichen Ausgaben (ohne Nettokaltmiete) von Ihrem monatlichen Nettoeinkommen abziehen, kennen Sie Ihre monatliche Belastbarkeit für den Kapitaldienst.

Sie gibt Ihnen an, wie viel Sie maximal für Zins und Tilgung der Hypothekendarlehen aufbringen können, wie das folgende Beispiel zeigen soll:

	Monatliches Nettogehalt 3 000 Euro
+	Kindergeld für 2 Kinder 438 Euro
=	**Nettoeinkommen 3 438 Euro**
−	Ausgaben[1] 2 238 Euro
=	**Belastbarkeit 1 200 Euro**

[1] Lebenshaltungskosten pauschal 1 500 Euro (= 1 000 Euro für Ehepaar + 500 Euro für zwei Kinder); Bewirtschaftungskosten geschätzt 480 Euro (= 120 qm Wohnfläche x 4 Euro); feste Ausgaben (Versicherungen und Beiträge) 258 Euro

→ Finanzielle Belastbarkeit

Sie sollten Ihre Belastbarkeit für das Eigenheim nicht überstrapazieren. Schließlich ist es wenig sinnvoll, sich zugunsten der eigenen vier Wände jahrelang krummzulegen und auf alle Annehmlichkeiten des Lebens wie Hobbys und Urlaubsreisen zu verzichten. Legen Sie für die laufenden Zahlungsverpflichtungen nach Möglichkeit eine Belastungsquote von höchstens 40 Prozent Ihres (Haushalts-)-Nettoeinkommens zugrunde.

Achten Sie darauf, dass Ihnen nach Abzug der Belastung für Zins und Tilgung vom Nettoeinkommen ein ausreichender Betrag für den Lebensunterhalt verbleibt. Diesen Mindestbehalt sollten Sie ganz auf Ihre persönlichen Bedürfnisse abstimmen. Bei Kreditgebern übliche Faustregeln wie 750 Euro für eine Einzelperson plus 250 Euro für jede weitere im Haushalt lebende Person können nur eine grobe Orientierung bieten.

Die monatliche Belastung aus Kapitaldienst könnte also in diesem Fall rund 1 200 Euro ausmachen und damit 35 Prozent Ihres Nettoeinkommens. Diese Belastungsquote erscheint noch recht hoch.

Wenn man eine Sicherheitsreserve von monatlich 200 Euro für Unvorhergesehenes einplant, sinkt die Belastbarkeit auf monatlich 1 000 Euro und die Belastungsquote auf knapp 30 Prozent des Nettoeinkommens. Das heißt, drei Zehntel des monatlichen Nettoeinkommens können für den Schuldendienst aus Zins und Tilgung aufgebracht werden.

Zu hohe Belastungsquote vermeiden

Die Belastungsquote drückt die Belastung aus Kapitaldienst in Prozent des Nettoeinkommens aus und wird nach der folgenden einfachen Formel berechnet:

Belastungsquote = Belastung aus Kapitaldienst x 100 / Nettoeinkommen.

Je höher die Belastungsquote, desto riskanter wird die Finanzierung des Eigenheims.

Generell sollte die Belastungsquote nicht über 50 Prozent des Nettoeinkommens hinausgehen. Das heißt: Mindestens die Hälfte des monatlichen Familien-Netto-

Mehr Geld durch geringere Ausgaben

Es lohnt sich, alle Ausgabenblöcke einmal genau zu durchforsten und auf Einsparpotenziale zu untersuchen. In einigen Fällen gelingt Ihnen die Kostenersparnis, ohne große Abstriche bei Ihrem gewohnten Lebensstandard zu machen. Beispiele für Kostenersparnisse sind:

☐ **Versicherungsbeiträge.** Überprüfen der bestehenden und Kündigung von überflüssigen oder zu teuren Versicherungen und Wahl kostengünstigerer Versicherer

☐ **Autokosten.** Umsteigen auf preis- und kostengünstigeres Auto, Senkung der Benzinkosten durch wirtschaftlicheres Fahren oder teilweise Nutzung öffentlicher Verkehrsmittel

☐ **Telefonkosten.** Wahl einer kostengünstigen Flatrate oder von besonders niedrigen Tarifen der Telefonanbieter, kostenloses Telefonieren übers Internet

☐ **Stromkosten.** Wechsel des Stromanbieters

☐ **Sonstige Energiekosten.** Wechsel des Anbieters, sparsamerer Verbrauch bei Wasser und Heizung oder andere gezielte Energiesparmaßnahmen

☐ **Bankgebühren.** Zum Beispiel Wegfall von Kontoführungsgebühren bei gebührenfreien Girokonten

einkommens muss während der Hausfinanzierung für die Bestreitung der laufenden Ausgaben übrig bleiben.

Belastungen für Kapitaldienst, die deutlich über 1200 Euro pro Monat liegen, könnte die vierköpfige Beispielfamilie wohl kaum tragen. Schließlich verblieben ihr nach Abzug von beispielsweise 1 400 Euro für Zins und Tilgung sowie 480 Euro für die Bewirtschaftung des Hauses gerade einmal rund 1550 Euro zum Leben. Von diesen 1550 Euro müssten dann alle Lebenshaltungskosten für vier Personen einschließlich fester Ausgaben wie Versicherungsbeiträge bestritten werden.

Die finanzielle Belastbarkeit lässt sich prinzipiell durch zwei Maßnahmen steigern: Entweder Sie verringern die laufenden

Mehr Geld durch höhere Nettoeinkünfte

Kostensenkungsmaßnahmen sind nicht alles. Mehr Geld bleibt Ihnen zur Verfügung, wenn Sie Ihre Nettoeinkünfte steigern.

☐ Dies kann durch eine fällige Gehaltserhöhung, durch zusätzliche Nebeneinkünfte oder durch höhere Ersparnisse bei der Lohn- und Einkommensteuer erfolgen.

☐ Nutzen Sie vor allem alle legalen Möglichkeiten, weniger Steuern zu zahlen. Vergessen Sie nicht die Fülle von steuerlichen Abzugsmöglichkeiten bei den Werbungskosten, Sonderausgaben und außergewöhnlichen Belastungen. Sie drücken dadurch das zu versteuernde Einkommen und damit die zu zahlende Einkommensteuer nach unten.

☐ Schichten Sie auf Spar-, Tages- und Festgeldkonten (nahezu) zinslos liegenden Gelder auf Anbieter mit höheren Zinsen oder attraktivere Geldanlagen um.

Ausgaben oder sorgen für die Erhöhung des Nettoeinkommens.

Die Beispiele lassen sich beliebig fortsetzen. Je mehr Sie bei den laufenden Ausgaben sparen, desto mehr Geld bleibt für die Belastung aus Kapitaldienst beim Eigenheim übrig.

Bleibt trotz Senkung der Ausgaben (ohne gezahlte Miete) und Steigerung der Nettoeinkünfte nur ein geringer Einnahmenüberschuss übrig, wird Ihr Belastungs- und Kreditrahmen zwangsläufig recht eng. Folge: Sie müssen sich mit einem bescheideneren Eigenheim als Einstieg begnügen oder Ihren Traum von den eigenen vier Wänden vorläufig noch auf Eis legen.

Jährliche Belastung und Kreditrahmen

Ihr persönlicher Kreditrahmen gibt an, bis zu welcher Höhe Sie ein Hypothekendarlehen zur Finanzierung Ihres Eigenheims aufnehmen können. Diese Kreditgrenze hängt sehr von der maximal tragbaren Jahresbelastung und dem langfristigen Belastungssatz für Zins und Tilgung ab.

Berechnung des persönlichen Kreditrahmens:

	Monatliche Belastbarkeit
x	12 Monate
=	**Jahresbelastung**
x	Vervielfältiger 100 : (Zins- + Tilgungssatz)
=	**Kreditrahmen**

Liegt zum Beispiel Ihre maximal tragbare Jahresbelastung bei 12 000 Euro (monatlich 1 000 Euro x 12 Monate), und legen Sie eine langfristige Kombination aus 2 Prozent Zins und 2 Prozent Tilgung (also eine Gesamtbelastung von 4 Prozent) für Ihr Darlehen zugrunde, errechnet sich ein Kreditrahmen von 300 000 Euro:

Monatliches Familien-Nettoeinkommen	3 400 Euro
− Monatliche Ausgaben	2 400 Euro
= Monatliche Belastbarkeit	= 1 000 Euro
x 12 Monate	
= Jahresbelastung	= 12 000 Euro
x Vervielfältiger 25 (= 100 % : 4 %)	
= Kreditrahmen	= 300 000 Euro

Höhere Tilgung statt höherer Kreditrahmen

In extremen Niedrigzinsphasen kann es Ihnen gelingen, einen Zinssatz von 1 Prozent für zehn Jahre fest zu vereinbaren. Da sich der Vervielfältiger dann bei einem gleichbleibenden Tilgungssatz von 2 Prozent auf 33,3 (= 100 : 3) erhöht, könnte der Kreditrahmen auf 333 000 Euro (= Jahresbelastung 12 000 Euro x 25) erweitert werden. Es ist jedoch besser, den Tilgungssatz auf jährlich 3 Prozent zu erhöhen und dann mit dem gleichen Kreditrahmen von 300 000 Euro wie in obigem Beispiel zu rechnen. Oder Sie behalten den Tilgungssatz von 2 Prozent bei und akzeptieren einen Zinssatz von 2 Pro-

zent über die gesamte Laufzeit von rund 35 Jahren. Erfreulicher Effekt bei einem solchen Volltilgerdarlehen: Sie gehen kein Zinsrisiko ein und sind nach rund 35 Jahren schuldenfrei.

Bei einem Tilgungssatz von 4 Prozent und einem Zinssatz von 2 Prozent wären Sie Ihre Eigenheimschulden bereits nach gut 20 Jahren los. Allerdings müssten Sie dann auch Ihren Kreditrahmen mit 200 000 Euro enger schnallen. Der Kreditrahmen von 300 000 Euro ließe sich nur beibehalten, wenn die monatliche Belastbarkeit auf 1 500 Euro steigen würde.

Vervielfältiger abhängig von Zins- und Tilgungssatz

Der Vervielfältiger (Multiplikator) beziehungsweise das x-Fache der Jahresbelastung kann wie folgt berechnet werden:

Vervielfältiger = 100 : (Zins- + Tilgungssatz)

Bei einem Zinssatz von 2 Prozent und einem Tilgungssatz von 3 Prozent beträgt der Belastungssatz (als Zins- und Tilgungssatz) 5 Prozent.

Also lautet der Vervielfältiger = 100 : (2 + 3) = 20.

Der Kreditrahmen würde dann also das 20-Fache der Jahresbelastung ausmachen.

In der Tabelle auf Seite 50 sind die Vervielfältiger für Belastungssätze von 2 bis 8 Prozent mit unterschiedlichen Varianten bei den Zins- und Tilgungssätzen angegeben.

Auch in Niedrigzinsphasen ist ein jährlicher Belastungssatz von mindestens 5 Pro-

Vervielfältiger in Abhängigkeit vom Zins- und Tilgungssatz

Zinssatz[1]	Tilgungssatz[2]	Belastungssatz[3]	Vervielfältiger
1%	1%	2%	50-fach
1%	2%	3%	33,3-fach
2%	1%	3%	
1%	3%	4%	25-fach
2%	2%	4%	
3%	1%	4%	
1%	4%	5%	20-fach
2%	3%	5%	
3%	2%	5%	
4%	1%	5%	
1%	5%	6%	16,7-fach
2%	4%	6%	
3%	3%	6%	
4%	2%	6%	
5%	1%	6%	
1%	6%	7%	14,3-fach
2%	5%	7%	
3%	4%	7%	
4%	3%	7%	
5%	2%	7%	
6%	1%	7%	

1) Sollzins pro Jahr in Prozent; Tilgung pro Jahr in Prozent
2) Sollzins- und Tilgungssatz als Gesamtbelastung pro Jahr in Prozent
3) Vervielfältiger als x-Faches (100 : Belastungssatz)

zent ratsam. Je niedriger der Zinssatz (zum Beispiel 2 Prozent), desto höher kann dann der Tilgungssatz (zum Beispiel 3 Prozent) ausfallen – und desto schneller wird das Darlehen getilgt. Bei sehr niedrigen Zinsen von 1 Prozent (zum Beispiel für Darlehen mit zehnjähriger Zinsbindung) könnte der jährliche Tilgungssatz sogar auf 4 Prozent steigen.

Daher sind in der Tabelle „Vervielfältiger …" links beim Zins- und Tilgungssatz auch verschiedene Kombinationen angegeben.

Kreditrahmen in Abhängigkeit von Monatsbelastung sowie Zins- und Tilgungssatz

In der nächsten Tabelle auf Seite 49 wird der jeweilige Kreditrahmen in Abhängigkeit von Monatsbelastungen zwischen 500 und 1500 Euro sowie einem Belastungssatz (als Zins- und Tilgungssatz) zwischen 3 und 7 Prozent angegeben. Der Kreditrahmen laut Tabelle reicht von minimal 86 000 Euro (bei nur 500 Euro Monatsbelastung und einem hohen Belastungssatz von 7 Prozent) bis zu maximal 600 000 Euro (bei hohen 1 500 Euro als Monatsbelastung und extrem niedrigem Belastungssatz von nur 3 Prozent).

Setzen Sie sich unbedingt ein persönliches Kreditlimit. Wenn Ihre monatliche Belastung über einen krummen Betrag lautet oder der Zins- und Tilgungssatz kein glatter Prozentsatz ist, können Sie

Kreditrahmen in Abhängigkeit von Monatsbelastung sowie Zins- und Tilgungssatz

Monats-belastung (Euro)	Kreditrahmen in Euro bei einem Belastungssatz (Zins- und Tilgungssatz) in % von insgesamt				
	3%	4%	5%	6%	7%
500	200 000	150 000	120 000	100 000	86 000
550	220 000	165 000	132 000	110 000	94 000
600	240 000	180 000	144 000	120 000	103 000
650	260 000	195 000	156 000	130 000	111 000
700	280 000	210 000	168 000	140 000	120 000
750	300 000	225 000	180 000	150 000	128 000
800	320 000	240 000	192 000	160 000	137 000
850	340 000	255 000	204 000	170 000	145 000
900	360 000	270 000	216 000	180 000	154 000
950	380 000	285 000	228 000	190 000	163 000
1 000	400 000	300 000	240 000	200 000	172 000
1 050	420 000	315 000	252 000	210 000	180 000
1 100	440 000	330 000	264 000	220 000	189 000
1 150	460 000	345 000	276 000	230 000	197 000
1 200	480 000	360 000	288 000	240 000	206 000
1 250	500 000	375 000	300 000	250 000	214 000
1 300	520 000	390 000	312 000	260 000	223 000
1 350	540 000	405 000	324 000	270 000	231 000
1 400	560 000	420 000	336 000	280 000	240 000
1 450	580 000	435 000	348 000	290 000	248 000
1 500	600 000	450 000	360 000	300 000	257 000

Wie viel Kredit ist drin?

Mithilfe dieser Tabelle kann ein Kreditnehmer ausrechnen, wie hoch ein Darlehen sein kann, wenn er für die Monatsraten einen festgelegten Betrag zur Verfügung hat und den Kredit innerhalb einer bestimmten Laufzeit abzahlen will. Beispiel: Eine Familie kann eine Monatsrate von 1 000 Euro aufbringen. In spätestens 25 Jahren soll der Kredit abgezahlt sein. Bei einem Zinssatz von 3 Prozent kann die Familie bis zu 211 000 Euro Kredit aufnehmen. (Mögliche Kreditsumme in Euro)

Monatsrate (Euro)	20 Jahre, Zinssatz				25 Jahre, Zinssatz		
	2 %	3 %	4 %		2 %	3 %	4 %
500	99 000	90 000	83 000	500	118 000	105 000	95 000
600	119 000	108 000	99 000	600	142 000	127 000	114 000
700	139 000	126 000	116 000	700	165 000	148 000	133 000
800	158 000	144 000	132 000	800	189 000	169 000	152 000
900	178 000	162 000	149 000	900	212 000	190 000	171 000
1 000	198 000	180 000	165 000	1 000	236 000	211 000	189 000
1 100	218 000	198 000	182 000	1 100	260 000	232 000	208 000
1 200	238 000	216 000	198 000	1 200	283 000	253 000	227 000
1 300	257 000	234 000	215 000	1 300	307 000	274 000	246 000
1 400	277 000	252 000	231 000	1 400	330 000	295 000	265 000
1 500	297 000	270 000	248 000	1 500	354 000	316 000	284 000

Wie viel Kredit ist drin?

Mithilfe dieser Tabelle kann ein Kreditnehmer ausrechnen, wie hoch ein Darlehen sein kann, wenn er für die Monatsraten einen festgelegten Betrag zur Verfügung hat und den Kredit innerhalb von 30 Jahren abzahlen will.

Monatsrate (Euro)	30 Jahre, Zinssatz		
	2 %	3 %	4 %
500	135 000	119 000	105 000
600	162 000	142 000	126 000
700	189 000	166 000	147 000
800	216 000	190 000	168 000
900	244 000	213 000	189 000
1 000	271 000	237 000	209 000
1 100	298 000	261 000	230 000
1 200	325 000	285 000	251 000
1 300	352 000	308 000	272 000
1 400	379 000	332 000	293 000
1 500	406 000	356 000	314 000

Ihren Kreditrahmen nach der folgenden Kompaktformel auch selbst berechnen:

Kreditrahmen = Monatsbelastung x 1 200 : (Zins- + Tilgungssatz)

Zum Beispiel:

Maximal tragbare Monatsbelastung:	1 175 Euro
Fester Sollzins über 20 Jahre:	2,13 Prozent
Jährlicher Tilgungssatz:	3 Prozent
Zins- + Tilgungssatz:	5,13 Prozent

Kreditrahmen = 1 175 x 1 200 : 5,13 = 274 854 Euro, also rund 275 000 Euro.

Zur Kontrolle können Sie der Tabelle „Kreditrahmen in Abhängigkeit von Monatsbelastung sowie Zins- und Tilgungssatz" auf Seite 49 bei den nächstgelegenen glatten Werten von 1150 Euro Monatsbelastung und 5 Prozent Zins- und Tilgungssatz einen Kreditrahmen von 276 000 Euro entnehmen.

Anhand einer weiteren Tabelle („Wie viel Kredit ist drin?", siehe Seiten 50 und 51) können Sie Ihren Kreditrahmen in Abhängigkeit von Monatsrate (500 bis 1500 Euro), Gesamtlaufzeit des Darlehens (20, 25 oder 30 Jahre) und Zinssatz (2, 3 oder 4 Prozent) bestimmen.

Die möglichen Darlehenssummen liegen dann zwischen 83 000 und 406 000 Euro.

Liegt Ihr Kreditrahmen fest, wissen Sie, wie viel Darlehen Sie sich finanziell leisten können. Wie viel Haus Sie sich leisten können, errechnet sich aus der Summe von Kreditrahmen und Eigenkapital.

Schulden ja, aber richtig

Dem Rat, das Kreditlimit bei null anzusetzen und grundsätzlich keine Schulden aufzunehmen, können Sie als künftiger Haus- und Wohnungseigentümer vermutlich nicht folgen. Ohne Kredit- beziehungsweise Schuldenaufnahme ist der Bau oder Kauf in aller Regel nicht möglich.

Ein ererbtes oder geschenktes Haus beziehungsweise ein sehr hohes vorhandenes Geldvermögen sind nur die absolute Ausnahme von der Regel.

Die Frage lautet daher nicht „Schulden – ja oder nein?", sondern „Schulden für das Eigenheim – ja, aber wie hoch?".

Nach einer Umfrage des Meinungsforschungsinstituts Infratest stimmt die Hälfte der Deutschen dem Satz zu: „Mich würde es beunruhigen, wenn ich einen Kredit aufnehmen müsste." Die andere Hälfte schränkte jedoch zu Recht ein: „Es kann durchaus sinnvoll sein, zur richtigen Zeit einen Kredit aufzunehmen."

Es geht hier nicht darum, der Konsumverschuldung das Wort zu reden und zum Kauf reiner Konsumgüter wie Privatauto, Möbeln, Haushaltsgeräten oder Urlaub auf Kredit zu raten. Das „Leben auf Pump" kann sehr schnell in einer finanziellen Sackgasse enden, wie die steigende Zahl überschuldeter Privathaushalte zeigt.

Mithilfe der Tabelle links kann ein Kreditnehmer ausrechnen, wie hoch ein Darlehen sein kann, wenn er für die Monatsraten einen festgelegten Betrag zur Verfügung hat

und den Kredit innerhalb einer bestimmten Laufzeit abzahlen will. Beispiel: Eine Familie kann eine Monatsrate von 1 000 Euro aufbringen. In spätestens 30 Jahren soll der Kredit abgezahlt sein. Bei einem Zinssatz von 3 Prozent kann die Familie bis zu 237 000 Euro Kredit aufnehmen.

Die „Geldanlage auf Pump", wozu natürlich zunächst auch das mit Hypothekardarlehen finanzierte Eigenheim zählt, hat mit dem Leben auf Pump für den kleinen Luxus zwischendurch jedoch wenig gemein. Bei der Eigenheimverschuldung schaffen Sie einen dauerhaften Sachwert und sparen die laufende Miete. Nach vollständiger Tilgung der Eigenheimschulden können Sie miet- und schuldenfrei in den eigenen vier Wänden wohnen.

66 Zins und Miete schlafen nicht.

Die Kehrseite der Medaille: Anfangs nehmen Sie relativ hohe Schulden in meist sechsstelliger Höhe auf und müssen diese über einen langen Zeitraum abtragen. Insofern hat das Sprichwort schon recht: „Zins und Miete schlafen nicht."

Wer keine Miete mehr zahlt, muss jahrelang Hypothekenzinsen an die Bank zahlen und darüber hinaus das bei ihr aufgenommene Hypothekendarlehen Stück für Stück tilgen.

Ihr Vermögen und die Eigenkapitalquote

„Ohne Eigenkapital geht gar nichts" werden potenzielle Eigenheimbesitzer immer wieder von Banken oder Finanzierungsberatern hören.

Richtig daran ist, dass viele Eigenheimwünsche am fehlenden Eigenkapital scheitern. Wer überhaupt kein eigenes Geld besitzt, müsste schließlich die gesamten Kosten für sein Wunschobjekt mit Kredit finanzieren.

Diese Vollfinanzierung im Sinne einer vollen Fremdfinanzierung (auch als „100-Prozent-Finanzierung" bezeichnet) wird nur in Ausnahmefällen möglich sein, zum Beispiel bei Höher- oder Spitzenverdienern ohne eigenes Vermögen, sofern sie die Belastung aus Zins und Tilgung für das hohe Darlehen aus ihrem weit über dem Durchschnitt liegenden Nettoeinkommen tragen können. Liegt ihr Einkommen jedoch schon seit Jahren auf hohem Niveau, muss die Frage erlaubt sein, warum sie es nicht geschafft haben, Teile davon zurückzulegen und für ein Eigenheim anzusparen. Kaum denkbar, dass jemand, der als Mieter bisher auf sehr großem Fuß gelebt hat, nunmehr als Hauseigentümer finanzielle Einschränkungen besonders leicht tragen kann.

Einen weiteren Ausnahmefall stellen künftige Eigenheimbesitzer dar, die ihr langfristig angelegtes Vermögen (zum Beispiel Sparbriefe, Bausparverträge, lang laufende Kapitallebensversicherungen, vermietete Eigentumswohnung) nicht kurzfristig zu Geld machen können oder wollen. Die Kündigung einer laufenden Lebensversicherung führt fast immer zu finanziellen Verlusten, und der Verkauf einer Eigentumswohnung unter Druck ist ebenfalls nicht sinnvoll. Es kann daher besser sein, das bestehende Vermögen zu behalten und das Eigenheim in diesem Ausnahmefall voll fremd zu finanzieren.

Abgesehen von diesen beiden Ausnahmefällen gilt aber für künftige Eigenheimbesitzer die Regel: „So viel Eigenkapital wie möglich". Das heißt, Sie sind gut beraten, Ihr gesamtes Eigenkapital bis auf eine Sicherheitsreserve in Ihr Bau- oder Kaufvorhaben zu stecken und so wenig Fremdkapital wie möglich aufzunehmen.

Vermögen und Schulden – eine Bilanz

Kreditgeber erwarten vom künftigen Haus- und Wohnungseigentümer grundsätzlich,

Ihr Vermögensbestand

Verschaffen Sie sich einen umfassenden Überblick über Ihre Vermögenswerte und wie langfristig diese jeweils gebunden sind. Nicht alles lässt sich für eine Immobilienfinanzierung „flüssig machen".

Sofort verfügbare Geldmittel:

☐ Bargeld und Guthaben auf Girokonto

☐ Guthaben auf Tagesgeldkonten

Kurz- bis mittelfristig verfügbare Geldmittel:

☐ Festgeldguthaben

☐ Sparguthaben

☐ Sparbriefe

Jederzeit veräußerbare Anlagen:

☐ Bundesanleihen

☐ Sonstige Anleihen und Pfandbriefe

☐ Aktien

☐ Anteile an Renten-, Aktien- oder offenen Immobilienfonds oder ETFs

Immobilienvermögen und Beteiligungen:

☐ Wert des eigenen bezahlten oder ererbten Grundstücks

☐ Verkehrswert einer bisher selbstgenutzten oder vermieteten Immobilie

☐ Anteile an geschlossenen Immobilienfonds, Schiffsfonds oder an anderen geschlossenen Fonds

Langfristig angelegtes Geldvermögen:

☐ Bausparguthaben

☐ Kapitallebensversicherung oder private Rentenversicherung (mit aktuellem Rückkaufswert)

☐ Angespartes Vermögen in Riester-Verträgen (Entnahme bei vorhandenen Riester-Verträgen, außerdem Riester-Bausparvertrag oder Riester-Darlehen)

☐ Angespartes Vermögen in der betrieblichen Altersversorgung (zum Beispiel durch Entgeltumwandlung)

Vermögenswerte
Was zählt als Eigenkapital
für die Finanzierung?

dass er genügend eigene Mittel in die Finanzierung einbringt. Typischerweise wird ein Eigenkapital in Höhe von 20 bis 30 Prozent der Gesamtkosten des Hauses erwartet. Je höher die Eigenkapitalquote, desto geringer sind die Risiken für die Bank als Kreditgeber und auch für Sie als Kreditnehmer.

Da Sie sich auf die Frage des Kreditgebers nach Ihrem Eigenkapital früher oder später gefasst machen müssen, geht kein Weg an der genauen Erfassung Ihrer eigenen finanziellen Mittel vorbei.

Eigenes Vermögen erfassen

Falls Sie keine Schulden haben, ist Ihr Eigenkapital identisch mit Ihrem Vermögen.

Um zu entscheiden, ob das gesamte Vermögen in die Finanzierung des Eigenheims eingesetzt werden soll, ist eine Aufgliederung der einzelnen Vermögensteile wie in der Checkliste „Ihr Vermögensbestand" (links, Seite 54) sinnvoll.

Wie Vermögen flüssig gemacht werden kann

Geldmittel, die sofort oder kurz- bis mittelfristig verfügbar sind und nur geringe Zinsen bringen, eignen sich zum Eigenkapitaleinsatz für ein Eigenheim besonders gut.

Über Tagesgeldguthaben kann sofort verfügt werden, und Sparguthaben können rechtzeitig gekündigt werden, um Vorschusszinsen zu vermeiden. Guthaben auf laufenden Konten sind immer sofort verfügbar (sogenannte Sichteinlagen).

Sparbriefe und Festgelder bei Banken und Sparkassen sind jedoch grundsätzlich nicht kündbar. Sie werden erst am Ende der Laufzeit zurückgezahlt. Wollen Sie vorher über das Geld verfügen, bleibt nur die Möglichkeit der Beleihung, wofür Sie aber Kreditzinsen zahlen müssen.

Börsenfähige Wertpapiere und Anteile an Investmentfonds können durch Verkauf jederzeit zu Geld gemacht werden. Sie zählen daher zum sofort verfügbaren Eigenkapital. Meist bietet es sich an, einen Teil der Wertpapiere oder Fondsanteile als finanzielle Reserve im Wertpapierdepot zu belassen.

Ihre finanzielle Basis verbessert sich, wenn Sie bereits ein Grundstück besitzen.

Das eigene Baugrundstück, das Sie ererbt oder bereits bezahlt haben, können Sie direkt als Eigenkapital in die Finanzierung einbringen.

❝ Verkaufen Sie zuerst Ihr bisheriges Eigenheim, bevor Sie ein neues Eigenheim bauen oder kaufen.

———

Bewohnen Sie bereits ein Einfamilienhaus oder eine Eigentumswohnung selbst und wollen Sie zum Beispiel aufgrund eines beruflich bedingten Ortswechsels auf ein neues Eigenheim umsteigen, sollten Sie einen Verkauf in Erwägung ziehen. Übersteigt der Veräußerungserlös die Restschulden deutlich, können Sie diesen Vermögensüberschuss direkt als Eigenkapital für das neue Eigenheim verwenden.

Geld in Bauspar- und Versicherungsverträgen
Ist Ihr Geld langfristig in Bauspar- oder Versicherungsverträgen gebunden, sollten Sie sich zunächst nach den aktuellen Bausparguthaben und den Rückkaufswerten der Kapitallebensversicherung oder privaten Rentenversicherung erkundigen.

Was tun mit Bausparverträgen?
▶ Eine Kündigung des Bausparvertrags zwecks Auszahlung des Bausparguthabens empfiehlt sich nur, wenn die aktuellen Zinsen für Hypothekendarlehen von Banken unter den Zinsen für Bauspardarlehen liegen. Prüfen Sie, ob die Abschlussgebühr von 1 bis 1,6 Prozent der Bausparsumme zurückgezahlt wird. Berücksichtigen Sie außerdem, dass Ihr Anspruch auf Wohnungsbauprämie und Arbeitnehmersparzulage trotz Unterschreitung der Einkommensgrenzen verfällt, sofern die siebenjährige Sperrfrist noch nicht abgelaufen ist.

▶ Im Normalfall sollten Sie den gesamten Bausparvertrag in die Immobilienfinanzierung einbringen. Steht die Zuteilung des Bausparvertrags und damit der Bausparsumme unmittelbar bevor, erhalten Sie praktisch zweimal Geld von der Bausparkasse – Eigenkapital in Höhe des Bausparguthabens einschließlich Guthabenzinsen plus Fremdkapital in Höhe des günstigen Bauspardarlehens.

▶ Eine kurzfristige Zwischenfinanzierung zu niedrigen Zinsen bietet sich an, wenn die Zuteilung des Bausparvertrags nach Erreichen des Mindestsparguthabens voraussichtlich innerhalb der nächsten zwei Jahre erfolgen wird. Auf die Zuteilung sollten Sie aber verzichten, wenn ein Hypothekendarlehen der Bank zinsgünstiger zu haben ist als ein Bauspardarlehen.

Weniger Eigenkapital – mehr Risiko

Ein Ehepaar kauft ein Haus für 300 000 Euro plus 30 000 Euro Nebenkosten. Wie steht das Paar da, wenn es das Haus nach fünf Jahren verkaufen muss und nur den Einstandspreis oder weniger erzielt? Bei einer Finanzierung ohne Eigenkapital droht in diesem Fall der Ruin. Das Haus ist weg, aber ein Teil der Schulden ist noch da.

	Kreditanteil in Prozent des Kaufpreises			
	80	90	100	110
Finanzierung des Hauses				
Eigenkapital (Euro)	90 000	60 000	30 000	0
Kreditsumme (Euro)	240 000	270 000	300 000	330 000
Zinssatz (Prozent), 20 Jahre Zinsbindung	2,00	2,20	2,80	3,00
Tilgungssatz (Prozent)	2,00	2,00	2,00	2,00
Monatsrate (Euro)	800	945	1 200	1 375
Kreditschulden nach fünf Jahren				
Restschuld (Euro)	214 781	241 487	267 839	294 444
Vorfälligkeitsentschädigung (Euro)[1]	16 963	21 552	32 035	39 975
Schulden bei der Bank (Euro)	231 744	263 039	299 874	334 419
Restvermögen oder Schulden (Euro) nach einem Verkauf in fünf Jahren zum …				
Verkaufspreis von 300 000 Euro	68 256	36 961	126	−34 419
Verkaufspreis von 270 000 Euro	38 256	6 961	−29 874	−64 419
Verkaufspreis von 240 000 Euro	8 256	−23 039	−59 874	−94 419

1) Bei gleichbleibendem Zinsniveau nach banküblicher Berechnung. Bei sinkenden Zinsen fällt die Entschädigung höher, bei steigenden Zinsen niedriger aus. Sondertilgungsrechte verringern die Entschädigung.

Ihr Schuldenbestand

☐ **Überziehungskredite.** in Anspruch genommener Dispositionskredit auf dem Gehaltskonto oder auf einem anderen Girokonto

☐ **Ratenkredite.** Restschulden für Kauf von Konsumgütern wie Privatauto, Möbel oder Haushaltsgeräte

☐ **Hypotheken- und Bauspardarlehen.** Restschulden für bereits vorhandene Immobilien wie vermietete Eigentumswohnung, also nicht Darlehen für das noch zu finanzierende Eigenheim

☐ **Sonstige Schulden.** Zum Beispiel noch nicht bezahlte Rechnungen, persönliche Darlehen von Verwandten oder Bekannten

Ihre Kreditwürdigkeit leidet, falls Sie noch mit Raten- und Überziehungskrediten belastet sind. Besser Sie verkaufen zunächst einige Zinspapiere, Aktien oder Anteile an Investmentfonds, um mit dem erzielten Veräußerungserlös alle Restschulden auf einen Schlag abzulösen.

Was tun mit Lebensversicherungen?

▶ Haben Sie in der Vergangenheit eine kapitalbildende Lebensversicherung abgeschlossen, können Sie die Versicherungsansprüche bis zur Höhe der geschätzten Ablaufleistung zur Sicherung und Tilgung eines noch aufzunehmenden Darlehensteilbetrags an den Kreditgeber abtreten. Eine regelmäßige Tilgung entfällt, da Sie quasi als Tilgungsersatz Versicherungsbeiträge zahlen.

▶ Dringend ist davon abzuraten, durch Kündigung der laufenden Kapitallebensversicherung sofort an Geld zu kommen. Sie erhalten zwar Ihr Guthaben in Höhe des aktuellen Rückkaufswerts ausgezahlt. Enttäuscht werden Sie aber feststellen, dass dieser Rückkaufswert im Vergleich zu der bisher gezahlten Beitragssumme außerordentlich niedrig ausfällt. Läuft der Versicherungsvertrag erst einige Jahre, führt die Kündigung infolge der hohen Belastung mit Vertriebs- und Verwaltungskosten fast immer zu Verlusten.

Was tun mit laufenden Riester-Verträgen?

▶ Das mit Zulagen und Zinsen angesparte Vermögen aus Riester-Verträgen können Sie komplett entnehmen, um es als Eigenkapital für Bau oder Kauf eines Eigenheims zu verwenden.

▶ Ihr Riester-Vermögen können Sie aber nicht für eine Sondertilgung bei einem älteren Darlehensvertrag verwenden.

Erst mit Renten- beziehungsweise Pensionsbeginn können Sie es zur Rückzahlung einer noch bestehenden Restschuld verwenden.

▶ Seit November 2008 können Sie Wohn-Riester-Darlehen bei Banken oder Bausparkassen aufnehmen, bei denen die Riester-Beiträge einschließlich der jährlich fälligen Zulagen direkt in die Tilgung fließen.

Weitergehende Informationen zu den verschiedenen Formen des „Riesterns" erhalten Sie in gleich mehreren Ausgaben von Finanztest.

Schulden erfassen und Bilanz ziehen

Haben Sie Schulden, müssen diese vom Vermögen abgezogen werden, um das reine Eigenkapital zu ermitteln. Praktisch ziehen Sie wie ein Unternehmer Bilanz und stellen die Restschulden den Vermögenswerten gegenüber.

Der Überschuss des Vermögens über die Restschulden stellt dann Ihr Eigenkapital dar. Es gilt also die Gleichung:

Eigenkapital = Vermögen − Schulden
oder
Vermögen (Aktiva) = Schulden + Eigenkapital (Passiva)

Auf der Aktivseite Ihrer privaten Vermögensbilanz stehen dann die Vermögenswerte (auch „Rohvermögen" genannt) und auf der Passivseite außer den Schulden (Fremdkapital) das Eigenkapital als sogenanntes Reinvermögen.

Die Höhe der Restschulden können Sie den jährlichen Darlehenskontoauszügen Ihrer Kreditgeber entnehmen.

Nehmen Sie auf keinen Fall einen Ratenkredit auf, um den erhaltenen Betrag der finanzierenden Bank gegenüber als Eigenkapital auszugeben. Selbst wenn dieser Ratenkredit bei der Schufa nicht oder noch nicht eingetragen ist, wird Ihre Bank früher oder später davon erfahren.

Letztlich wäre es sogar Kreditbetrug, wenn Sie sich ein Hypothekendarlehen durch falsche Eigenkapitalangaben erschleichen.

Reines Eigenkapital und Eigenkapitalersatzmittel

Unter reinem Eigenkapital werden Geldmittel verstanden, die sofort für die Finanzierung von Bau, Kauf oder Modernisierung einer Immobilie eingesetzt werden können.

→ **Ein einfaches Beispiel** soll den Einsatz von Eigenkapital bei der Finanzierung eines Eigenheims verdeutlichen:

Ermittlung des reinen Eigenkapitals

Bankguthaben:	
Guthaben auf Girokonto	2 500 Euro
Guthaben auf Tagesgeldkonto	30 000 Euro
Sparguthaben	1 500 Euro
Wertpapierdepot:	
Bundesanleihen (Kurswert)	11 700 Euro
Aktien (Kurswert)	6 400 Euro
Aktienfonds (Rücknahmepreis)	8 500 Euro
Rentenfonds (Rücknahmepreis)	7 200 Euro
Bausparvertrag:	
Bausparguthaben 12 200 Euro (Bausparsumme 30 000 Euro, Zuteilung in Kürze)	
= Eigenmittel	**80 000 Euro**

In unserem Beispielfall können für die neue Finanzierung Eigenmittel von 80 000 Euro flüssig gemacht werden. Bei einer angestrebten Eigenkapitalquote von 25 Prozent der Gesamtkosten könnte das Traumhaus somit insgesamt 320 000 Euro kosten.

240 000 Euro müssten dann als Hypotheken- und Bauspardarlehen aufgenommen werden.

Auf sogar 400 000 Euro könnten die Gesamtkosten steigen, wenn man sich mit einer Eigenkapitalquote von nur 20 Prozent begnügte. Der Pferdefuß dabei: Das benötigte Fremdkapital müsste auf 320 000 Euro steigen.

Angenommen, die monatliche Belastung für Kapitaldienst (Zins und Tilgung) könnte maximal bei 1 000 Euro liegen, und der jährliche Belastungssatz (Zins- + Tilgungssatz) würde 4 Prozent ausmachen. Dann läge der Kreditrahmen bei 300 000 Euro. Zusammen mit dem reinen Eigenkapital von 80 000 Euro könnten dann die Gesamtinvestitionskosten des Eigenheims 380 000 Euro ausmachen.

Die Eigenkapitalquote läge bei 21 Prozent der Gesamtkosten (= 80 000 x 100 : 380 000) und die Belastungsquote bei knapp 30 Prozent des Nettoeinkommens (= 1 000 x 100 : 3 438). Damit wäre die Finanzierung des Eigenheims auf relativ sichere Beine gestellt.

Höhe von Eigenkapital- und Belastungsquote

Beachten Sie auf jeden Fall Faustregeln zur Eigenkapital- und Belastungsquote, die eine Aussage über die Finanzierbarkeit eines Immobilienvorhabens ermöglichen.

→ Faustregeln zur Eigenkapital- und Belastungsquote

1. Goldene Finanzierungsregel: Eigenkapital mindestens ein Drittel der Gesamtkosten, Belastung aus Kapitaldienst höchstens ein Drittel des Nettoeinkommens.

2. Silberne Finanzierungsregel: Eigenkapital mindestens 25 Prozent der Gesamtkosten, Belastung aus Kapitaldienst höchstens 40 Prozent des Nettoeinkommens.

3. Bronzene Finanzierungsregel: Eigenkapital mindestens 20 Prozent der Gesamtkosten, Belastung aus Kapitaldienst höchstens 50 Prozent des Nettoeinkommens.

In unserem Beispielfall wäre die bronzene Finanzierungsregel erreicht, da die Eigenkapitalquote über 20 Prozent liegt und die Belastungsquote sogar deutlich unter 50 Prozent. Sicherlich stellen goldene, silberne und bronzene Finanzierungsregel nur grobe „Daumenregeln" dar. Die Finanzierbarkeit eines Eigenheims anhand von einfachen Faustregeln zu überprüfen und „über den Daumen zu peilen", erscheint aber allemal besser als das allzu blauäugige Hineinschliddern in ein finanzielles Abenteuer. Schließlich stellt der Bau oder Kauf eines Eigenheims für die weitaus meisten Bundesbürger die größte Investition und Finanzierung in ihrem Leben dar.

Im Zweifel hat das verfügbare Nettoeinkommen ein größeres Gewicht als das vorhandene Eigenkapital. Dabei gilt: Je sicherer Ihr Arbeitsplatz und damit Ihr Einkommen sind, desto höher ist Ihre Bonität aus Sicht der Kreditgeber.

Mit der Ermittlung Ihrer individuellen Eigenkapital- und Belastungsquote und der Beachtung der Finanzierungsregeln haben Sie Ihre finanziellen Grenzen jetzt grob abgesteckt. Sie wissen nun, was Sie sich finanziell leisten können und wie viel Ihr Eigenheim alles in allem kosten darf.

Zusätzliche Eigenkapitalersatzmittel

Ist Ihr reines Eigenkapital zur Finanzierung des Eigenheims nicht ausreichend, sollten Sie über Eigenkapitalersatzmittel nachdenken, die eine Sonderstellung zwischen reinem Eigenkapital und einem Bankkredit darstellen.

Aus Sicht der Banken gelten diese Eigenkapitalersatzmittel als indirekte Eigenmittel beziehungsweise als Eigenkapital im weiteren Sinne und ersetzen von Banken gewährtes Darlehen. Ihr Vorteil: Bei der Berechnung der Eigenmittel und der entsprechenden Eigenkapitalquote werden sie mitgezählt. Einige Banken zählen sogar die zinsgünstigen Darlehen nach dem Wohneigentumsprogramm der staatlichen Kreditanstalt für Wiederaufbau (KfW) in Höhe von bis zu 100 000 Euro zu den Eigenkapitalersatzmitteln.

Die gesamten Eigenmittel ergeben sich somit aus der Summe von direkten und indirekten Eigenmitteln:

Direkte Eigenmittel (reines Eigenkapital)
+ Indirekte Eigenmittel (Eigenkapitalersatz)
= Gesamte Eigenmittel

Um die Eigenmittel zu erhöhen, sind Sie also gut beraten, alle Möglichkeiten des Eigenkapitalersatzes zu prüfen.

Öffentliche Baudarlehen und Familienzusatzdarlehen werden meist zinslos gewährt.

Arbeitgeber-, Verwandten- oder Bekanntendarlehen zeichnen sich in der Regel durch besonders günstige Zins- und Rückzahlungsmodalitäten aus.

Ein Policendarlehen in Höhe des Rückkaufswerts einer bestehenden Kapitallebensversicherung wird zu veränderlichen Zinssätzen herausgegeben. Nachteil: Sie zahlen Zinsen und gleichzeitig weiter Versicherungsbeiträge. Nur wenn die Zinssätze für Policendarlehen ausnahmsweise deutlich unter den üblichen Hypothekenzinssätzen liegen, lohnt sich die Aufnahme eines Policendarlehens.

Zusätzlich können künftige Haus- und Wohnungseigentümer zinsgünstige KfW-Mittel einsetzen, die von der finanzierenden Bank eventuell auch als Eigenkapitalersatz anerkannt werden.

Wenn Sie als Bauherr oder Neubaukäufer selbst mit anpacken und Ihre Muskelhypothek einsetzen, können Sie ebenfalls beträchtliche Summen sparen. Allerdings sollten Sie Ihre Eigenleistung nicht unrealistisch hoch ansetzen. Überschätzen Sie also nicht Ihre eigenen handwerklichen Fähigkeiten, und unterschätzen Sie nicht den beträchtlichen Zeitaufwand.

Bei geplanten Selbsthilfeleistungen sollten Sie den Wert der Selbsthilfe durch schriftliche Erklärungen Ihres Architekten oder Ihres Betreuungsunternehmens untermauern. Bei der Beantragung von Wohnraumförderungsmitteln ist dies sogar zwingend vorgeschrieben.

Als Wert der Selbsthilfe wird der Betrag anerkannt, der gegenüber den üblichen Kosten der Unternehmerleistung erspart wird. Wie hoch die Ersparnis im Einzelnen ausfällt, richtet sich nach der Arbeitszeit und den üblichen Lohnkosten für eine Handwerkerstunde. Material- und Maschinenkosten können Sie mit Ihrer Eigenleistung also nicht einsparen.

Eigenheimsparpläne und Vermögensaufbau

Das Bilden von Eigenkapital setzt in aller Regel eine mehr oder minder lange Ansparphase voraus. Im Prinzip geht es darum, das Geld so günstig wie möglich anzulegen, also „mit dem Gelde Geld zu verdienen".

Sparpläne für das Eigenheim

Ihr Geldvermögen und späteres Eigenkapital für das Eigenheim können Sie beispielsweise mit Sparplänen aufbauen, die teilweise von Vater Staat besonders gefördert werden. Hierbei zweigen Sie regelmäßig – zum Beispiel monatlich – einen bestimmten Betrag Ihres Nettoeinkommens für Sparzwecke ab. Den einzig richtigen Eigenheimsparplan gibt es aber nicht. Sie sollten sich vielmehr für den Sparplan entscheiden, der Ihren persönlichen Anlagezielen (Sicherheit, Rendite, Verfügbarkeit, staatliche Fördermittel) am besten entspricht und eine gesunde Streuung Ihres Vermögens ermöglicht.

Auch nach dem Erwerb des Eigenheims sollte der Vermögensaufbau über Sparpläne fortgesetzt werden, um nicht alles auf die Karte Eigenheim zu setzen.

Dies gilt vor allem auch unter dem Aspekt der betrieblichen und privaten Altersvorsorge.

Vermögensaufbau und Anlagemischung

Die wohl wichtigste Regel für den Vermögensaufbau über Sparpläne oder über Einmalanlagen lautet: „Leg nicht alle Eier in einen Korb" oder „Setz nicht alles auf eine Karte".

Checkliste

Eigenkapitalersatzmittel

Diese reduzieren zwar den Kreditbedarf beim Baufinanzierer, bringen aber auch finanzielle Verpflichtungen oder eigenen Arbeitseinsatz mit sich, die erfüllt werden müssen.

☐ Wohnraumförderungsdarlehen: Landesmittel wie zum Beispiel öffentliche Baudarlehen, Familienzusatzdarlehen oder Aufwendungsdarlehen

☐ Policendarlehen bei Lebensversicherungen (Darlehen in Höhe des Rückkaufswerts)

☐ Arbeitgeberdarlehen

☐ Verwandten- oder Bekanntendarlehen

☐ Selbsthilfe beziehungsweise Eigenleistung des Bauherren (Muskelhypothek)

☐ Darlehen der KfW Bankengruppe zählen bei den meisten Banken auch zu den Eigenkapitalersatzmitteln.

Sparpläne

- [ ] **Bausparen.** Ansparen mit Riester-Anlagebeiträgen bis zu 2 100 Euro pro Jahr einschließlich Altersvorsorgezulagen, eventuell prämien- und zulagebegünstigtes Bausparen mit Wohnungsbauprämie von jährlich 45/90 Euro für Alleinstehende/Ehepaare und als vermögenswirksame Leistung mit Arbeitnehmersparzulage von jährlich 42 Euro pro Arbeitnehmer bei Unterschreiten bestimmter Einkommensgrenzen und Einhalten der siebenjährigen Sperrfrist

- [ ] **Banksparplan.** Monatliche Sparraten in einen Banksparplan einzahlen

- [ ] **Zinsanlagen bei der Bank.** Tages- und Festgeldkonten, Sonendersparformen, Sparbriefe

- [ ] **Festverzinsliche Wertpapiere.** Bundesanleihen, Unternehmensanleihen und Pfandbriefe

- [ ] **Aktienfonds-Sparplan.** Eventuell als vermögenswirksame Leistung mit Arbeitnehmersparzulage von jährlich 72/144 Euro für Alleinstehende/Ehegatten bei Unterschreiten bestimmter Einkommensgrenzen und Einhalten der siebenjährigen Sperrfrist

- [ ] **Sonstige Fonds-Sparpläne.** Sparen mit Rentenfonds, Mischfonds oder offenen Immobilienfonds

- [ ] **Kostengünstige Sparpläne** mit ETF (Exchange Traded Funds)

- [ ] **Genossenschaftssparen.** Geschäftsanteile und Bonussparpläne bei Wohnungsbaugenossenschaften

Diese Anlageregel soll Sie dazu bewegen, Ihr Vermögen zu streuen und Ihre Geldanlagen so zu mischen, dass Ihr Anlagerisiko minimiert wird.

Die grobe Faustregel dafür könnte wie folgt aussehen:

- ▶ ein Drittel in Immobilien (zum Beispiel das künftige Eigenheim),
- ▶ ein Drittel in Zinsanlagen (zum Beispiel Banksparen, Anleihen, Rentenfonds, Versicherungssparen) und
- ▶ ein Drittel in Aktien (zum Beispiel Direktanlage in Aktien, Aktienfonds oder ETFs Aktienindexfonds).

Selbstverständlich sollte die Anlagemischung nicht schematisch zu je einem Drittel erfolgen. Die richtige Streuung hängt auch vom Lebensalter und von der individuellen Risikoneigung ab. Jüngere werden einen höheren Aktienanteil halten als Ältere, da sie mögliche Kursverluste besser aussitzen können. Mit steigendem Alter wird nach dem Motto „Weniger Aktien, mehr Anleihen" verfahren. Flüssige Gelder (Liquidität beziehungsweise Cash) in Höhe von 10 Prozent des Gesamtvermögens sind in jeder Lebensphase Trumpf.

Unter Einbeziehung dieser flüssigen Gelder könnte sich dann die sogenannte 1–2–3–4-Regel empfehlen:

	10 % Tages- und Festgelder (Liquidität, Cash)
+	20 % Aktien und Aktienfonds und ETFs auf Aktienindizes
+	30 % Anleihen, Rentenfonds, Bank- und Versicherungssparen
+	40 % Immobilien (zum Beispiel Eigenheim)
= 100 % Vermögen	

Über diese 1–2–3–4-Regel lässt sich naturgemäß trefflich streiten. Sie soll auch lediglich eine grobe Richtschnur für mittlere und größere Vermögen abgeben. Der ewige Streit, ob nun Geldwerte oder Sachwerte besser sind, ist bei der obigen Aufteilung eher salomonisch im Sinne beider Punkte entschieden.

Investitionskosten und Preisgrenze

Eine Finanzierungslücke zwischen dem vorhandenen Kapital aus Darlehen plus Eigenmitteln einerseits und den gesamten Investitionskosten ist durch eine sorgfältige Planung vermeidbar.

→ Gesamtkostengrenze

Liegen Ihre monatliche Belastbarkeit und Ihre einsetzbaren Eigenmittel fest, können Sie Ihren Kreditrahmen und die Gesamtkostengrenze recht einfach bestimmen:

> Kreditrahmen
> + Eigenkapitalersatzmittel
> + Reines Eigenkapital
> = **Gesamtkosten des Eigenheims**

Beachten Sie, dass die Gesamtkosten des Eigenheims nicht identisch mit Grundstückspreis und Baukosten oder reinem Kaufpreis für das Haus sind. Sie müssen also alle einmaligen Nebenkosten beim Bau oder Kauf mit einrechnen.

Die Gesamtkosten beim Kauf liegen mindestens 5 Prozent über dem Kaufpreis, falls keine Maklerprovision anfällt. In Brandenburg, Nordrhein-Westfalen, Saarland und Schleswig-Holstein sind es 8 Prozent, da die Grunderwerbsteuer dort bei 6,5 Prozent liegt und noch rund 1,5 Prozent für Notar- und Grundbuchgebühren hinzukommen.

Im Falle einer zusätzlich vom Käufer zu zahlenden Maklerprovision steigen die Kaufnebenkosten bereits auf 8 bis 12 Prozent. Hinzu kommen die Kosten für die Grundschuldbestellung und -eintragung in Höhe von rund 1 Prozent der Darlehenssumme.

Bei Neubaukäufen sind außerdem eventuelle Bauzeitzinsen für den Zeitraum vom Kauf bis zum letztendlichen Einzug zu berücksichtigen.

Im Extremfall können die Kauf- und Finanzierun gsnebenkosten somit bis zu 12 Prozent des Kaufpreises ausmachen.

Berechnung der Gesamtkostengrenze:

Monatliche Belastung:	1 000 Euro
x 12 Monate	
= **Jahresbelastung**	**12 000 Euro**
x Vervielfältiger 25 (= 100 : 4)	
= **Kreditrahmen**	**300 000 Euro**
+ Eigenkapital	100 000 Euro
= **Gesamtkostengrenze**	**400 000 Euro**

 **12 %**

Planungskosten
Kosten für Architekt,
Statiker und Ingenieure

 **22 %**

Wände und Decken
Rohbau mit massiven Decken und
Wänden inklusive Wärmedämmung

 **9 %**

Fassade
Fenster und
Fassadenverkleidung
zusammen

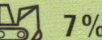 **7 %**

Vorbereitungsarbeiten
Aushub der Baugrube,
Wasseranschluss, Ab-
wasser und Strom, Bau-
stelleneinrichtung und
Baugerüst

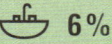 **6 %**

Sanitärinstallationen
Wasser- und Abwasser-
leitungen sowie Sani-
tärausstattung mit Ba-
dewanne, Waschbecken,
Toiletten etc.

 6 %

Bodenbeläge
Parkettboden,
Fliesen und
Teppichböden

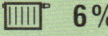 **6 %**

Heizung/Warmwasser
Heizungstechnik und
Warmwasserbereitung

 4 %

Küche
Einbauküche mit durch-
schnittlicher Ausstattung

 4 %

Dach
Dachstuhl, Dachabdeckung,
Isolierung, Abdichtung

 9 %

Öffentliche Verwaltung
Prüfung und Erteilung
der Baugenehmigung,
Gebühren für die An-
schlüsse an öffentliches
Wasser-, Abwasser- und
Stromnetz

 3 %

Raumflächen innen
Verputzen und Tapezieren

3 %

Außenanlagen
Garten, Terrasse, Wege,
Zaun und Beleuchtung

 4 %

Fundament
Das Fundament für den
Kellergrund

3 %

Elektroanlage
Leitungsverlegung und
Stromeinrichtungen

2 %

**Innentüren und
Einbauschränke**

**Durchschnittliche Gesamtkosten in Euro
für ein Eigenheim* in Deutschland**

West:
323 218

Ost:
239 926

* Neues Wohngebäude mit einer Wohnung;
Quelle: Statistisches Bundesamt 2014,
hochgerechnet auf Baupreisindex 2019,
Prozentwerte: Eigene Berechnung

Stein für Stein

So setzen sich die Gesamtkosten bei
einem individuell geplanten Architekten-
haus zusammen. Die Prozentwerte geben die durchschnittlichen Anteile der
genannten Arbeiten und Materialien an
den Gesamtkosten für den Bau wieder.
Die Kosten für das Grundstück sind
hierin nicht enthalten.

Kurzcheck: Wie teuer darf Ihr Haus werden?

Welche Rate können Sie sich leisten?

Wie hoch ist Ihre Miete mit Nebenkosten (Euro pro Monat)?		**1 050**
Wie viel haben Sie im Durchschnitt der letzten ein bis drei Jahre im Monat gespart (Euro)?[1]	+	**300**
Wie groß soll Ihr Eigenheim sein (Quadratmeter)?	**100**	
Pauschale für Kosten pro qm und Monat	x **3,50**	
Bewirtschaftungskosten (Euro)	= **350**	
	–	**350**
Mögliche Kreditrate pro Monat (Euro)	=	**1 000**

Welche Tilgung ist nötig?

Wann wollen Sie spätestens schuldenfrei sein (Jahre)?	25	
Zinssatz für Hypothekendarlehen (Prozent)		**2,00**
Tilgungssatz (Prozent)	+	**3,00**
Annuität (Zinssatz + Tilgungssatz in Prozent)	=	**5,00**

Wie viel Kredit können Sie damit aufnehmen?

Mögliche Kreditrate pro Monat (Euro)		**1 000**
Annuität (Zinssatz + Tilgungssatz in Prozent)	:	**5,00**
12 (Raten pro Jahr) x 100	x	1 200
Maximale Kreditsumme (Euro)	=	**240 000**

Wie hoch darf der Kaufpreis sein?

Maximale Kreditsumme (Euro)		**240 000**
Verfügbares Eigenkapital (Euro)	+	**100 000**
Reserve zum Beispiel für Umzug (Euro)	–	**10 000**
Finanzierbare Gesamtkosten (Euro)	=	**330 000**
Kaufnebenkosten in Prozent des Kaufpreises[2]	**10**	
	+	100
Gesamtkosten in Prozent des Kaufpreises	=	**110**
	:	100
Divisor	=	1,1
	:	1,1

Finanzierbarer Kaufpreis (Euro)   **300 000**

[1] Variante: Ermitteln Sie anhand Ihrer Kontoauszüge den durchschnittlichen monatlichen Überschuss Ihrer Einnahmen über Ihre Ausgaben.

[2] Grunderwerbsteuer, Notar- und Grundbuchkosten und Maklerprovision (siehe Tabelle S. 74)

Überblick bewahren

Die Nebenkosten beim Immobilienerwerb und Hausbau dürfen keinesfalls unterschätzt werden.

Mit einer maximalen monatlichen Belastung von 1000 Euro, einem Belastungssatz (Zins- und Tilgungssatz) von 4 Prozent und einem vorhandenen Eigenkapital von 100 000 Euro lassen sich also Gesamtkosten in Höhe von 400 000 Euro finanzieren. Beträgt der Kaufpreis für ein Reihenhaus mit beispielsweise 120 Quadratmeter Wohnfläche 360 000 Euro und liegen die Kaufnebenkosten (6,5 % Grunderwerbsteuer, 1,5 % Notar- und Grundbuchgebühren, keine zusätzliche Maklerprovision) bei 8 % des Kaufpreises, kommen Anschaffungskosten von 389 000 Euro heraus. Es bliebe also noch etwas Luft bis zur Gesamtkostengrenze von 400 000 Euro. Diese 11 000 Euro könnten für die Finanzierungsnebenkosten (eventuelle Wertschätzungsgebühren und Bereitstellungszinsen neben den Notar- und Grundbuchkosten für die Grundschuldbestellung und -eintragung) und den Umzug ihren Einsatz finden.

Kommen noch Neuanschaffungen im Eigenheim wie Einbauküche oder neue Wohnmöbel hinzu, müssten diese aus der Liquiditätsreserve bestritten werden.

Baukosten, Kaufpreise und Nebenkosten der Investition

Wenn Sie Kosten beim Einfamilienhaus einsparen wollen oder aus finanziellen Gründen Einsparungen sogar unabdingbar sind, sollten Sie bei der Kostenstruktur ansetzen. Laut Institut für Städtebau (IfS) in Bonn setzen sich die Kosten folgendermaßen zusammen:

Anteilige Kosten bei einem Einfamilienhaus:

	25 % Grundstück
+	9 % Baugrube und Erschließung
+	7 % Keller
+	20 % Rohbau
+	20 % Innenausbau
+	13 % Baunebenkosten
+	6 % Außenanlagen
=	100 % Gesamtkosten

Baukosten für Rohbau und Ausbau

Die Ermittlung der Baukosten (Rohbau und Innenausbau) kann nach der II. Berechnungsverordnung erfolgen. Der Architekt wird dazu die DIN 276 für die Kosten im

Reserven planen
Kalkulieren Sie speziell
beim Neubau immer mit
einem Sicherheitspuffer.

Hochbau und die DIN 277 für die Berechnung des umbauten Raumes zugrunde legen.

Bei einer Grobschätzung geht man beispielsweise von reinen Baukosten in Höhe von 2 000 Euro pro Quadratmeter Wohnfläche bzw. 500 Euro pro Kubikmeter umbauten Raum aus.

Beispiel für Grobschätzung der reinen Baukosten:

Reine Wohnfläche	120 qm
	x 2000 Euro/qm
= Reine Baukosten	**240 000 Euro**

Die reinen Baukosten von 2 000 Euro pro Quadratmeter Wohnfläche werden bei vollständiger Unterkellerung des Einfamilienhauses und nicht ausgebautem Dachgeschoss regelmäßig überschritten. Schließlich gehen der nicht zu Wohnzwecken genutzte Vollkeller sowie das noch nicht ausgebaute Dachgeschoss in die Berechnung der gesamten Geschossfläche ein, obwohl eine reine Wohnfläche zunächst einmal nicht entsteht. Die reinen Baukosten teilen sich ungefähr je zur Hälfte in Kosten für den Rohbau und den Innenausbau auf. Nur in seltenen Fällen liegt der Rohbau-Anteil über 50 Prozent der reinen Baukosten.

Reine Baukosten in Höhe von 180 000 Euro könnten nach den Richtwerten der Architektenkammer Nordrhein-Westfalen somit wie folgt aufgegliedert werden:

Grobgliederung der Kostenanteile für Roh- und Ausbau:

Rohbau:	
Erdarbeiten	15 000 Euro
Maurer- und Betonarbeiten	80 000 Euro
Zimmerarbeiten	10 000 Euro
Dachdecker- und Klempnerarbeiten	15 000 Euro
50 %	**= 120 000 Euro**
Innenausbau:	
Putzarbeiten	15 000 Euro
Estrich-, Bodenbelag-, Werkstein- und Fliesenarbeiten	15 000 Euro
Schreiner- und Glaserarbeiten	20 000 Euro
Sanitärarbeiten	20 000 Euro
Elektroarbeiten	10 000 Euro
Heizungsmontage	15 000 Euro

Treppenbau	10 000 Euro
Maler- und Anstricharbeiten	5 000 Euro
Sonstige (Schlosser usw.)	10 000 Euro
50 %	**= 120 000 Euro**

Gesamte Baukosten

Zu den reinen Baukosten von 240 000 Euro kommen noch rund 15 Prozent Baunebenkosten und 10 Prozent für Außenanlagen hinzu, sodass die gesamten Baukosten auf 300 000 Euro steigen:

Rohbaukosten	120 000 Euro
+ Ausbaukosten	120 000 Euro
= Reine Baukosten	**240 000 Euro**
+ 15 % Baunebenkosten	36 000 Euro
+ 10 % Kosten der Außenanlagen	24 000 Euro
= Baukosten insgesamt	**300 000 Euro**

Gesamtkosten für den Bau eines Einfamilienhauses

Die Kalkulation für den Bau eines Einfamilienhauses einschließlich Grundstück und Zusatzkosten könnte dann wie folgt aussehen:

Kaufpreis des Grundstücks (400 qm x 200 Euro)	80 000 Euro
+ Kaufnebenkosten (5 %)	4 000 Euro
+ Erschließungskosten	12 000 Euro
+ Baukosten insgesamt	300 000 Euro
= Grundstücks- und Baukosten	**396 000 Euro**

+ Zusatzkosten*	10 000 Euro
= Gesamtkosten	**406 000 Euro**

*) für Finanzierungsnebenkosten, Umzug und Einrichtungen

Gesamtkosten für den Kauf eines Einfamilienhauses

Kaufpreise für den Neubau eines Einfamilienhauses einschließlich Grundstück durch einen Bauträger werden von den getrennt ermittelten Grundstücks- und Baukosten mehr oder weniger abweichen.

In aller Regel wird der Neubau-Kaufpreis wegen des einkalkulierten Bauträgergewinns über den Grundstücks- und Baukosten für ein vergleichbares Objekt liegen. Die Kaufpreise von gebrauchten Eigenheimen liegen wiederum unter Neubau-Kaufpreisen.

Achten Sie darauf, dass sowohl bei Gebrauchtimmobilien als auch bei Neubauten im notariellen Kaufvertrag die Aufteilung des Kaufpreises in einen Grundstücksanteil und einen Gebäudeanteil erfolgen soll.

Dies ist insbesondere für Vermieter sinnvoll, da die steuerlich abzugsfähige Abschreibung immer nur von den anteiligen Gebäudekosten berechnet wird. Kann das Finanzamt den Gebäudeanteil anhand des notariellen Kaufvertrags nicht ermitteln, wird er geschätzt. Ein gutachterlicher Streit mit dem Finanzamt lohnt sich fast nie. Besser ist es, die Höhe des Gebäudekostenanteils gegenüber dem Finanzamt plausibel zu begründen. Je höher der Anteil der Gebäu-

So ermitteln Sie die Gesamtkosten

Immobilienkauf

	Kaufpreis
+	Grunderwerbsteuer (je nach Bundesland 3,5 bis 6,5 Prozent des Kaufpreises)
+	Notarkosten für Kaufabwicklung (circa 1,0 Prozent des Kaufpreises)
+	Grundbuchkosten für Eigentumsumschreibung (circa 0,5 Prozent des Kaufpreises)
+	Maklerprovision
+	Erschließungskosten (falls noch offen)
+	Kosten für Modernisierung und Instandsetzung
+	Notar- und Grundbuchgebühren für Grundschuldbestellung (circa 0,5 Prozent der Darlehenssumme)
+	Wertgutachten (falls erforderlich)
+	Sonstige Kosten (zum Beispiel für Umzug und notwendige Neuanschaffungen)
=	**Gesamtkosten**

Bau eines Hauses

Grundstückskosten (Anschaffungskosten für das Grundstück)

	Kaufpreis
+	Grunderwerbsteuer (je nach Bundesland 3,5 bis 6,5 Prozent des Kaufpreises)
+	Notarkosten für Kaufabwicklung (circa 1,0 Prozent des Kaufpreises)
+	Grundbuchkosten für Eigentumsumschreibung (circa 0,5 Prozent des Kaufpreises)
+	Maklerprovision
+	Erschließungskosten (Ver- und Entsorgung, Straßenanlieger- und Vermessungsgebühren)

+	Grunderwerbsteuer (je nach Bundesland 3,5 bis 6,5 Prozent des Kaufpreises)
+	Herrichtungskosten (Abbruch vorhandener Gebäude, Rodung, Beseitigung von Altlasten)
=	**Grundstückskosten**

Gebäudekosten (Fertigstellungskosten)

	Baukosten (einschließlich Keller oder Bodenplatte, Erdarbeiten und Baustelleneinrichtung)
+	Kosten für Außenanlagen (Wege, Einfriedungen, Gartenanlage sowie Weiterführung der Ver- und Entsorgungsleitungen vom Hauptkanal zum Haus)
+	Honorare für Architekten und Ingenieure (soweit nicht im Baupreis enthalten)
+	Gebühren für behördliche Prüfung und Baugenehmigung
+	Sonstige Kosten (zum Beispiel für Bodengutachten oder Baubegleitung)
=	**Gebäudekosten**

Finanzierungskosten

	Notar- und Grundbuchgebühren für Grundschuldbestellung (circa 0,5 Prozent der Darlehenssumme)
+	Bauzeitzinsen (Kreditzinsen und Bereitstellungszinsen während der Bauphase)
+	Kosten für Wertermittlungsgutachten (falls erforderlich)
=	**Finanzierungskosten**

Gesamtkostenermittlung

	Grundstückskosten
+	Gebäudekosten
+	Finanzierungskosten
+	Sonstige Kosten (zum Beispiel für Umzug, Einbauküche oder neue Möbel)
=	**Gesamtkosten**

Kaufnebenkosten bis zu 12 Prozent

Nebenkosten in den Bundesländern in Prozent des Immobilienkaufpreises.

Bundesland	Grunderwerbsteuer	Notar- und Grundbuchkosten[1]	Maklerprovision[2]	Gesamtkosten Ohne Makler	Mit Makler
Baden-Württemberg	5,0	1,5	3,57	6,50	10,07
Bayern	3,5	1,5	3,57	5,00	8,57
Berlin	6,0	1,5	3,57	7,50	11,07
Brandenburg	6,5	1,5	3,57	8,00	11,57
Bremen	5,0	1,5	3,57	6,50	10,07
Hamburg	4,5	1,5	3,57	6,00	9,57
Hessen	6,0	1,5	3,57	7,50	11,07
Mecklenburg-Vorpommern	5,0	1,5	3,57	6,50	10,07
Niedersachsen	5,0	1,5	3,57	6,00	10,07
Nordrhein-Westfalen	6,5	1,5	3,57	8,00	11,57
Rheinland-Pfalz	5,0	1,5	3,57	6,50	10,07
Saarland	6,5	1,5	3,57	8,00	11,57
Sachsen	3,5	1,5	3,57	5,00	8,57
Sachsen-Anhalt	5,0	1,5	3,57	6,50	10,07
Schleswig-Holstein	6,5	1,5	3,57	8,00	11,57
Thüringen	6,5	1,5	3,57	8,00	11,57

1) Circa-Angabe. Je höher der Kaufpreis, desto geringer ist der prozentuale Anteil der Notar- und Grundbuchkosten.
2) Unverbindliche Richtwerte für die vom Käufer zu zahlende Provision (inklusive 19 Prozent Mehrwertsteuer). Regionale Abweichungen sind möglich.

dekosten an den Gesamtkosten, desto höher ist bei vermieteten Immobilien die Abschreibung und die entsprechende Steuerersparnis.

Bescheideneres Eigenheim zur Kostensenkung

Übersteigen die kalkulierten Gesamtkosten des Wunschobjekts Ihre finanziellen Möglichkeiten, kann auf ein bescheideneres Eigenheim (siehe „Bescheidenheit beim Eigenheim", rechts) ausgewichen werden. Ihre Belastung für Zins und Tilgung sinkt dann zwangsläufig. Und auch ein einfacheres oder kleineres Eigenheim kann eine weitaus höhere Wohn- und Lebensqualität bieten als eine gemietete Wohnung.

Ihr Eigenheim hat sich nach Ihrem Budget zu richten und nicht umgekehrt. Ihr vorrangiges Ziel muss es sein, die monatliche Belastung so gering wie möglich zu halten. Streben Sie eine maßvolle Verschuldung an. Bei niedrigen Gesamtkosten und Hypothekendarlehen bekommen Sie die Zins- und Tilgungsbelastung am besten in den Griff.

→ Bescheidenheit beim Eigenheim

Art: Reihenhaus statt freistehendes Einfamilienhaus, Eigentumswohnung statt Reihenhaus

Größe: Hausgrundstück kleiner als 500 Quadratmeter, Wohnfläche kleiner als 150 Quadratmeter

Lage: Ballungsrand statt Großstadt, ländliche Umgebung statt Mittelstadt, gute Wohnlage statt Top-Lage

Qualität: Verzicht auf Unterkellerung statt vollem Kellergeschoss, mittlere bis gute Ausstattung statt Luxus

Preis: Preiswerte statt aufwendige Bauweise, günstiges gebrauchtes Eigenheim statt teurer Neubau

Baualter: Älteres Haus statt Neubau, gebrauchte statt Neubau-Eigentumswohnung

Wer soll Ihr Finanzier sein?

An erster Stelle sollte die Suche nach finanziellen Hilfen von Vater Staat stehen. Für einen Kredit treten Banken und Sparkassen, Bausparkassen und Lebensversicherungs-unternehmen als professionelle Baugeldanbieter auf.

→ **Das individuell geeignete Finanzierungskonzept** hängt in erster Linie von der Nutzungsart ab. Soll die Immobilie vom Eigentümer künftig selbst genutzt oder von einem Mieter fremd genutzt werden? Vorweg lässt sich sagen: Der Selbstnutzer eines Eigenheims sollte mehr Eigenkapital einsetzen als ein Vermieter und eine schnellere Entschuldung durch eine höhere regelmäßige Tilgung anstreben. In einer Niedrigzinsphase sollte der Selbstnutzer zudem den vereinbarten Zinssatz länger festschreiben lassen und einen höheren Tilgungssatz wählen als ein Vermieter.

Beim Finanzierungskonzept des Vermieters spielen – anders als beim Selbstnutzer – auch steuerliche Überlegungen eine Rolle, da die gezahlten Schuldzinsen vom Vermieter steuerlich abgesetzt werden können und zu Steuerersparnissen führen, sofern sämtliche Werbungskosten (Schuldzinsen, Abschreibungen, Bewirtschaftungskosten) über den Mieteinnahmen liegen.

Die Finanzierungsziele und Elemente jeder Immobilienfinanzierung sind jedoch für beide – Selbstnutzer wie Vermieter – erst einmal gleich.

Finanzierungsziele und -konzepte

Gefragt ist ein maßgerechtes Finanzierungskonzept, das sowohl vom Gesamtkonzept her als auch von den Teilkonzepten zu einem bestmöglichen Ergebnis für Sie führt.

 Vier zum Teil gegensätzlich wirkende Finanzierungsziele sind zu unterscheiden:

- Niedriger Zinsaufwand
- Schnelle Entschuldung
- Niedrige Belastung
- Hohe staatliche Förderung

Es leuchtet ein, dass nicht immer alle vier Ziele zugleich optimal erreicht werden können. Insofern besteht hier etwas, das man einen Zielkonflikt nennt.

Eine schnelle Entschuldung muss beispielsweise durch eine vergleichsweise hohe monatliche Belastung erkauft werden. Umgekehrt geht eine niedrige Belastung meist mit einer deutlich langsameren Entschuldung einher.

Aus den vier Finanzierungszielen lässt sich das geeignete Finanzierungskonzept ableiten, das aus folgenden Teilkonzepten besteht:

- **Zinskonzept:** Effektivzins mitsamt Kreditnebenkosten, Nichtdisagio- beziehungsweise Disagiovariante, Zinsbindungsdauer

- **Tilgungskonzept:** annuitätische oder endfällige Tilgung, Höhe des Tilgungssatzes, Tilgungsdauer, Volltilgung oder flexible Tilgung mit Wechsel des Tilgungssatzes und Möglichkeiten zur Sondertilgung

- **Belastungskonzept:** Brutto- und Nettobelastung aus Kapitaldienst, also Belastung aus Zins und Tilgung vor und nach Steuern

- **Förderkonzept:** Wohn-Riester für selbstbewohntes Eigenheim, Einkommensteuer-Ersparnis für Vermieter, KfW-Mittel

- **Hinzu tritt noch das Kapitalkonzept,** das Aufschluss über die Darlehenshöhe sowie die Fremdkapitalquote beziehungsweise den Verschuldungsgrad gibt

Diese Teilkonzepte müssen ein schlüssiges Gesamtkonzept ergeben, das einzig und allein auf die individuellen Einkommens- und Vermögensverhältnisse sowie auf die Art der persönlichen Nutzung des Objekts (Selbst- oder Fremdnutzung) abgestellt ist.

Finanzierungskonzept
Klopfen Sie alle Optionen ab, um Ihre günstigste und stabile Finanzierung zu finden.

Vier Elemente der Immobilienfinanzierung

Gemäß der Einteilung in Finanzierungsziele und -konzepte sind vier Elemente der Immobilienfinanzierung zu betrachten: Zinsen, Tilgung, Belastung und staatliche Förderung.

In den folgenden Kapiteln über die Banken-, Bauspar- und Versicherungslösung werden vorrangig die drei klassischen Bausteine jeder Finanzierung – Zins, Tilgung und Belastung – in den Fokus der Betrachtung gestellt. Staatliche Förderung und Steuersparmöglichkeiten können sich je nach Kassenlage laufend ändern, die drei anderen Elemente jedoch nicht.

Grundsätzlich muss zwischen Zins als Preis für das zur Verfügung gestellte Darlehen und Tilgung als teilweise oder vollständige Rückzahlung des Darlehens unterschieden werden. Unter Belastung ist die Summe aus Zins und Tilgung zu verstehen.

Gezahlte Schuldzinsen stellen aus der Sicht des Kredit- beziehungsweise Darlehensnehmers Kosten dar, die bei vermieteten Immobilien grundsätzlich auch steuerlich absetzbar sind (sogenannter Schuldzinsenabzug).

Beim Vergleich von Kreditangeboten spielt der Effektivzins (auch „anfänglicher effektiver Kreditzins" genannt) in Prozent der Darlehenssumme die entscheidende Rolle. Er gibt an, was das Darlehen insgesamt kostet, abgesehen von bestimmten Kreditnebenkosten (zum Beispiel Wertschätzungsgebühren).

Im Gegensatz zum Sollzins bei 100 Prozent Auszahlung des Darlehens berücksichtigt der jährliche Effektivzins zusätzlich, dass die Zins- und Tilgungszahlungen meist monatlich fällig sind und gegeneinander verrechnet werden.

Das soll an folgendem Beispiel verdeutlicht werden:

Ein Sollzins von 2 Prozent pro Jahr entspricht bei monatlicher Zins- und Tilgungsverrechnung einem Effektivzins von 2,02 Prozent. Sollzins und Effektivzins wären nur identisch, wenn die Zins- und Tilgungsrate am Ende eines Jahres fällig wäre, was in der Finanzierungspraxis aber so gut wie nie vorkommt.

Geleistete Tilgungsbeträge (einschließlich Tilgungsersatzleistungen) sind keine Kosten, sondern dienen der Verminderung von Schulden und damit der Erhöhung des Reinvermögens. Da sie keine Kosten darstellen, sind sie bei vermieteten Immobilien auch steuerlich nicht abzugsfähig.

Die Belastung aus Kapital- beziehungsweise Schuldendienst ergibt sich aus der Summe von Zinsaufwand und den Zahlungen für die Tilgung des aufgenommenen Kredites:

Zinsaufwand
+ Tilgung (beziehungsweise Tilgungsersatz)
= Belastung aus Kapitaldienst (brutto)

Die Belastung beeinflusst die Liquidität, da sie aus dem Einkommen des Kreditnehmers zu tragen ist. Wenn Steuerersparnisse (zum Beispiel aufgrund des steuerlichen Schuldzinsenabzugs bei Mietobjekten) von der Bruttobelastung aus Kapitaldienst abgezogen werden, errechnet sich die Nettobelastung aus Kapitaldienst.

Finanzierungslösungen von drei Baugeldanbietern

Drei Baugeldanbieter treten auf dem Markt für Baufinanzierungen typischerweise auf: Banken oder Sparkassen, Bausparkassen und Lebensversicherungsgesellschaften.

Die drei Institutsgruppen bieten potenziellen Bauherren jeweils ganz unterschiedliche Lösungen für die Immobilienfinanzierung:

▶ **Bankenlösung:** Klassisches Hypothekendarlehen mit regelmäßiger Tilgung (Annuitätendarlehen)
▶ **Bausparlösung:** Zinsgünstiges Bauspardarlehen nach Abschluss der Ansparphase, eventuell Kombikredit als Vorausdarlehen mit gleichzeitigem Tilgungsersatz durch Zahlung von Bausparbeiträgen
▶ **Versicherungslösung:** Festdarlehen mit endfälliger Tilgung als Kombinationsmodell

Ausnahmen bestätigen die Regel: So bieten beispielsweise auch einige Lebensversicherungsgesellschaften (zum Beispiel Allianz, Ergo, CosmosDirekt und Hannoversche Leben) Hypothekendarlehen mit regelmäßiger Tilgung an und verzichten auf den Abschluss von Kapitallebensversicherungsverträgen.

Andererseits sind Banken und Sparkassen eventuell auch bereit, Festdarlehen in Kombination mit Kapitallebensversicherungen, die zur Sicherung und Tilgung des Darlehens abgetreten werden, zu vergeben.

Finanzierungskonzept für Selbstnutzer

Für selbstgenutzte Einfamilienhäuser und Eigentumswohnungen gilt die Grundregel „So viel Eigenkapital wie möglich, so viel Fremdkapital wie nötig".

Je mehr Eigenkapital Sie in die Finanzierung einbringen können, desto besser. Das Minimum sind 20 Prozent des Kaufpreises beziehungsweise der Grundstücks- und Baukosten. Und die Kaufnebenkosten wie Grunderwerbsteuer sowie Notar- und Grundbuchgebühren sollten zusätzlich ebenfalls aus den vorhandenen Eigenmitteln bestritten werden.

Niedrige Effektivzinsen nutzen

Steht der Kreditbedarf fest, kommt es auf das richtige Zinskonzept an.

Zinsvergleiche von Hypothekendarlehen über den Effektivzins bei gleich langer Zinsbindung lohnen sich immer. Je niedriger der Effektivzins für das Bankdarlehen, desto geringer fallen die laufenden Zinszahlungen aus.

Anfang August 2021 lag die Spanne bei den Effektivzinsen für einen 180 000-Euro-Kredit (60 Prozent des Kaufpreises von 300 000 Euro) mit 20 Jahren Zinsbindung und 3 Prozent Tilgung bei einem Vergleich von Angeboten der Banken für Darlehen ohne Riester-Förderung laut Finanztest zwischen 1,05 Prozent und 1,28 Prozent. Der Unterschied zwischen dem billigsten und dem teuersten Anbieter machte somit immerhin 0,23 Prozentpunkte bei den Effektivzinsen aus.

Fünf Banken boten für eine Immobilie mit einem Kaufpreis von 300 000 Euro und einem Kredit von 270 000 Euro, der somit stolze 90 Prozent des Kaufpreises ausmachte, den sehr niedrigen Effektivzins von 1,30 Prozent bei 20 Jahren Zinsbindung an.

Bei 15-jähriger Zinsbindung lagen die Effektivzinsen zwischen 0,95 und 11,28 Prozent. Besonders erstaunlich: Die Effektivzinsen bei zehnjähriger Zinsbindung lagen trotz einer 90-Prozent-Finanzierung nur zwischen 0,74 und 0,97 Prozent.

Da sich die Effektivzinsen fast täglich ändern, handelt es sich nur um eine Momentaufnahme. Aus dem Effektivzinsvergleich mit Stand Anfang Mai 2021 nun den Schluss zu ziehen, eine zehnjährige Zinsbindung wäre besser als eine Zinsbindung über 15 oder 20 Jahre, wäre darüber hinaus auch falsch.

Mit dem extrem niedrigen Effektivzins von nur 0,60 Prozent bei einer Zinsbindung von zehn Jahren gehen Sie das Risiko ein, dass der Zins bei der Anschlussfinanzierung ab dem 11. Jahr deutlich höher liegt und dadurch die monatlichen Raten steigen.

Dieses Zinserhöhungsrisiko vermeiden Sie, wenn Sie eine doppelt so lange Zinsbindung eingehen und dafür bereit sind, einen Zinsaufschlag von 0,5 Prozentpunkten in Kauf zu nehmen.

Es hängt vor allem von der Art der zu finanzierenden Immobilie und Ihrer Risikobereitschaft ab, ob Sie lieber auf Nummer sicher gehen mit einer 20-jährigen oder gar 25-jährigen Zinsbindung zu höheren Zinsen (zum Beispiel beim Eigenheim, das Sie selbst bewohnen) oder beispielsweise für eine vermietete Eigentumswohnung den extrem niedrigen Festzins nur für zehn Jahre festlegen lassen. Möglicherweise planen Sie ja den Verkauf der vermieteten Immobilie nach Ablauf von zehn Jahren und können dann die Restschulden auf einen Schlag aus dem Verkaufspreis ablösen.

Ein Hypothekendarlehen von der Bank ist aber nicht alles. Ein optimaler Finanzierungsmix für die eigenen vier Wände – gerade auch unter dem Gesichtspunkt der Minimierung der Zinskosten – bezieht noch andere Darlehen mit ein:

▶ Zinsgünstige Darlehen der KfW (Kreditanstalt für Wiederaufbau) in Höhe von maximal 100 000 Euro im Nachrang zum Bankdarlehen
▶ Zinslose oder zinsgünstige Landesmittel vor allem für Familien mit Kindern bei Unterschreiten bestimmter Einkommensgrenzen
▶ Zinsgünstige Arbeitgeberdarlehen
▶ Zinsgünstiger Kombikredit von Bausparkassen (Vorausdarlehen plus neu abgeschlossener Bausparvertrag)

Schnelle Entschuldung lohnt

Um eine rasche Entschuldung des Eigenheims zu ermöglichen, bietet sich gerade in Niedrigzinsphasen ein ausgefeiltes Tilgungskonzept an. Statt der sonst üblichen Tilgung von jährlich 1 Prozent der Darlehenssumme zuzüglich ersparter Zinsen sollte der Selbstnutzer einen deutlich höheren Tilgungssatz von 3 oder gar 4 Prozent wählen. Immer mehr Banken bieten ihren Kreditnehmern an, die Höhe des jährlichen Tilgungssatzes auch während der vereinbarten Zinsbindungsfrist ein- oder zweimal zu ändern, um die monatliche Belastung individuell an veränderte Einkommensverhältnisse anzupassen.

Neben dieser Flexibilität bei der Höhe des Tilgungssatzes empfiehlt es sich, ein Sondertilgungsrecht von jährlich 5 bis zu 10 Prozent der Darlehenssumme zu vereinbaren.

Mit speziellen Wohn-Riester-Darlehen der Banken und Bausparkassen lässt sich die Entschuldung besonders gut beschleunigen, wenn beispielsweise pro Jahr insgesamt 4200 Euro an Riester-Beträgen für bei-

Alles bedacht für den Finanzierungsmix?

☐ **Kombinieren.** Oft ist es günstig, das Bankdarlehen mit einem Kredit der KfW-Förderbank zu kombinieren. Einige Banken geben auf KfW-Kredite einen Rabatt oder behandeln ihn wie Eigenkapital. Rutscht so die Finanzierungssumme unter 60 Prozent des Immobilienwerts, bekommen Sie das Bankdarlehen zum Bestzins.

☐ **Einkommensunabhängig.** Sie können KfW-Kredite über Banken und Sparkassen beantragen. Kredite der bundeseigenen Förderbank werden unabhängig von der Höhe des Einkommens vergeben.

☐ **Wohnraumförderung von Ländern, Kommunen und Kirchen.** Alle Bundesländer bis auf Berlin, Bremen und Mecklenburg-Vorpommern haben eigene Programme, um den Bau oder Kauf von Wohnungen und zum Teil auch Modernisierungsmaßnahmen zu fördern. Dazu gehören zinslose oder zinsgünstige Darlehen, einmalige Baukostenzuschüsse oder Aufwendungshilfen, die laufende Kreditbelastungen senken. Die Hürden sind aber hoch: Gefördert werden oft nur Familien mit Kindern. Und wenn die Mittel für ein Jahr ausgeschöpft sind, gehen neue Antragsteller leer aus. Für fast alle Förderprogramme gelten Einkommensgrenzen. Chancen auf Länderförderung haben allerdings längst nicht nur Geringverdiener.

☐ **Förderung durch Bundesländer.** Richtlinien, Kontaktadressen und einen interaktiven Förderrechner für alle Bundesländer gibt es im Internetportal www.baufoerderer.de.

☐ **Förderung durch Kommunen und Kirchen.** Informationen finden Baufinanzierer im Onlineportal www.aktion-pro-eigenheim.de.

☐ **Förderung von Baudenkmälern.** Wer ein Gebäude, das in einem Sanierungsgebiet liegt, oder eine unter Denkmalschutz stehende Immobilie saniert, kann diese Kosten steuerlich absetzen: Zehn Jahre lang erkennt der Fiskus jeweils 9 Prozent der Sanierungskosten als Sonderausgaben an.

de Ehepartner zur laufenden Tilgung eingesetzt werden. Eine Familie mit zwei ab 2008 geborenen Kindern erhält 950 Euro an Grund- und Kinderzulagen vom Staat, sodass sich der Eigenaufwand auf 3 250 Euro pro Jahr reduziert. Hinzu kommen bei Gutverdienern zusätzliche Steuerersparnisse, die ebenfalls zur Tilgung eingesetzt werden können.

Belastung muss nachhaltig tragbar sein

Beim Belastungskonzept geht es darum, eine nachhaltig tragbare monatliche Belastung aus Kapital- beziehungsweise Schuldendienst, also für Zins und Tilgung der Darlehen sicherzustellen. Um die gesamte Belastung für das Eigenheim zu erfassen, sollte noch die Belastung aus Bewirtschaftung (zum Beispiel Strom-, Heiz- und Wasserkosten, Grundsteuer, Feuerversicherungsprämie, Instandhaltungskosten) hinzugerechnet werden. Diese Belastung aus Kapitaldienst und Bewirtschaftung muss aus dem laufenden Einkommen aufgebracht werden.

Im Todesfall des Hauptverdieners sollte der überlebende Ehegatte von der Belastung aus Kapitaldienst befreit sein. Dies geschieht durch den Abschluss einer Risikolebensversicherung. Am besten wählt man eine spezielle Restschuldversicherung über preisgünstige Direktversicherer wie Europa, bei der sich die finanzielle Absicherung für den Todesfall an die aus dem Finanzierungsplan der Bank ergebende jeweilige Restschuld anpasst.

Aber Achtung: Die Auswahl der passenden Versicherungsbedingungen kann knifflig sein. Es gibt dort Klauseln, die im Fall einer Erkrankung für unliebsame Überraschungen sorgen können (siehe bei www. test.de, Suchbegriff „Restschuldversicherungen").

Staatliche Fördermittel nutzen

Spezielle Förderkonzepte für Selbstnutzer beziehen sich außer auf Wohn-Riester-Darlehen noch auf KfW-Darlehen, Landesmittel und die steuerliche Förderung von Eigenheimen unter Denkmalschutz. Auch die Wohnungsbauprämie und/oder Arbeitnehmersparzulage für Bausparverträge, die zur Finanzierung eines Eigenheims eingesetzt werden, zählen dazu. Wenn beide Eheleute Arbeitnehmer sind, die Einkommensgrenzen unterschreiten und pro Jahr knapp 2 000 Euro an prämien- und zulagebegünstigten Bausparbeiträgen aufbringen, erhalten sie jährlich 175 Euro an Wohnungsbauprämie und Arbeitnehmersparzulage.

Finanzierungskonzept für Vermieter

Zwar will auch der Vermieter seine Zinskosten minimieren und die Belastung aus Kapitaldienst niedrig halten. Aber er kann die Schuldzinsen steuerlich von den Mieteinnahmen absetzen.

Dies lässt es oft geraten erscheinen, sowohl auf niedriges Fremdkapital als auch eine schnelle Entschuldung zu verzichten.

Höheres Fremdkapital bei Mietobjekten

Das Kapitalkonzept für Vermieter verträgt daher weniger Eigenkapital und damit eine höhere Fremdkapitalquote. Bei renditestarken Mietobjekten und finanzkräftigen Vermietern kann sogar die Regel gelten: „So viel Fremdkapital wie möglich, so viel Eigenkapital wie nötig." Hohes Fremdkapital von 90 bis sogar 100 Prozent der Gesamtinvestitionskosten kann vor allem dann gerechtfertigt sein, wenn die laufenden Zins- und Bewirtschaftungskosten vollständig aus den Mieteinnahmen (inklusive Nebenkosten) gedeckt werden können. Im günstigsten Fall liegen die Mieteinnahmen sogar deutlich über den gesamten Zins- und Bewirtschaftungskosten, sodass ein monatlicher Überschuss trotz hoher Fremdfinanzierung entsteht.

Dennoch kann es noch zu Steuerersparnissen kommen, da die Gebäudeabschreibungen steuerlich abzugsfähig sind und die gesamten Werbungskosten (Zins- und Bewirtschaftungskosten sowie Abschreibungen) höher als die Mieteinnahmen ausfallen können. Der dadurch entstehende steuerliche Verlust aus Vermietung kann mit den positiven Einkünften verrechnet werden.

Ein Veräußerungsgewinn ist dann steuerfrei, wenn zwischen Kauf und Verkauf des Mietobjekts eine Zeitspanne von mehr als zehn Jahren liegt. Schon aus diesem Grund empfiehlt sich eine mindestens zehnjährige Zinsbindung bei der Aufnahme des Hypothekendarlehens von der Bank oder der Versicherung.

Hohe steuerlich abzugsfähige Schuldzinsen

Das richtige Zinskonzept für Vermieter berücksichtigt die steuerliche Abzugsfähigkeit der Schuldzinsen, die infolge geringer Tilgung oder Tilgungsersatz während der Zinsbindungsfrist nur wenig abnehmen oder sogar gleich bleiben.

Geringe Tilgung oder Tilgungsersatz

Das Tilgungskonzept sollte eine regelmäßige Tilgung von 1, 2 oder 3 Prozent der Darlehenssumme pro Jahr zuzüglich ersparter Zinsen vorsehen sowie die Möglichkeit einer flexiblen Tilgung durch Tilgungssatzwechsel und Sondertilgung. Das Kombinationsmodell Festdarlehen plus Kapitallebensversicherung lohnte sich in der Vergangenheit für hoch besteuerte Vermieter nur, wenn sie die Schuldzinsen steuerlich absetzen und die Ablaufleistung der mindestens zwölf Jahre laufenden Kapitallebensversicherung bei Abschluss des Versicherungsvertrags vor dem 1.1.2005 steuerfrei kassieren konnten.

Dazu sei an dieser Stelle ein einfaches Zahlenbeispiel angeführt: Sollzinsen von seinerzeit 5 Prozent rutschten bei einer Steuerprogression von 40 Prozent auf nur noch 3 Prozent nach Steuern. Lag die Ablaufrendite der Kapitallebensversicherung über 3 Prozent nach Steuern, was bei noch vor dem 1.1.2005 abgeschlossenen Verträgen mit einem Garantiezins von 4 Prozent anzunehmen ist, bringt die Geldanlage mehr ein, als die Kreditaufnahme kostet. Außerdem ist in der Kapitallebensversicherung zusätzlich eine finanzielle Absicherung für den Todesfall des Versicherungsnehmers eingebaut.

Ein Festdarlehen mit endfälliger Tilgung durch eine Kapitallebensversicherung ist in einer Niedrigzinsphase jedoch nicht mehr sinnvoll. Beim Neuabschluss einer Kapitallebensversicherung wird ab 2022 nur noch ein Garantiezins von 0,25 Prozent auf die eingezahlten Beiträge abzüglich der Abschluss- und Verwaltungskosten gewährt. Selbst wenn die laufende Verzinsung noch 2 Prozent ausmacht, wird die Ablaufrendite nach Kosten auf nur 1 Prozent sinken. Hinzu kommt, dass ein Überschuss der Ablaufleistung über die Beitragssumme bei ab dem Jahr 2005 abgeschlossenen Kapitallebensversicherungen noch zur Hälfte mit dem persönlichen Steuersatz besteuert wird. Dasselbe gilt für private Rentenversicherungen, bei denen das Kapitalwahlrecht zum Ablauf der mindestens 12-jährigen Laufzeit ausgeübt wird.

Belastung senken oder Überschuss erzielen

Der Vermieter muss – ähnlich wie der Selbstnutzer – die Belastung aus Kapitaldienst und Bewirtschaftung dauerhaft tragen können. Sein Belastungskonzept weist aber zwei Besonderheiten auf, da der Belastung auch Einnahmen gegenüberstehen: Mieteinnahmen inklusive Umlagen für Nebenkosten und Steuerersparnisse für das vermietete Objekt.

Im Ergebnis sieht die Belastungsrechnung nach Steuern für Vermieter wesentlich günstiger aus als für Selbstnutzer.

Falls Mieteinnahmen und Steuerersparnisse über der Belastung aus Kapitaldienst und Bewirtschaftung liegen, kommt es zu einem monatlichen Überschuss, der im Alter wie eine zusätzliche Privatrente wirkt. Dieser Überschuss steigt nach völliger Entschuldung, da die Belastung aus Kapitaldienst wegfällt und die Mieteinnahmen abzüglich der nicht auf den Mieter umlegbaren Bewirtschaftungskosten nur noch um die fälligen Steuerzahlungen vermindert werden.

Steuerersparnisse aus Vermietung nutzen

Das Förderkonzept des Vermieters besteht beinahe ausnahmslos aus der steuerlichen Förderung von Mietobjekten. Immer dann, wenn die Werbungskosten (Schuldzinsen, Bewirtschaftungskosten, Abschreibungen) über den Mieteinnahmen (einschließlich Umlagen) liegen, entstehen steuerliche Vermietungsverluste, die mit anderen positiven Einkünften verrechnet werden können und in der Folge zu Steuerersparnissen führen.

Bankenlösung: Klassisches Annuitätendarlehen als erste Wahl

Die typische Bankenlösung für die Finanzierung selbstgenutzter oder vermieteter Immobilien sieht ein klassisches Tilgungsbeziehungsweise Annuitätendarlehen vor.

Hierbei wird eine jährlich gleichbleibende Leistungsrate für Zins und Tilgung zugrunde gelegt, die Annuität (lat. annus = das Jahr) genannt wird. Diese Leistungsrate wird auch als Belastung aus Kapital- beziehungsweise Schuldendienst bezeichnet.

Da die Zinsen immer nur von der jeweiligen Restschuld berechnet werden, nimmt der Zinsanteil von Jahr zu Jahr beziehungsweise von Monat zu Monat ab, während der Tilgungsanteil um die durch die Rückzahlung ersparten Zinsen in gleichem Maße steigt.

Die ersparten Zinsen werden demzufolge für die schnellere Tilgung verwendet. Während die jährliche Leistungsrate gleich bleibt, ändert sich deren Zusammensetzung aus Zins- und Tilgungsanteil laufend. Hierin ist der Grund dafür zu sehen, dass ein Annuitätendarlehen mit einem jährlichen Tilgungssatz von 1 oder 2 Prozent pro Jahr (zuzüglich ersparter Zinsen) nicht erst in 100 oder 50 Jahren vollständig getilgt ist, sondern schon in einem deutlich kürzeren Zeitraum.

Annuitätenkonzept

Das typische Annuitätendarlehen geht von einem jährlichen Tilgungssatz von nur 1 Prozent der Darlehenssumme zuzüglich ersparter Zinsen aus. Dies ist für Vermieter auch sinnvoll, da sie bei einer geringen Tilgung die steuerlich abzugsfähigen Schuldzinsen hoch halten können. Selbstnutzer müssen aber daran interessiert sein, höhere Tilgungen zu vereinbaren und damit Tilgungsdauer sowie gesamte Zinslast zu verkürzen. Dies ist vor allem anzuraten, wenn das Zinsniveau gesunken und daher ein höherer Tilgungssatz auch finanziell zu verkraften ist.

Wenn Sie beispielsweise ein Hypothekendarlehen von 300 000 Euro zu einem Sollzins von 2 Prozent und einem Tilgungssatz von 1 Prozent bei einer Bank aufnehmen und eine Zinsbindung bis zur völligen Entschuldung vereinbaren, zahlen Sie jährlich nur 9 000 Euro oder monatlich 750 Euro an Zins und Tilgung.

Die Tilgungsdauer richtig einschätzen

Das Problem: Sie benötigen 55 (!) Jahre bis zur vollständigen Entschuldung, wie Sie der Tabelle für die Tilgungsdauer auf dieser Seite (rechts) entnehmen können. Wenn Sie als Selbstnutzer die Finanzierung Ihres Eigenheims erst mit 35 Jahren in Angriff nehmen, wären Sie Ihre Eigenheimschulden im Alter von 90 Jahren los. Der Traum vom miet- und schuldenfreien Wohnen im Rentenalter wäre zumindest bis zu diesem Zeitpunkt ausgeträumt.

Erhöhen Sie den jährlichen Tilgungssatz aber auf 3 Prozent und damit die jährliche Belastung um 6 000 Euro beziehungsweise die monatliche Belastung um um 500 Euro, wären Sie bereits nach 25 Jahren und 7 Monaten Jahren, also im Alter von 61 Jahren schuldenfrei.

Die Tabelle zeigt, dass die Tilgungsdauer bei sinkenden Sollzinsen und gleichbleibenden Tilgungssätzen steigt. Daher ist es dringend geboten, in Niedrigzinsphasen mit Sollzinsen bis zu 3 Prozent eine höhere Tilgung von 2 oder gar 3 Prozent pro Jahr zuzüglich ersparter Zinsen zu vereinbaren.

Um eine völlige Entschuldung bereits nach 20 Jahren zu erreichen, ist bei Sollzinsen von beispielsweise 2 Prozent allerdings ein jährlicher Tilgungssatz von rund 4 Prozent erforderlich.

Tilgungsdauer in Jahren in Abhängigkeit von Zins- und Tilgungssatz

Zins-satz[1]	Tilgungssatz[2]		
	1 %	2 %	3 %
1 %	72,3 Jahre	40,7 Jahre	28,9 Jahre
1,5 %	61,1 Jahre	37,3 Jahre	27,0 Jahre
2 %	55 Jahre	34,7 Jahre	25,6 Jahre
2,50 %	50,2 Jahre	32,5 Jahre	24,3 Jahre
3 %	46,3 Jahre	30,6 Jahre	23,1 Jahre
3,50 %	43 Jahre	29 Jahre	22,1 Jahre
4 %	40,3 Jahre	27,5 Jahre	21,1 Jahre
4,50 %	37,8 Jahre	26,2 Jahre	20,4 Jahre
5 %	35,9 Jahre	25,1 Jahre	19,7 Jahre

1) Sollzins als jährlicher Zinssatz in % der Darlehenssumme (der anfängliche effektive Jahreszins liegt bei monatlicher beziehungsweise vierteljährlicher Zahlung höher)
2) Jährlicher Tilgungssatz in % der Darlehenssumme zuzüglich ersparter Zinsen

Eine höhere Tilgung wählen

Sie fahren als Selbstnutzer also besser, wenn Sie von Anfang an einen höheren Tilgungssatz wählen, um die jeweiligen Restschulden nach 10 beziehungsweise 15 Jahren (Ende der Zinsfestschreibung) deutlich nach

Niedrige Tilgung – lange Laufzeit

Mit einer Anfangstilgung von nur 1 Prozent der Kreditsumme pro Jahr dauert es mehr als ein halbes Jahrhundert, bis der Immobilienkäufer schuldenfrei ist.

Kreditlaufzeit

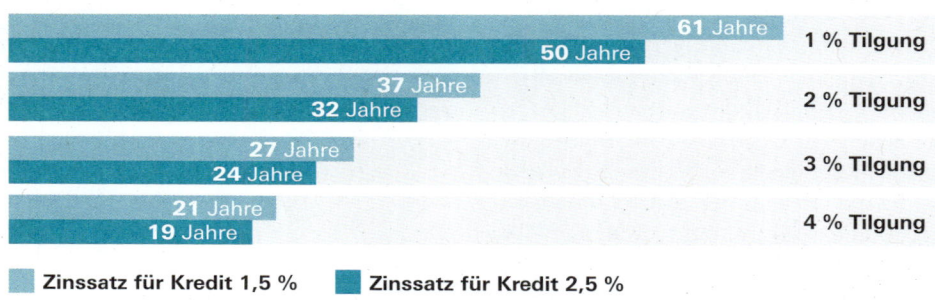

61 Jahre / 50 Jahre	1 % Tilgung
37 Jahre / 32 Jahre	2 % Tilgung
27 Jahre / 24 Jahre	3 % Tilgung
21 Jahre / 19 Jahre	4 % Tilgung

Zinssatz für Kredit 1,5 %   Zinssatz für Kredit 2,5 %

unten zu drücken und die Entschuldung in einem Zeitraum von 20 bis 25 Jahren zu schaffen.

Es gelten die einfachen Regeln „Niedrige Tilgung – lange Laufzeit" und „Hohe Tilgung – kurze Laufzeit". Wie sich die Tilgungsdauer bei einem Zinssatz von 1,5 oder 2,5 Prozent in Abhängigkeit vom gewählten Tilgungssatz entwickelt, zeigt die Abbildung oben.

Bei einem Sollzins von 2,5 Prozent und einer Anfangstilgung von nur 1 Prozent pro Jahr dauert es also 50 Jahre bis zur völligen Entschuldung. Liegt der jährliche Tilgungssatz bei 2 Prozent, sind Sie die Schulden erst nach 32 Jahren los. Nur 24 Jahre dauert es bis zur vollständigen Rückzahlung des Darlehens bei einem Tilgungssatz von 3 Prozent und einem Zinssatz von 2,5 Prozent mit einer Zinsbindung bis zum Ende der Laufzeit.

Sinkende Gesamtzinskosten bei schneller Tilgung

Die höhere Tilgung wird zwar mit einer höheren laufenden Belastung erkauft, zum Beispiel sind bei einer Darlehenssumme von 100 000 Euro, einem Zinssatz von 2,5 Prozent und einem Tilgungssatz von 3 statt 1 Prozent jährlich 5 500 Euro statt 3 500 Euro aufzubringen. Andererseits sinkt aber die Gesamtbelastung durch die um 26 Jahre verkürzte Tilgungsdauer auf 132 000 statt sonst 175 000 Euro, also um 43 000 Euro.

66 Höhere Tilgung und schnellere Entschuldung werden finanziell besonders belohnt.

Steigender Tilgungsanteil – sinkender Zinsanteil

Zins- und Tilgungsanteil an der Rate für ein 100 000-Euro-Darlehen mit 2 % Zinsen, 3 % Anfangstilgung und einer Monatsrate von 416,67 Euro.

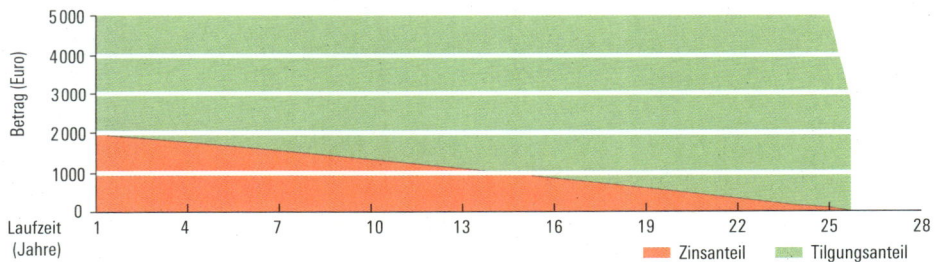

Um die gleiche Summe sinken die gesamten Zinskosten. Bei einer jährlichen Tilgung von 3 Prozent zahlen Sie insgesamt nur 32 000 Euro an Schuldzinsen im Gegensatz zu 75 000 Euro bei 1 Prozent Tilgung pro Jahr. Höhere Tilgung und schnellere Entschuldung werden also finanziell besonders belohnt. Im Bestfall mit Schnell- und Volltilgung innerhalb von 20 Jahren können Sie sogar bei einigen Banken mit einem Zinsrabatt von bis zu einem halben Prozentpunkt rechnen. Benötigen Sie ein Darlehen von 200 000 oder 300 000 Euro, erhöhen sich alle genannten Beträge entsprechend um das Doppelte oder Dreifache.

Eine völlige Entschuldung bereits nach 15 Jahren gelingt Ihnen bei einem Sollzins von 2,5 Prozent nur, wenn Sie einen jährlichen Tilgungssatz von 5,5 Prozent zuzüglich ersparter Zinsen aufbringen können. Diese relativ schnelle Entschuldung erfordert somit eine sehr hohe Leistungsrate von insgesamt 8 Prozent der Darlehenssumme, die bei einem benötigten Darlehen von beispielsweise 300 000 Euro zu einer Belastung von 24 000 Euro jährlich oder 2 000 Euro monatlich führt. Eine solch hohe Belastung aus Zins und Tilgung werden nur Gutverdiener mit einem monatlichen Familien-Nettoeinkommen von über 4 000 Euro verkraften können.

Wie hoch die Gesamtbelastung für Zins und Tilgung sowie die gesamten Zinskosten bis zur völligen Entschuldung bei einem Sollzins von 2 Prozent und einer Darlehenssumme von 300 000 Euro in Abhängigkeit vom gewählten Tilgungssatz ausfallen, lässt sich relativ einfach errechnen.

Sie wählen beispielsweise einen jährlichen Tilgungssatz von 3,09 Prozent pro Jahr zuzüglich ersparter Zinsen und sind die Schulden nach exakt 25 Jahren los.

66 Die gesamten Zinskosten steigen, wenn Sie einen geringeren Tilgungssatz wählen.

———

Gesamtbelastung und Zinskosten

Jährliche Belastung: 5,09 % von 300 000 Euro	
	= 15 270 Euro
	x Tilgungsdauer 25 Jahre
= Gesamtbelastung	380 675 Euro
– Darlehenssumme	300 000 Euro
= Gesamte Zinskosten	80 615 Euro

Die gesamten Zinskosten steigen (sinken), wenn Sie einen geringeren (höheren) Tilgungssatz wählen.

Diese recht einfache Berechnung gilt für Volltilgerdarlehen, bei denen der Sollzins über die gesamte Laufzeit gleich bleibt und das Darlehen am Ende der Laufzeit vollständig getilgt ist. Auf Vor- und Nachteile dieser Volltilgerdarlehen für Selbstnutzer wird ab Seite 120 näher eingegangen.

Sinkender Zinsanteil und steigender Tilgungsanteil

Typisch für ein Annuitätendarlehen sind wegen der monatlich fallenden Restschulden ein ständig sinkender Zinsanteil und ein dementsprechend steigender Tilgungsanteil.

Die meist monatliche Tilgung erhöht sich um die ersparten Zinsen. Die Abbildung „Steigender Tilgungsanteil" (siehe Seite 91) macht dies für ein Darlehen von 100 000 Euro mit 2 Prozent Zins und 3 Prozent Anfangstilgung deutlich. Schon ab dem 15. Jahr liegt der in der Monatsrate enthaltene Tilgungsanteil viermal so hoch wie der Zinsanteil. Daher heißt es in der Fachsprache der Banker auch immer: „Tilgungssatz ... Prozent pro Jahr zuzüglich ersparter Zinsen".

Versicherungslösungen: Annuitäten- oder Festdarlehen

Wie Banken vergeben auch Lebensversicherungsgesellschaften immer häufiger Annuitätendarlehen, also Darlehen mit Festzins und Tilgung zuzüglich ersparter Zinsen.

Zu diesen Anbietern zählen zum Beispiel Allianz, Axa und Signal Iduna. CosmosDirekt kooperiert mit dem Baugelddiscounter Interhyp und Ergo mit der Bausparkasse Wüstenrot.

Annuitätendarlehen von Versicherern

Die Annuitätendarlehen der Versicherer mit laufender Tilgung unterscheiden sich grundsätzlich nicht von den Annuitätendarlehen der Banken. Die Zins- und Tilgungskonditionen sind somit gut vergleichbar.

Eine lange Zinsbindung über 20, 25 oder gar 30 Jahre ist typisch für die Angebote der Versicherer. Dies kann ein Vorteil sein für Selbstnutzer, die sich in einer Niedrigzinsphase möglichst lange binden und damit auf Nummer Sicher gehen wollen.

Nachteilig ist, dass die Versichererdarlehen in der Regel nur bis 60 Prozent des Kaufpreises reichen. Liegt der Kreditbedarf höher, müssen zusätzliche Mittel über die KfW-Banken oder eine Bausparkasse aufgenommen werden. Eine Finanzierung von 80 Prozent des Kaufpreises kommt bei Versicherern nur selten vor. Eine Vollfinanzierung des Kaufpreises ist ausgeschlossen.

Festdarlehen von Versicherern

Festdarlehen der Versicherer unterscheiden sich von Annuitätendarlehen dadurch, dass keine regelmäßige Tilgung erfolgt und daher nur Zinsen gezahlt werden. Dies ist für Kapitalanleger aus steuerlichen Gründen vorteilhaft, da sie die gezahlten Schuldzinsen steuerlich absetzen können.

Statt der regelmäßigen Tilgung mit 2, 3 oder 4 Prozent des Darlegens soll das Festdarlehen erst am Ende der Laufzeit auf einen Schlag getilgt werden. Als Tilgungsersatz dienen Aktienfondssparpläne (zum Beispiel ETF) oder laufende Beiträge in eine Kapitallebensversicherung oder private Rentenversicherung.

Die Kombination von Festdarlehen mit Aktiensparen kann für aufgeschlossene und mutige Kapitalanleger interessant sein, Sie gehen davon aus, dass die Rendite der Aktienanlage auf lange Sicht deutlich über dem Effektivzins des Festdarlehens liegen wird.

Für Zahlenjongleure
Das Durchrechnen verschiedener
Modelle gibt Ihnen ein gutes
Gefühl für die „Stellschrauben"
der Finanzierung.

Das Kombinationsmodell Festdarlehen/ Kapitallebensversicherung eignete sich früher für Kapitalanleger, sofern die steuerfreie Ablaufrendite über dem Hypothekenzinssatz nach Steuern lag. Für Selbstnutzer lohnten sich diese Kombinationsmodelle früher schon nicht und heute noch weniger, da die Schuldzinsen für sie steuerlich nicht abzugsfähig sind.

Der Anteil der Lebensversicherer am gesamten Geschäft mit Annuitäten- oder Festdarlehen für Immobilien liegt nur bei 4 bis 5 Prozent. Mittlerweile dürften die Annuitätendarlehen mit laufender Tilgung auch bei Versicherern häufiger vorkommen als Festdarlehen mit endfälliger Tilgung.

Einsatz vorhandener Kapitallebensversicherungen

Bereits vor Jahren abgeschlossene Kapitalbensversicherungen ohne Kombination mit Festdarlehen lassen sich allerdings für die Finanzierung von Eigenheimen und vermieteten Immobilien nutzen. Bei vor dem Jahr 2005 abgeschlossenen Verträgen sind die Erträge nach einer Laufzeit von zwölf Jahren weiterhin steuerfrei. Oftmals bieten sie noch den damaligen Garantiezins von 4 Prozent auf den nach Abzug von Vertriebs- und Verwaltungskosten und Prämie für die Risikolebensversicherung verbleibenden Sparanteil. Sofern die Laufzeit der Police bald endet, kann die zu erwartende Ablaufleistung als Eigenkapital zur Finanzierung der Immobilie eingesetzt werden.

→ Kombinationsmodelle mit Lebensversicherungen meiden

Die Kombination von Festdarlehen und Kapitallebensversicherungen war früher die ideale Versicherungslösung für die Finanzierung von vermieteten Immobilien. Solange die Ablaufrendite bei über 4 Prozent lag und zudem steuerfrei war, konnte sie ein Festdarlehen mit einem Effektivzins von 5 Prozent schlagen, da der Kapitalanleger die Schuldzinsen steuerlich in voller Höhe abziehen konnte. Bei einem persönlichen Steuersatz von 40 Prozent sank der Effektivzins nach

Steuern auf 3 Prozent und lag damit unter der Ablaufrendite von beispielsweise 4 Prozent.

In der Niedrigzinsphase lohnt sich das Kombimodell Festdarlehen/Kapitallebensversicherung nicht mehr. Die mögliche Ablaufrendite wird angesichts eines Garantiezinses von nur 0,25 Prozent auf den Sparanteil bei Neuabschluss einer Kapitallebensversicherung ab 2022 und nach Berücksichtigung der zusätzlichen Abschluss- und Verwaltungskosten gegen null tendieren. Sollte die Ablaufrendite wegen zusätzlicher Überschussanteile noch 1 Prozent ausmachen, reduziert sich auch diese Rendite nach Steuern weiter. Grund: Bereits bei Neuabschluss ab 2005 wird der Überschuss der Ablaufleistung über die Beitragssumme zur Hälfte mit dem persönlichen Steuersatz versteuert.

Wenn aber die Ablaufrendite nach Steuern unter 1 Prozent rutscht, hilft dem Vermieter auch der steuerliche Schuldzinsenabzug bei einem Festdarlehen mit einem Effektivzins von 1 Prozent nicht weiter. Selbst bei Spitzensteuerzahlern liegt der Effektivzins nach Steuern noch über 0,5 Prozent.

Das Kombinationsmodell mit Kapitallebensversicherung hat sich im Übrigen für selbstgenutzte Wohnimmobilien schon früher nicht gelohnt, da die Zinskosten beim Eigenheim steuerlich nicht abzugsfähig sind. Der Effektivzins für das Festdarlehen lag auf Dauer immer über der Ablaufrendite aus der Kapitallebensversicherung. Insofern zahlte der Selbstnutzer drauf.

Police mit Rückkaufswert richtig einsetzen

Sofern die Versicherung noch über mehrere Jahre läuft, empfiehlt es sich, den aktuellen Rückkaufswert bei der Versicherungsgesellschaft zu erfragen oder der jährlichen Standmitteilung zu entnehmen. Außerdem sollte die garantierte und aktuell prognostizierte Ablaufleistung vorliegen. Die bereits bestehende Police kann dann wie folgt verwendet werden:

▶ Kündigung und Verwendung des aktuellen Rückkaufswerts als Eigenkapital für das selbstbewohnte Eigenheim. Das ist in den ersten Jahren einigermaßen ungünstig, da wegen der geringen Rückkaufswerte meist mit finanziellen Verlusten verbunden.

▶ Policendarlehen in Höhe des Rückkaufswerts und Weiterzahlung der laufenden Beiträge (sinnvoll bei niedrigen Zinsen für das Policendarlehen, das als Eigenkapitalersatzmittel dient)

▶ Abtretung der Police als Tilgungsersatz für ein Festdarlehen von einer Versicherung oder einer Bank

Tilgungsfreies Festdarlehen der Allianz für Eigentümer ab 60

Die Allianz als Deutschlands größter Versicherer bietet Eigenheimbesitzern mit einem Alter ab 60 Jahren Festdarlehen ohne Tilgung bis zu 40 Prozent des Verkehrswerts an (sogenannte „Allianz Best Ager"-Finanzierung). Der Zins kann beispielsweise auf 25 Jahre festgeschrieben werden und macht dann rund 1,5 Prozent im Jahr aus.

Bei einem Eigenheim mit einem Verkehrswert von beispielsweise 500 000 Euro kann das tilgungsfreie Hypothekendarlehen 200 000 Euro ausmachen. Bei einem Hypothekenzins von 1,5 Prozent pro Jahr sind dann 3 000 Euro im Jahr beziehungsweise 250 Euro im Monat an Zinskosten aufzubringen. Die Kreditsumme reduziert sich hierbei nicht über die Laufzeit, bleibt also unverändert stehen!

Zur Sicherheit der Allianz wird eine erstrangige Grundschuld von 200 000 Euro in der Dritten Abteilung des Grundbuchs eingetragen. Die endfällige Tilgung des Hypothekendarlehens erfolgt durch den Eigentümer selbst oder im Falle seines Ablebens durch seine Erben. Bei Rückzahlung durch den oder die Erben fällt keine Vorfälligkeitsentschädigung an. Alternativ dazu können die Erben das Festdarlehen auch übernehmen und dann fortführen.

Das Eigenheim selbst muss zurzeit schuldenfrei sein. Wofür das neu aufzunehmende tilgungsfreie Festdarlehen verwendet wird, spielt keine Rolle. Alleinstehende Rentner müssen mindestens eine Rente von brutto 1 000 Euro im Monat nachweisen und verheiratete Rentner mindestens 1 400 Euro.

Zusätzliche Notar- und Grundbuchkosten für die Neueintragung einer Grundschuld fallen nur an, falls die bisherigen Grundschulden bereits gelöscht wurden oder geringer als die neu einzutragende Grundschuld sind. Das Festdarlehen kann der Darlehensnehmer auch einseitig nach zehn Jahren mit sechsmonatiger Kündigungsfrist ohne Vorfälligkeitsentschädigung beenden.

Möglicherweise bieten künftig auch andere Versicherer solche tilgungsfreie Festdarlehen für Eigenheimbesitzer ab 60 Jahre an. Finanzierungen beim Eigenheim für Ältere erfolgen ansonsten über Hypothekendarlehen der Banken, KfW-Kredite und Bauspardarlehen (siehe Seiten 147 bis 151).

Risikolebensversicherung extra abschließen

In der Kapitallebensversicherung ist eine Absicherung für den Todesfall bereits enthalten. Falls eine Kapitallebensversicherung weder vorhanden noch geplant ist, sollte daher unbedingt eine Risikolebensversicherung abgeschlossen werden. Damit soll vermieden werden, dass die Familie beim Tod

Drei Varianten im Vergleich

Variante ❶ sind Policen mit jährlicher Anpassung an den Tilgungsplan, die Versicherungssumme ist immer so hoch wie die Restschuld ◢. Bei Variante ❷ ist in den ersten fünf Jahren die volle Darlehenssumme abgedeckt, danach fällt der Versicherungsschutz. Bei Variante ❸ fällt der Versicherungsschutz schneller als die Restschuld des Darlehens. So entstehen Lücken im Versicherungsschutz (Unterdeckung) ◢ .

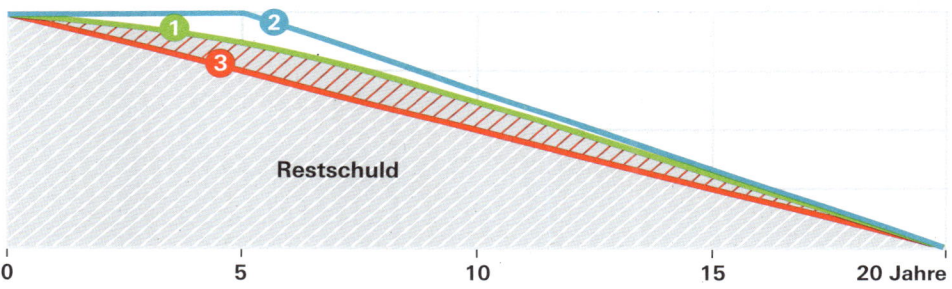

des Hauptverdieners das Eigenheim wegen zu hoher Restschulden aufgeben muss. Stirbt der Hauptverdiener, sollte die Versicherungsleistung so hoch sein, dass sie das Darlehen auf einen Schlag ablöst und somit den Angehörigen ein schuldenfreies Haus ermöglicht.

Die Beiträge für eine Risikolebensversicherung hängen vor allem von drei Faktoren ab:

▶ Höhe der abzusichernden Darlehenssumme

▶ Laufzeit des Darlehens beziehungsweise der Versicherung

▶ Eintrittsalter und Geschlecht des Versicherten

Preisgünstige Restschuldversicherung wählen

Bei Annuitätendarlehen sinkt die Restschuld infolge regelmäßiger Tilgung bis zum Ende der Laufzeit. Daher ist eine preisgünstige Restschuldversicherung anzuraten, bei der sich der Versicherungsschutz exakt der jeweiligen Restschuld beim Annuitätendarlehen anpasst.

Die Beiträge für eine Restschuldversicherung als quasi flexible Risikolebensversicherung liegen ein Drittel bis zur Hälfte unter den Beiträgen für eine „normale" Risikolebensversicherung mit gleichbleibender Versicherungssumme.

Bausparlösung: Bausparguthaben plus -darlehen für Selbstnutzer

Bausparen gehorcht dem Prinzip „Erst Schein auf Schein, dann Stein auf Stein". Der meist achtjährigen Ansparphase folgt eine in der Regel zehn- bis elfjährige Finanzierungsphase.

Im Unterschied zur Bankenlösung setzt die Aufnahme eines Bauspardarlehens eine bestimmte Höhe des Bausparguthabens voraus. Diese klassische Bausparlösung besteht somit aus zwei hintereinandergeschalteten Phasen, die nach spätestens 20 Jahren mit der völligen Entschuldung des Bauspardarlehens enden.

Die effektiven Darlehenszinsen liegen üblicherweise bis zu drei Prozentpunkte über den Guthabenzinsen. Diese negative Zinsspanne kann der Bausparer zumindest vermindern, wenn er zusätzlich Wohnungsbauprämien und Arbeitnehmersparzulagen erhält.

Vorsparen oder Nachsparen

Das jahrelange Vorsparen ist für Selbstnutzer, die in die eigenen vier Wände schon in nächster Zeit einziehen wollen, nicht unbedingt erforderlich. Mit der Kombination von Vorausdarlehen in Höhe der Bausparsumme und Nachsparen über einen Bausparvertrag mit gleicher Summe ist eine Sofortfinanzierung auch über Bausparkassen möglich. Ob diese Bausparlösung günstiger als die typische Bankenlösung über Annuitätendarlehen ist, hängt von der Höhe des Gesamteffektivzinses ab.

Dieser Gesamteffektivzins (von den Bausparkassen „Gesamtkosten als jährlicher Prozentsatz" genannt) enthält nicht nur die Zinsen für das Vorausdarlehen und das spätere Bauspardarlehen, sondern auch die Sparraten sowie Abschluss- und sonstigen Gebühren für den Bausparvertrag. Die Bausparkassen müssen den Gesamteffektivzins bei ungeförderten Kombikrediten ohne Wohn-Riester aber nicht angeben.

Für Selbstnutzer am günstigsten sind Wohn-Riester-Darlehen der Bausparkassen. Auch hierbei handelt es sich um Kombikredite wie bei der Sofortfinanzierung, allerdings mit der Besonderheit, dass die Tilgung über Riester-Anlagebeträge inklusive Riester-Zulagen erfolgt. Tests der Stiftung Warentest zeigen, dass die Bausparkassen bei den Wohn-Riester-Darlehen bessere

Konditionen bieten als die Banken, die bis auf die Postbank ohnehin keine Wohn-Riester-Darlehen mehr vergeben. Der zusätzliche Vorteil der Bausparkassen-Angebote besteht darin, dass die zinsgünstigen Kombikredite über die gesamte Laufzeit von 18 bis 28 Jahre laufen und der niedrige Gesamteffektivzins, der von der Bausparkasse angegeben werden muss, ebenfalls für die gesamte Laufzeit garantiert wird. Auf die Wohn-Riester-Darlehen beim Eigenheim wird im anschließenden Kapitel „Finanzielle Spezialitäten" noch näher eingegangen, siehe ab Seite 138.

Klassisches Bausparkonzept

Mit einem Bausparvertrag können künftige Eigenheimbesitzer mittel- bis langfristig Eigenkapital für die Finanzierung der eigenen vier Wände ansparen und sich gleichzeitig den Anspruch auf ein zinsgünstiges Darlehen sichern. Das herkömmliche Bauspardarlehen kann jedoch nur ein Baustein der Eigenheimfinanzierung sein.

Klassische Bausparfinanzierung weniger attraktiv

Früher deckte die Bausparfinanzierung nur den nachrangigen Bereich zwischen 60 und 80 Prozent des Kaufpreises ab. Im erstrangigen Bereich bis zu 60 Prozent des Kaufpreises stand die Bankfinanzierung.

Üblich war das langjährige Vorsparen mit einem Guthabenzins von 2,5 bis 3 Prozent, der sich bei Erhalt von Wohnungsbauprämien und Arbeitnehmersparzulagen auf eine Bausparrendite von 4 bis 5 Prozent hochschaukelte. Nach Zuteilung der Bausparsumme mussten dann Darlehenszinsen von 4,5 bis 5 Prozent nominal bezahlt werden, die unter Einrechnung von Darlehensgebühren auf 5,5 bis 6 Prozent effektiv stiegen.

Angesichts der jahrelangen Niedrigzinsphase ist diese klassische Bausparfinanzierung nicht mehr attraktiv. Hypothekendarlehen von Banken kosten effektiv oft weniger als Bauspardarlehen. Die neueren Bauspartarife für künftige Haus- und Wohnungseigentümer sehen daher deutlich niedrigere Guthaben- und Darlehenszinsen vor. In der Ansparphase bis zur Zuteilung gibt es nur noch minimale Guthabenzinsen, die nach Berücksichtigung der Kosten auf null fallen. Im Gegenzug liegen die Darlehenszinsen nach Zuteilung dann aber auch nur noch bei 2 bis 2,5 Prozent.

Dreh- und Angelpunkt ist weiterhin der Zuteilungstermin, also der Zeitpunkt, ab dem die Bausparsumme, bestehend aus Darlehen und Guthaben, abgerufen werden kann. Voraussetzung für die Zuteilung bei den meisten Tarifen: Mindestens 40 oder 50 Prozent der vereinbarten Bausparsumme müssen angespart sein. Außerdem muss der Vertrag die Zielbewertungszahl erreichen.

Mit dieser Bewertungszahl kennzeichnen die Kassen an mehreren Stichtagen im Jahr die Sparleistung jedes Bausparers.

Hat der Sparer an einem Stichtag das Mindestguthaben und die erforderliche Zielbewertungszahl erreicht, wird sein Vertrag – je nach Tarif – zwei bis neun Monate später zugeteilt.

Steht der Bau oder Kauf eines Eigenheims unmittelbar bevor, lässt sich die Bausparsumme bis zur endgültigen Zuteilung zwischenfinanzieren. Dies lohnt sich aber nur, wenn der Gesamteffektivzins für die Phase der Zwischenfinanzierung und der späteren Tilgung des Bauspardarlehens im Vergleich zu Annuitätendarlehen der Bank günstiger ist.

Beim Neuabschluss von Bausparverträgen kommt es darauf an, die monatliche Sparrate, den gewünschten Zuteilungstermin und die Bausparsumme aufeinander abzustimmen. Je höher die Summe im Verhältnis zum Sparbeitrag, desto länger muss der Bausparer auf die Zuteilung warten.

Will er dann früher bauen oder kaufen, muss er die Summe zu einem möglicherweise hohen Zinssatz zwischenfinanzieren oder nachträglich herabsetzen. In jedem Fall zahlt er eine viel zu hohe Abschlussgebühr, denn die hängt von der vereinbarten Bausparsumme ab.

Das Wichtigste zum Bausparvertrag

▶ **Für Unentschlossene:** Sparer, die nur sehr vage Baupläne haben, wählen am besten einen flexiblen Tarif, der bei einem Darlehensverzicht zumindest Bonuszinsen bringt. Sie sollten nur mit einer kleinen Bausparsumme anfangen. Werden die Baupläne konkreter, können sie die Summe immer noch aufstocken.

▶ **Für Zielsparer:** Für Sparer, die fest zum Bau entschlossen sind, spielt die geringe Rendite des Bausparvertrags keine entscheidende Rolle. Viel wichtiger sind günstige Konditionen für das anschließende Bauspardarlehen. Je nach Einschätzung der Zinsentwicklung kann es sich für sie lohnen, einen Vertrag mit einer höheren Bausparsumme oder – was auf das Gleiche hinausläuft – zusätzlich zum Prämienbausparvertrag einen zweiten Vertrag abzuschließen.

▶ **Für Prämiensparer:** Zusammen mit Prämien oder Zulagen lohnt sich Bausparen als reine Geldanlage nur noch für Arbeitnehmer mit geringem Einkommen und für Bausparer, die bei Vertragsschluss jünger als 25 Jahre alt sind. Doch aufgepasst: Die Bausparsumme sollte bei sieben Jahren Sparzeit das Zehnfache des geförderten Sparbeitrags nicht übersteigen.

▶ **Bausparsumme:** Geben Sie der Bausparkasse vor, wann Sie Ihr Guthaben und das Bauspardarlehen voraussichtlich benötigen. Lassen Sie die Bausparsumme so berechnen, dass der Vertrag mit Ihrer Sparrate zum geplanten Termin zugeteilt werden kann.

▶ **Zuteilungstermin:** Lassen Sie sich einen Anspar- und Tilgungsplan aushändigen, aus dem der voraussichtliche Zuteilungstermin hervorgeht. Garantieren dürfen die Kassen den Zeitpunkt zwar nicht, doch auch der prognostizierte Termin bietet Ihnen schon einmal Orientierung.

▶ **Beim Abschluss:** Achten Sie bereits beim Einholen des Angebots darauf, dass Sie zum Zuteilungstermin das Mindestguthaben und die Zielbewertungszahl möglichst genau erreichen. Nur dann haben Sie Ihre Sparleistung optimal genutzt.

▶ **Vor Auszahlung:** Lassen Sie spätestens, wenn sich der Bau konkret abzeichnet, Ihren Vertrag bei der Kasse nochmals prüfen. Durch Sonderzahlungen und/oder eine Erhöhung der Bausparsumme können Sie ihn oft noch optimieren.

▶ **Abgeltungsteuer:** Auch Bausparverträge fallen unter die Abgeltungsteuer von 25 Prozent. Sie gilt seit dem 1. Januar 2009. Was viele nicht wissen: Sie mussten ihre Bausparzinsen auch vorher schon als Zinseinkünfte versteuern, und zwar mit ihrem persönlichen Steuersatz. Das war für viele ungünstiger als die jetzt gültige Versteuerung von 25 Prozent. Die Bausparkasse führt die Abgeltungsteuer für alle Zinserträge ab, für die ihr kein Freistellungsauftrag vorliegt. Ausnahme: Erträge aus einem Riester-Bausparvertrag bleiben von der Abgeltungsteuer verschont. Einen Frei-

stellungsauftrag müssen jetzt auch Bausparer erteilen, deren Bausparzinsen bislang vom Zinsabschlag befreit waren, weil sie Wohnungsbauprämie oder Sparzulage erhielten oder ihre Guthaben nur mit bis zu 1 Prozent verzinst wurden. Diese Sonderregelungen fallen jetzt weg.

▶ **Wohnungsbauprämie:** Seit Januar 2009 erhalten Bausparer die staatliche Wohnungsbauprämie nur noch dann, wenn sie eine Immobilie wirklich bauen, kaufen oder modernisieren. Nur Bausparer, die ihren Vertrag vor 2009 abgeschlossen haben oder bei Vertragsabschluss keine 25 Jahre alt sind, dürfen ihr Geld nach einer Sperrfrist von sieben Jahren auch weiterhin zu beliebigen Zwecken verwenden, ohne Prämien und Sparzulagen zu verlieren. Um Anspruch auf die Wohnungsprämie zu haben, darf das zu versteuernde Einkommen von Alleinstehenden höchstens 25 600 Euro betragen, das von Ehepaaren höchstens 51 200 Euro. Alleinstehende können höchstens 45,06 Euro pro Jahr auf eine jährliche Sparleistung von maximal 512 Euro erhalten, Ehepaare 90,11 Euro auf die jährliche Sparleistung von 1 024 Euro. Den Antrag für die Prämie verschickt die Bausparkasse zusammen mit dem Kontoauszug.

▶ **Arbeitnehmersparzulage:** Niedrigverdiener mit einem zu versteuernden Jahreseinkommen bis zu 17 900 Euro

So funktionieren die Kombikredite der Bausparkassen

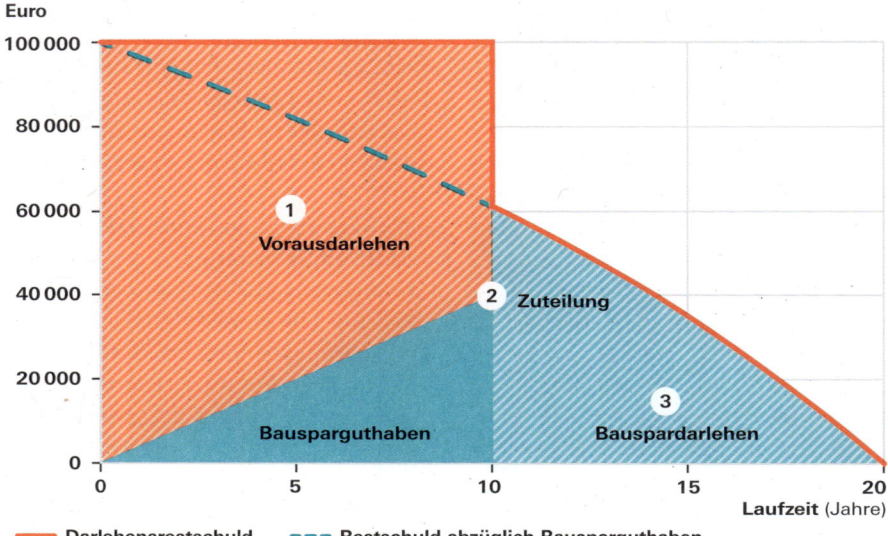

1. Der Kreditnehmer bekommt ein Darlehen in Höhe von 100 000 Euro, für das er nur die Zinsen zahlt. Gleichzeitig schließt er einen Bausparvertrag mit einer Bausparsumme von 100 000 Euro ab und zahlt darauf regelmäßige Sparraten.

2. Wenn das Mindestguthaben (hier: 40 000 Euro) angespart ist und der Vertrag eine ausreichend hohe Bewertungszahl hat, wird die Bausparsumme (100 000 Euro)

zugeteilt. Damit zahlt der Kreditnehmer das Vorausdarlehen zurück. Die Bausparsumme besteht aus dem Guthaben und einem Bauspardarlehen in Höhe der Differenz aus Bausparsumme und Guthaben.

3. Nach der Zuteilung muss der Kreditnehmer noch das Bauspardarlehen zurückzahlen. Dafür zahlt er gleichbleibende Monatsraten aus Zins und Tilgung, bis der Kredit vollständig getilgt ist.

(Alleinstehende) beziehungsweise 35 800 Euro (Ehepaare) erhalten die Arbeitnehmersparzulage nach dem Vermögensbildungsgesetz weiterhin zu den alten Konditionen. Arbeitnehmer können daher in der Steuererklärung

zusätzlich eine Sparzulage beantragen, wenn sie vermögenswirksame Leistungen auf das Bausparkonto überweisen lassen. Die Zulage beträgt pro Arbeitnehmer maximal 42,30 Euro, dies sind 9 Prozent auf jährliche Sparbeiträge bis zu 470 Euro. Arbeiten beide Ehegatten, verdoppelt sich der geförderte Höchstbetrag auf 940 Euro und die maximale Arbeitnehmersparzulage auf 84,60 Euro pro Jahr.

▶ **Übersparte Verträge vermeiden:** Aufpassen müssen Sparer, dass sie nicht über das Ziel hinausschießen. Wer zum Beispiel fleißig weiter auf das Bausparkonto zahlt, obwohl das Mindestsparguthaben erreicht ist, schadet sich. Er legt nicht nur unnötig viel Geld zu niedrigem Zins an, sondern erhält auch noch ein geringeres Darlehen. Denn die Höhe des Darlehens ergibt sich bei den meisten Tarifen aus der Differenz zwischen der Bausparsumme und dem Sparguthaben zum Zuteilungstermin. Zusätzlicher Nachteil eines übersparten Vertrags: Weil die Rate für das Darlehen in der Regel nicht von der Darlehenshöhe, sondern von der Bausparsumme abhängt, müssen Sparer das geringere Darlehen schneller zurückzahlen. Genauso ungünstig ist es, wenn die Bewertungszahl die Zielbewertungszahl deutlich übersteigt. Dann bleibt ebenfalls ein Teil der Sparleistung ungenutzt.

Mit der kostenlosen Checkliste der Stiftung Warentest und dem neuesten Bausparrechner (siehe: www.test.de, Suche nach „Infodokument Bausparen") bewahren Bausparer den Überblick: Im ersten Teil definieren Sie Ihren Bedarf. Je genauer dies geschieht, des-

to individueller kann die Beratung erfolgen. Den zweiten Teil muss der Mitarbeiter der Bausparkasse im persönlichen Beratungsgespräch ausfüllen. So überprüfen Sie, ob das Angebot der Bausparkasse zu Ihren Bedürfnissen passt und können unterschiedliche Angebote miteinander vergleichen.

Kombikredite aus Vorausdarlehen plus Bausparvertrag

Wer noch keinen Bausparvertrag hat, muss dennoch nicht auf eine Bausparfinanzierung verzichten. Er muss sich lediglich verpflichten, zusammen mit einem Vorausdarlehen einen Bausparvertrag abzuschließen.

Das Prinzip dieser Bausparsofortfinanzierung besteht immer aus einem Kombikredit. In der ersten Phase wird ein Vorausdarlehen von beispielsweise 100 000 Euro mit dem Abschluss eines Bausparvertrags über ebenfalls 100 000 Euro kombiniert. Bis zur Zuteilung des Bausparvertrags beziehungsweise der 100 000 Euro zahlt der Bauherr oder Käufer eines Eigenheims sowohl Zinsen für das Vorausdarlehen als auch Sparbeiträge für den Bausparvertrag.

Wie diese Kombikredite der Bausparkassen funktionieren, macht die Grafik deutlich. Nach Erreichen des Mindestguthabens und einer ausreichend hohen Bewertungszahl wird die Bausparsumme zugeteilt. Damit wird das Vorausdarlehen abgelöst und der Bausparkunde muss nur noch das Bauspardarlehen mit Zins und Tilgung zurückzahlen.

Zinssichere Kombikredite der Bausparkassen

Bauspar-Kombikredite für den Kauf einer Immobilie zum Preis von 350 000 Euro. Die Kreditsumme beträgt 280 000 Euro (80 Prozent des Kaufpreises). Genannt sind nur Angebote mit festen Zinsen für die gesamte Laufzeit.

Anbieter		Gesamtlaufzeit (Jahre/ Monate)	Laufzeit bis Zuteilung (Jahre/ Monate)	Zins fest bei verzögerter Zuteilung	Monatsrate (Euro)[1]		Gesamteffektivzins (Prozent)
					bis Zuteilung	nach Zuteilung	
Kombikredite ohne Riester-Förderung mit 18 bis 32 Jahren Laufzeit							
LBS Südwest	Ⓔ	18/0	10/0	☐	1372	1522	1,14
BHW		18/0	10/1	■	1492	1359	1,20
Wüstenrot		18/1	9/6	☐	1362	1512	1,17
Debeka		18/3	10/3	☐	1383	1522	1,33
LBS Saar	Ⓔ	18/5	8/8	■	1340	1490	1,22
LBS Hessen-Thüringen	Ⓔ	18/8	9/11	☐	1402	1400	1,27

Ⓔ = Angebot regional eingeschränkt.
■ = Ja. Der Zinssatz für das Vorfinanzierungsdarlehen bleibt fest, falls sich die Zuteilung verzögern sollte.
☐ = Nein. Die Zinsbindung endet zum Termin der voraussichtlichen Zuteilung oder kurze Zeit später. Verzögert sich die Zuteilung, muss das Vorausdarlehen zu einem neuen Zinssatz verlängert werden.
Reihenfolge bei gleicher Gesamtlaufzeit nach Gesamteffektivzins.
Die Angebote mit den im Verhältnis zur Laufzeit günstigsten Effektivzinsen sind gelb markiert.
Monatsraten sind kaufmännisch gerundet.
1) Ohne Zulagen (bei Riester-Kombikrediten).

Stand: 3. August 2020

Die Kombikredite der Bausparkassen sind zinssicher und zum Teil besonders zinsgünstig. Bei der LBS Südwest lag der Gesamteffektivzins für ein Darlehen von 280 000 Euro über eine Laufzeit von 18 Jahren beispielsweise nur bei 1,14 Prozent (Stand Anfang August 2020). Bis zur Zuteilung des Bausparvertrags nach knapp zehn Jahren lag die Monatsrate bei 1 372 Euro, und in den folgenden gut acht Jahren nach der Zuteilung bei 1 522 Euro.

Es handelt sich bis zur Zuteilung des Bausparvertrags um ein Nachsparen über einen sogenannten Tilgungsbausparvertrag. Früher war dieses Nachsparen im Wege der Bauspar-Sofortfinanzierung immer viel zu teuer. Aufgrund des gesunkenen Zinsniveaus sind Bauspar-Sofortfinanzierungen jedoch auch für Bauherren und Käufer von Eigenheimen interessanter geworden. Je geringer der Zins für das Vorausdarlehen (zum Beispiel unter 2 Prozent pro Jahr) und je höher die Rendite für das aufzubauende Bausparguthaben (unter Einrechnung von eventuell Wohnungsbauprämie, Arbeitnehmersparzulage und Riester-Zulage), desto attraktiver kann die Bauspar-Sofortfinanzierung sein.

Entscheidend beim Vergleich mit Annuitätendarlehen der Bank ist der Gesamteffektivzins für den Bauspar-Kombikredit. Liegt dieser unter dem Effektivzins für ein Hypothekendarlehen mit gleicher Laufzeit, empfiehlt sich die Bauspar-Sofortfinanzierung unter Zinsgesichtspunkten.

Trotz eines eventuell zinsgünstigen Bauspar-Kombikredits müssen Sie aber zwei mögliche Nachteile in Kauf nehmen:
▶ Sie legen sich für die gesamte Kreditlaufzeit fest und sollten dies nach dem Grundsatz „Drum prüfe, wer sich lange bindet" sorgfältig überlegen.
▶ Außerdem verzichten Sie auf eine flexible Tilgungsstrategie (zum Beispiel keine Sondertilgung oder kein Wechsel der Tilgungssätze wie beim Annuitätendarlehen der Bank), da Sie sich in ein starres Tilgungskonzept der Bausparkasse begeben.

Diese möglichen Nachteile sind der Preis für eine nachhaltig sichere und eventuell zinsgünstige Finanzierung des Eigenheims.

Für die Finanzierung von vermieteten Immobilien empfiehlt sich der Bauspar-Kombikredit aus Vorausdarlehen und Bausparvertrag indes grundsätzlich nicht. Die extrem lange Zinsbindung erschwert einen möglichen späteren Verkauf des Mietwohnhauses oder der vermieteten Eigentumswohnung. Außerdem sinken die steuerlich abzugsfähigen Schuldzinsen nach Zuteilung des Bausparvertrags infolge der verminderten Restschulden deutlich, sodass der Steuerspareffekt zum großen Teil verpufft.

Die auf Seite 104 abgebildeten Testergebnisse stellen nur einen Auszug dar, die kompletten Resultate können Sie in Finanztest 10/2020 nachlesen.

Zinsstrategien

Die richtige Wahl der Zinsbindungsdauer oder das Aushandeln
von Zinsrabatten gehören zur hohen Schule der Finanzierung.

→ **Die richtige Zinsstrategie** beim Annuitätendarlehen der Bank hängt von folgenden Punkten ab:
- Wahl der Zinsbindungsdauer
- Wahl des Auszahlungskurses
- Höhe des Effektivzinses und der Kreditnebenkosten
- Zinszuschläge und Zinsrabatte in bestimmten Fällen
- Darlehenspaket bei mehreren Annuitätendarlehen

Lange Zinsbindung bei niedrigen Zinsen

Die Wahl der richtigen Zinsbindungsdauer fällt in Niedrigzinsphasen mit effektiven Hypothekenzinsen unter 2 oder gar unter 1 Prozent leicht.

Getreu dem Motto „Niedrige Zinsen – lange Bindung" sollten Sie die Hypothekenzinssätze möglichst lange festschreiben, also mindestens für zehn Jahre. Sie sichern sich damit die niedrigen Kreditzinsen für eine lange Zeit und brauchen zwischenzeitliche Zinssteigerungen auf dem Kreditmarkt nicht zu fürchten.

In ausgeprägten Niedrigzinsphasen mit Sollzinsen bis zu 2 Prozent empfiehlt sich gerade für Selbstnutzer von Haus und Wohnung eine 15-jährige Zinsbindung oder sogar eine Zinsbindung über die gesamte Laufzeit.

Typischerweise steigen die Sollzinssätze bei Festzinsdarlehen mit zunehmender Zinsbindungsdauer: zum Beispiel 0,5 Prozent bei fünf Jahren, 1 Prozent bei zehn Jahren, 1,5 Prozent bei 15 Jahren oder 2 Prozent bei 20 Jahren Zinsbindung. Diese in Niedrigzinsphasen anzutreffende normale Zinsstruktur sollte Sie aber nicht voreilig zu Darlehen mit fünf- oder zehnjähriger Zinsbindung verleiten.

Wenn Sie sich beispielsweise für eine 15- oder 20-jährige Zinsbindung entscheiden, können Sie das Festzinsdarlehen dennoch zum Ende des zehnten Jahres mit einer Kündigungsfrist von sechs Monaten kündigen. Diese Kündigung empfiehlt sich jedoch nur, wenn der Anschlusszins für die Folgefinanzierung nach zehn Jahren unter dem bisher vereinbarten Zins liegt oder aber Sie das Restdarlehen auf einen Schlag zurückzahlen wollen.

Eine Kündigung von Festzinsdarlehen mit einer Zinsbindung von zehn und mehr Jahren vor Ablauf des zehnten Jahres ist nicht möglich. Sie können mit Ihrer Bank nur eine Aufhebungsvereinbarung treffen, in der Sie sich zur Zahlung einer meist recht happigen Vorfälligkeitsentschädigung verpflichten.

Den ziemlich hohen „Strafzins" können Sie zumindest teilweise dadurch vermeiden, dass Sie regelmäßige Sondertilgungen leisten oder den Tilgungssatz während der Zinsbindungsfrist erhöhen. Immer mehr Banken akzeptieren in Darlehensverträgen Sondertilgungen bis zu 5 oder 10 Prozent der Darlehenssumme pro Jahr und/oder den bis zu zweimaligen Wechsel des Tilgungssatzes.

Ob beispielsweise eine 20-jährige Zinsbindung in einer Niedrigzinsphase geeigneter ist als eine 15-jährige Zinsbindung, wissen Sie immer erst nachher. Um die beiden Varianten zu vergleichen, sollten Sie die Zinsersparnis bei der 15-jährigen Zinsbindung für eine höhere Tilgung verwenden. Die Restschulden nach Ablauf von 15 Jahren liegen dann niedriger als bei der 20-jährigen Zinsbindung.

Die Hypothekenzinsen sind in der Zeit von 2010 bis 2021 deutlich gefallen und befinden sich immer noch auf einem niedrigen Niveau. Ob, wann und wie stark sie in der Zukunft steigen, kann keiner genau voraussagen.

Kurze Zinsbindung bei hohen Zinsen

In Hochzinsphasen mit effektiven Hypothekenzinsen von mehr als 5 Prozent muss die Zinsbindungsregel heißen: „Hohe Zinsen –

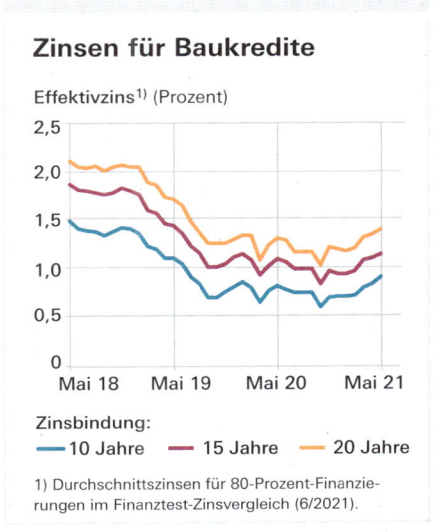

Zinsen für Baukredite

Effektivzins[1] (Prozent)

Zinsbindung:
— 10 Jahre — 15 Jahre — 20 Jahre

1) Durchschnittszinsen für 80-Prozent-Finanzierungen im Finanztest-Zinsvergleich (6/2021).

kurze Bindung". Eine mehr als fünfjährige Zinsbindung ist kaum empfehlenswert. Sie müssten sich nicht nur über einen hohen Effektivzins ärgern, sondern im Falle eines sinkenden Zinsniveaus auch noch drastisch hohe Vorfälligkeitsentschädigungen bei Aufhebung des Darlehensvertrags vor Ablauf der Zinsbindung zahlen. Ob und wann die Zinssätze für Hypothekendarlehen in den nächsten Jahren deutlich steigen, kann heute keiner wissen.

Sollten Sie tatsächlich in eine Hochzinsphase geraten, entscheiden Sie sich am besten für Vorschaltdarlehen, bei denen Sie nach einem Jahr auf Darlehen mit fester Zinsbindung umsteigen können, oder für Darlehen mit veränderlichen Zinsen.

Variable Darlehen

Risikofreudige können sich auch in einer Niedrigzinsphase für ein Teildarlehen mit variablen Zinsen entscheiden, zum Beispiel ein Drittel der gesamten Darlehenssumme. Vorteil: Sie können das variable Darlehen (auch Geldmarktdarlehen genannt) mit einer kurzen Frist von drei Monaten kündigen und gehen bei diesem Teildarlehen nicht das Risiko ein, hohe Vorfälligkeitsentschädigungen zahlen zu müssen.

Die variablen Zinsen richten sich nach dem Dreimonats-Euribor plus einem Zuschlag von beispielsweise 1 bis 1,5 Prozentpunkten. Wenn der Dreimonats-Euribor etwa bei minus 0,5 Prozent liegt und der Zuschlag darauf 1,3 Prozent ausmacht, dann kommen am Ende variable Zinsen von 0,8 Prozent heraus.

Ende Mai 2021 lagen die variablen Zinsen bei diesen 0,8 Prozent und damit sogar über dem Festzins für eine fünfjährige Zinsbindung. Wollen Sie aus Gründen der höheren Zinssicherheit zum größeren Teil eine Festschreibung der Zinsen, könnte Ihnen ein Zinsbindungssplitting (zum Beispiel ein Drittel des Darlehens mit variablen Zinsen oder einer Zinsbindung von fünf Jahren, zwei Drittel des Darlehens mit 10- oder 15-jähriger Zinsbindung) helfen. Steigen die variablen Zinsen deutlich, sollten Sie rechtzeitig in ein Festzinsdarlehen wechseln.

In Zinsphasen mit effektiven Hypothekenzinsen zwischen 3 und 5 Prozent fällt die richtige Wahl der Zinsbindungsdauer relativ schwer. Rechnen Sie mit einem sinkenden Zinsniveau, sollten Sie eher kurze Zinsbindungen über fünf Jahre eingehen oder ein variables Teildarlehen wählen.

Eine längere Zinsbindung kommt infrage, falls Sie von höheren Zinsen in Zukunft ausgehen. Da niemand das künftige Zinsniveau vorhersagen kann, empfiehlt sich in der Regel ebenfalls ein Zinsbindungssplitting.

Auf Disagio verzichten

Bei der Finanzierung Ihres Eigenheims sollten Sie immer eine 100-prozentige Auszahlung Ihrer Darlehenssumme anstreben. Ein Auszahlungskurs unter 100 Prozent und damit die Inkaufnahme eines Auszahlungsverlusts (Disagio) lohnt sich für Sie nicht, da Sie das Disagio als Selbstnutzer steuerlich nicht absetzen können. Zwar senkt ein Disagio den laufenden Sollzins, diese Sollzinssenkung wird jedoch durch höhere Darlehensschulden erkauft.

Effektivzins und Restschulden vergleichen

Beim Vergleich von Kreditangeboten verschiedener Banken kommt es in erster Linie auf den anfänglichen effektiven Jahreszins an. Dieser Effektivzins gibt an, wie viel Ihr Darlehen während der Zinsbindung tatsächlich kostet. Der Sollzins (früher Nominalzins genannt) hingegen ist lediglich der jährliche Zins in Prozent der Darlehenssumme, der von Ihnen an die Bank zu zahlen ist.

In den anfänglichen effektiven Jahreszins müssen nach der Preisangabeverordnung (PAngV) die wichtigsten Kostenbestandteile wie Sollzins, Zinsbindungsfrist, Disagio, Gerichtsgebühren für die Eintragung der Grundschuld sowie Zahlungs- und Verrechnungstermine für Zins und Tilgung eingerechnet werden. Dieser anfängliche effektive Jahreszins (üblicherweise kurz nur als Effektivzins bezeichnet) ist somit das Preisschild für einen Kredit bzw. ein Hypothekendarlehen.

Der Effektivzins wird auch bei Fehlen eines Disagios höher als der Sollzins ausfallen, da Zins- und Tilgungsraten üblicherweise monatlich oder vierteljährlich gezahlt und verrechnet werden. In einer Niedrigzinsphase liegt der Effektivzins allerdings nur gering über dem Sollzins.

Nur wenn die Zins- und Tilgungszahlung ein einziges Mal am Jahresende erfolgen würde (was in der Baufinanzierungspraxis so gut wie nie vorkommt) oder der Sollzins lediglich bei 1 Prozent läge, wäre der Effektivzins bei 100 Prozent Auszahlung und Vernachlässigung der Kosten für die Grundschuldeintragung mit dem Sollzins identisch. Erfolgen die Zins- und Tilgungszahlungen jedoch mehrmals im Jahr, kann die Bank das früher erhaltene Geld wieder zinsbringend anlegen.

Entscheidend beim Vergleich von Kreditangeboten mit gleicher Darlehenssumme, Zinsbindungsfrist und Tilgungshöhe ist also der Effektivzins. Wenn Sie mehrere Kreditangebote vergleichen, erkennen Sie das günstigste Angebot in aller Regel am niedrigsten Effektivzins.

Neue Regeln für Wohnimmobilienkredite kennen

Bereits seit dem 11.6.2010 gilt eine Verbraucherkreditlinie, um die Wahl des zinsgünstigsten Kredits zu erleichtern. Danach muss neben dem anfänglichen Effektivzins für die Dauer der Zinsbindung auch ein Gesamteffektivzins für die gesamte Kreditlaufzeit bis zur Schuldenfreiheit angegeben werden.

Dies hat aber bei Kreditnehmern und Verbrauchern mehr zur Verwirrung beigetragen, denn die jeweilige Bank kann nach Ablauf der Zinsbindung willkürlich einen fiktiven Anschlusszins unterstellen. Damit ist der Manipulation bei der Berechnung des Gesamteffektivzinses Tür und Tor geöffnet. In der Praxis hat sich der Gesamteffektivzins nicht durchgesetzt. Im Vordergrund steht weiterhin der anfängliche Effektivzins.

Nur bei Volltilgerdarlehen, bei denen die Zinsbindungsfrist mit der Gesamtlaufzeit identisch ist, sind anfänglicher Effektivzins und Gesamteffektivzins gleich. Schon vor Inkrafttreten der Verbraucherkreditlinie zum 11.6.2010 musste der Gesamteffektivzins bei Wohn-Riester-Darlehen der Bausparkassen angegeben werden. Dies ist auch verständlich, da die Zinsen für diese speziellen Darlehen über die gesamte Laufzeit festgelegt werden.

Günstige Immobilienkredite

Genannt sind die günstigsten Kreditangebote für den Kauf einer Immobilie zum Preis von 300 000 Euro aus einer Stichprobe von mehr als 70 Banken, Versicherern und Vermittlern. Die Kreditsumme beträgt 60 Prozent des Kaufpreises (180 000 Euro), 80 Prozent (240 000 Euro) oder 90 Prozent (270 000 Euro), die Tilgung 3 Prozent.

60-Prozent-Finanzierung

Anbieter		Effektivzins (%)		
		10 Jahre	15 Jahre	20 Jahre
Überregionale Anbieter ohne bundesweites Filialnetz[1]				
Creditweb	⊙	0,60	0,94	1,23
Creditfair	⊙	0,63	1,01	1,33
PSD Kiel		0,68	1,00	1,24
Gladbacher Bank		0,70	1,03	1,27
Ethikbank		0,72	0,97	–
Anbieter mit bundesweitem Filialnetz[1]				
Degussa Bank		0,62	1,17	1,43
Baugeld Spezialisten	⊙	0,63	0,98	1,22
Interhyp	⊙	0,72	0,91	1,11
Dr. Klein	⊙	0,72	0,98	1,28
Baufi24	⊙	0,72	1,05	1,35
Regionale Anbieter				
Freie Finanzierer München	⊙	0,68	0,93	1,24
Voba Düsseldorf Neuss		0,73	1,05	1,29
Sparda Hannover		0,77	1,02	–
PSD Karlsruhe-Neust.		0,81	1,15	–
Voba Münsterland N.		0,84	1,16	1,41

80-Prozent-Finanzierung

Anbieter		Effektivzins (%)		
		10 Jahre	15 Jahre	20 Jahre
Überregionale Anbieter ohne bundesweites Filialnetz[1]				
Creditweb	⊙	0,67	0,94	1,26
MKIB	⊙	0,75	1,05	1,35
Accedo	⊙	0,78	0,93	1,23
1822direkt		0,78	0,94	1,25
Baufi Direkt	⊙	0,78	0,94	1,25
Anbieter mit bundesweitem Filialnetz[1]				
Baugeld Spezialisten	⊙	0,68	0,98	1,29
Interhyp	⊙	0,72	0,91	1,11
Commerzbank		0,78	0,94	1,25
Hypovereinsbank		0,78	0,94	1,27
PlanetHome	⊙	0,78	0,94	1,27
Regionale Anbieter				
Freie Finanzierer München	⊙	0,69	0,94	1,28
Voba Düsseldorf Neuss		0,81	1,13	1,37
PSD Hessen-Thüringen		0,83	1,34	1,67
Sparda Hannover		0,87	1,12	–
MBS in Potsdam		0,87	1,22	–

Bestmöglich finanzieren
– gilt auch für schicke Alt-
bau-Eigentumswohnungen

90-Prozent-Finanzierung

Anbieter		Effektivzins (%)		
		10 Jahre	15 Jahre	20 Jahre
Überregionale Anbieter ohne bundesweites Filialnetz[1]				
Creditweb	Ⓥ	0,80	1,22	1,48
Creditfair	Ⓥ	0,83	1,18	1,38
Sparda Hessen.		0,88	1,26	–
DTW	Ⓥ	0,91	1,12	1,22
Check 24	Ⓥ	0,91	1,12	1,36
Anbieter mit bundesweitem Filialnetz[1]				
Baugeld Spezialisten	Ⓥ	0,82	1,06	1,17
Degussa Bank		0,82	1,38	1,63
BBBank		0,89	1,30	–
Dr. Klein	Ⓥ	0,92	1,18	1,53
Baufi24	Ⓥ	0,92	1,28	1,21
Regionale Anbieter				
Freie Finanzierer München	Ⓥ	0,78	1,03	1,38
PSD Hessen-Thüringen		0,83	1,34	1,67
Voba Düsseldorf Neuss		0,87	1,18	1,40
Sparda Hannover		0,97	1,22	–
MBS in Potsdam		0,97	1,32	–

Sortiert nach dem Effektivzins für 15 Jahre Zinsbindung.

Ⓥ = Kreditvermittler.
– = Kein Angebot.
1) Angegeben sind bundesweit gültige Konditionen. Bei vielen
   Anbietern gibt es für den Modellfall auch günstigere regionale Angebote.

Stand: 25. Juni 2021

Nach Verabschiedung des Gesetzes zur Umsetzung der EU-Wohnimmobilienkreditrichtlinie 2014/17/EU gelten für ab dem 21.3.2016 neu abgeschlossene Darlehensverträge für Wohnimmobilien folgende Neuregelungen:

▶ **Effektiver Jahreszins:** Die Gesamtkosten des Kredits werden durch den effektiven Jahreszins in Prozent angegeben. In diesen effektiven Jahreszins werden auch Vermittlungskosten und sonstige Kosten wie die einmaligen Kosten für die Immobilienbewertung eingerechnet. Die Gebühr für die Eintragung von Grundschulden wird nur in den effektiven Zins eingerechnet, wenn deren Höhe bekannt ist. Sofern dies nicht der Fall ist, muss die Gebühr klar und deutlich unter den nicht bekannten Kosten erwähnt werden.

▶ **Widerrufsrecht:** Spätestens nach einem Jahr und 14 Tagen nach Abschluss des Darlehensvertrags erlischt das Widerrufsrecht, auch wenn der Darlehensgeber seinen Informationspflichten nicht nachgekommen ist. Bisher konnten Darlehensverträge bei fehlerhafter Widerrufsklausel auch noch nach Jahren widerrufen werden (sogenannter „Widerrufsjoker").

▶ **Vorfälligkeits- bzw. Ablösungsentschädigung:** Eine vorzeitige Kündigung und Rückzahlung des Darlehens vor Ablauf der Zinsbindung ist gegen Zahlung einer Vorfälligkeitsentschädigung auch ohne Angabe von Gründen möglich. Bisher waren die Darlehensgeber dazu nur beim Verkauf der Immobilie verpflichtet. Die Höhe der Vorfälligkeitsentschädigung soll so berechnet sein, dass die Bank ihrem Darlehensnehmer nur den ihr tatsächlich entstandenen Schaden in Rechnung stellen darf. Die Bank darf sich also nicht auf Kosten ihrer Kunden bereichern.

▶ **Vorvertragliche Informationen:** Der Darlehensgeber muss von den Darlehensnehmern zunächst die Vorlage von Informationen und Nachweisen fordern, um die Bonität überprüfen zu können. Um die Kunden vor Abschluss des Darlehensvertrags umfassend zu informieren, muss das ausgefüllte ESIS-Merkblatt (Europäisches Standardisiertes Merkblatt) übergeben werden. Außerdem muss nach den neuen Regeln ein Beratungsprotokoll angefertigt werden, in dem der Verlauf der Beratungsgespräche zusammengefasst werden soll.

▶ **Kreditwürdigkeits- und Bonitätsprüfung:** Die Prüfung der Kreditwürdigkeit des Verbrauchers durch den Darlehensgeber war bisher schon übliche Praxis bei Banken, Bausparkassen und Lebensversicherungen. Die Bonitätsprüfung nach Vorlage von Informationen über Einkommen, Ausgaben sowie andere finanzielle und wirtschaftliche Verhält-

Ihr Durchblick im Konditionendschungel

Um Licht ins Dunkel der Zins- und Tilgungskonditionen zu bringen, sollten Sie auf Nummer sicher gehen.

☐ **Lange Zinsbindung.** Solange der Zins festgeschrieben ist, bleibt die monatliche Belastung fest kalkulierbar. Daher gibt es in einer Niedrigzinsphase nur eine vernünftige Strategie: den Zins langfristig festschreiben, mindestens für 10 oder 15 Jahre. Risikoscheue können sich feste Zinsen sogar für eine Kreditlaufzeit von 20 bis 30 Jahren sichern.

☐ **Rechenhilfe.** Ob sich eine lange Zinsbindung finanziell auszahlt, können Sie mit dem Excel-Programm von www.test.de ausrechnen („Wahl der richtigen Zinsbindung").

☐ **Zinsvergleich.** Den Grundstein für eine günstige Finanzierung legen Sie nur mit einem möglichst umfassenden Vergleich der Kreditangebote von Banken und Sparkassen. Denn bei den hohen Darlehenssummen und langen Laufzeiten summieren sich selbst kleine Zinsunterschiede zu enormen Beträgen.

☐ **Finanzierungsplan.** Lassen Sie sich von der Bank einen langfristigen Finanzierungsplan mit Angabe von Zins und Tilgung für jedes Jahr erstellen. Für die Zeit nach Ablauf der Zinsbindung sollte die Bank mit einem Anschlusszins von mindestens 6 Prozent kalkulieren. So erkennen Sie mögliche Zinsrisiken.

☐ **Darlehen mit oder ohne Riester-Förderung.** Vergleichen Sie die Zinskonditionen von Darlehen ohne Riester-Förderung mit denen von Riester-Darlehen. Liegt der Effektivzins von Riester-Darlehen gleich hoch oder nur 0,1 bis 0,2 Prozentpunkte über dem Effektivzins von ungeförderten Bankdarlehen, sollten Sie sich im Regelfall für das Riester-Darlehen entscheiden.

nisse des Darlehensnehmers wird nun Pflicht für alle Darlehensgeber.

▶ **Sprachregelung:** Im Bundesgesetz ist von „Immobiliar-Verbraucherdarlehensverträgen" statt von Wohnimmobilienkredite die Rede. Der anfängliche Effektivzins wird nun „effektiver Jahreszins" genannt und entspricht den Gesamtkosten des Kredits. Die Angabe des effektiven Jahreszinses soll den Vergleich von verschiedenen Kredit- bzw. Darlehensangeboten erleichtern.

Die 2016 in Kraft getretene Wohnimmobilienkreditrichtlinie (WIKR) ist im Mai 2018 durch eine neue Verordnung konkretisiert worden, die für Verbraucher günstige Regelungen hinsichtlich der Kreditwürdigkeits- bzw. Bonitätsprüfung enthält. Die WIKR hatten einige Banken zu streng ausgelegt und damit älteren Kreditinteressenten und Familien mit Kindern eine Immobilienfinanzierung verweigert.

Nach der ab 1. Mai 2018 geltenden Immobiliar-Kreditwürdigkeitsprüfungsleitlinien-Verordnung (ImmoKWPLV) muss ein Baukredit nicht mehr zwingend während der statistischen Lebenserwartung des älteren Kreditnehmers zurückgezahlt werden. Es genügt, wenn die langfristige Bedienbarkeit des Darlehens gesichert ist. Bei den konkreten Prüfkriterien eröffnet die Verordnung den Banken die Möglichkeit, von eigenen standardisierten Vorgaben im Einzelfall auch zugunsten des Kunden abzuweichen,

wenn die Bank dies gut begründet und dokumentiert.

Üblicherweise zu erwartende Gehaltszuwächse können ebenso wie nachhaltige Mieterträge aus der Vermietung von Immobilien bei der Bonitätsprüfung auf der Einnahmenseite berücksichtigt werden.

Für Anschlussfinanzierungen bei einem neuen Kreditgeber stellt die Verordnung klar, dass die neue Bank auch das Zahlungsverhalten beim alten Kreditgeber in die erforderliche Prüfung der Kreditwürdigkeit mit einbeziehen darf. Bei Umschuldungen muss erst dann eine erneute Kreditwürdigkeitsprüfung erfolgen, wenn sich der Nettodarlehensbetrag aufgrund der Umschuldung um mehr als 10 Prozent erhöht.

Kreditnebenkosten nicht vergessen

Kreditnebenkosten, die nicht im Effektivzins enthalten sind, müssen beim Vergleich von Kreditangeboten zusätzlich berücksichtigt werden. Dazu zählen beispielsweise Wertschätzungsgebühren von 0,2 bis 0,3 Prozent der Darlehenssumme und Bereitstellungszinsen von monatlich 0,25 Prozent des nicht in Anspruch genommenen Darlehensbetrags. Diese Nebenkosten werden bei der Auszahlung des Darlehens von der Bank meist gleich einbehalten. Sie wirken wie eine Senkung des Auszahlungskurses, sodass Sie weniger an Darlehen ausgezahlt bekommen, als Sie zurückzahlen müssen.

Zinsunterschiede summieren sich gewaltig

Kreditsumme 270 000 Euro = 90 Prozent des Kaufpreises von 300 000 Euro

- Günstigster Anbieter (Euro)
- Teuerster Anbieter (Euro)
- Maximale Zinsersparnis (Euro)

0,66 Zinssatz (Prozent)

20 Jahre Zinsbindung

69 694

+31 945

2,00

37 749

1,21

15 Jahre Zinsbindung

54 739

+29 960

1,83

24 779

0,91

10 Jahre Zinsbindung

37 099

+23 533

1,67

13 566

0,66

© Finanztest 2021

Beim Vergleich wurde unterstellt, dass Kreditnehmer mit dem günstigsten Zinssatz die gleiche Monatsrate zahlen wie beim Darlehen mit dem höchsten Zinssatz (bei 3 Prozent Tilgung). Er nutzt die Zinsersparnis also für eine höhere Tilgung.

Stand: 2. August 2021

Immer mehr Banken verzichten inzwischen auf die Berechnung von Schätzgebühren für die Ermittlung des Beleihungswerts. Handeln Sie die Wertschätzungsgebühr auf null herunter, falls Ihre Bank eine solche Gebühr verlangt.

An Bereitstellungszinsen kommen Sie in der Regel nicht vorbei, falls Sie Ihr Darlehen entsprechend dem Baufortschritt in Raten abrufen. Meist berechnen die Banken Bereitstellungszinsen ab dem dritten Monat nach Darlehenszusage. Sie können die Bereitstellungszinsen und damit die Zinskosten während der Bauzeit deutlich nach unten drücken, wenn Sie die Karenzzeit auf ein halbes oder gar volles Jahr verlängern.

Da die genannten Kreditnebenkosten nicht im Effektivzins enthalten sind, sollten Sie Zins- und Tilgungspläne von den Banken anfordern und die Restschulden am Ende der Zinsbindungsfrist miteinander vergleichen. Dann gilt folgende einfache Regel: Das Angebot mit der geringsten Restschuld zum Ende der Zinsbindungsfrist ist das günstigste, sofern die Vorgaben der Angebote (Darlehenssumme, Auszahlungskurs, Zinsbindungsdauer, monatliche Ratenzahlung) übereinstimmen.

Aktuelle Effektivzinsen ermitteln

Aktuelle Effektivzinsen für Annuitätendarlehen in Höhe von 180 000 Euro einer 60-Prozent-Finanzierung oder von 240 000 Euro bei einer 80-Prozent-Finanzierung mit einem jährlichen Tilgungssatz von 3 Prozent können Sie jeden Monat der Zeitschrift

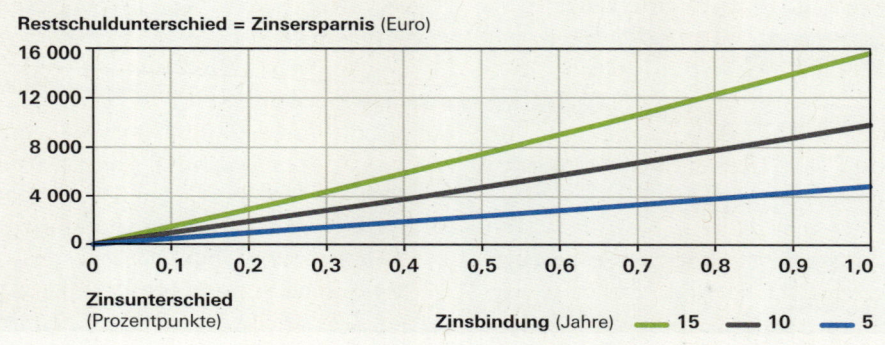

Auch kleine Prozentunterschiede bringen hohe Zinsersparnis

Die Grafik zeigt für ein 100 000-Euro-Darlehen, wie sich ein scheinbar kleiner Zinsunterschied auf die Restschuld am Ende der Zinsbindung auswirkt. Monatsrate jeweils 500 Euro.

Restschuldunterschied = Zinsersparnis (Euro)

Zinsunterschied (Prozentpunkte)

Zinsbindung (Jahre) — 15 — 10 — 5

Finanztest und im Internet bei www.test.de entnehmen.

Tagesaktuelle Effektivzinsen finden Sie bequem im Internet, zum Beispiel bei der FMH Finanzberatung Frankfurt unter www.fmh.de oder bei den Baugelddiscountern, die als Vermittler die zinsgünstigsten Angebote von Banken herausfiltern. Dabei handelt es sich um Hypothekenmakler, die Baukredite von vielen Banken vermitteln. Die mit Abstand größten Makler sind Interhyp und Dr. Klein.

Zinsaufschläge und Zinsrabatte

Es kommt nicht nur auf den Vergleich von Effektivzinsen unter bestimmten Annahmen an. Spezielle Zinsaufschläge für Kleindarlehen (Darlehenssummen unter 100 000 Euro), hohen Kreditbedarf (über 60 Prozent des Beleihungswerts bzw. des Kaufpreises), flexible Kredite sowie eine längere Zinsbindung müssen ebenfalls in Betracht gezogen werden.

Umgekehrt gibt es Zinsrabatte bei relativ niedrigem Kreditbedarf (zum Beispiel infolge eines hohen Eigenkapitals von 50 und mehr Prozent der Gesamtkosten) und bei Voll- oder Schnelltilgern, die das Darlehen bereits nach zehn bis 20 Jahren vollständig zurückzahlen. Die Zinsrabatte machen bis zu einem halben Prozentpunkt aus und stellen Sonderkonditionen dar, wonach es sich zu fragen lohnt. Selbstverständlich gilt dies auch für die Anschlussfinanzierung nach Ablauf der Zinsbindung.

Ein besonderer Zinsrabatt von ein paar Zehnteln Prozentpunkten kann auch im persönlichen Kreditgespräch ausgehandelt werden. Dies gelingt um so eher, je besser die Kreditwürdigkeit beziehungsweise die Bonität des Darlehensnehmers ist.

Wie sich auch ein scheinbar kleiner Zinsunterschied von 0,1 bis 1 Prozentpunkt auf die Höhe der Restschuld am Ende der Zinsbindung auswirkt, veranschaulicht die Abbildung (siehe auf Seite 116) für ein 100 000-Euro-Darlehen mit einer Monatsrate von jeweils 500 Euro.

Ein Zinsunterschied von einem halben Prozentpunkt lässt die Restschuld bei einer 15-jähriger Zinsbindung bereits um knapp 8 000 Euro sinken und bei zehnjähriger Zinsbindung immerhin noch um 5 000 Euro.

Bankdarlehen mit KfW-Mitteln kombinieren

Oft ist es besser, ein Paket von Annuitätendarlehen zu schnüren, statt nur auf ein einziges Darlehen einer Bank zu setzen.

Für Selbstnutzer empfiehlt sich besonders die Kombination von erstrangigem Annuitätendarlehen der Bank (zum Beispiel 60 Prozent des Kaufpreises) mit einem zinsgünstigen zweitrangigen Darlehen der KfW in Höhe von maximal 100 000 Euro.

Anfang August 2021 kosteten die KfW-Kredite nach dem Wohneigentumsprogramm bei zehnjähriger Zinsbindung effektiv 0,98 Prozent und bei fünfjähriger Zinsbindung 0,85 Prozent, jeweils bei einer Laufzeit von 10, 20 oder 25 Jahren.

Öko-Häuser fördert die KfW Bankengruppe mit dem speziellen Programm „Energieeffizient Bauen", und zwar bis zu 120 000 Euro pro Wohneinheit. Die Effektivzinsen lagen Anfang August 2021 bei zehnjähriger Zinsbindung und Laufzeit bei 0,57 Prozent.

Ebenso zinsgünstig waren KfW-Mittel mit nur 0,75 Prozent Effektivzins bei zehnjähriger Zinsbindung und Laufzeit von 10 Jahren im Programm „Energieeffizient Sanieren". Für beide Förderprogramme zur Energieeinsparung gibt es darüber hinaus Tilgungszuschüsse zwischen 7,5 und 27,5 Prozent der Darlehenssumme je nach Effizienzhaus-Standard.

Konkurrenzlos günstig mit einem Effektivzins von nur 0,04 Prozent bei fünfjähriger Zinsbindung beziehungsweise 0,13 Prozent bei zehnjähriger Zinsbindung waren KfW-Kredite für den altersgerecht umgebauten Wohnraum zu haben.

Tilgungsstrategien

Das Eigenheim sollte spätestens im Rentenalter schuldenfrei sein. Die laufenden Belastungen verringern sich dann infolge wegfallender Zins- und Tilgungszahlungen ganz erheblich.

→ **Sie haben die Wahl** zwischen mehreren Tilgungsstrategien – klassische Tilgung über mehrere Zeitabschnitte (Erst- und Anschlussfinanzierung), Volltilgung (fester Zins- und Tilgungssatz bis zum Ende der Laufzeit) und flexible Tilgung (mit Tilgungssatzwechsel und Sondertilgung).

Klassische Tilgung über mehrere Zeitabschnitte

Bei deutschen Banken dominiert immer noch die Abschnittsfinanzierung. Die Zinssätze werden nur für einen bestimmten Zeitabschnitt gebunden und danach neu festgesetzt. Erst mit der ersten oder zweiten Anschlussfinanzierung bestimmen Sie das Ende der Darlehenslaufzeit.

Dazu ein Beispiel: Nach 15 Jahren liegt die Restschuld noch bei 130 096 Euro, wenn Sie ein Darlehen in Höhe von 200 000 Euro mit einer Zins-Tilgungs-Kombination von 2 Prozent Zins und 2 Prozent Tilgung sowie einer Zinsbindung von 15 Jahren wählen. Ihre jährliche Belastung liegt bei 8 000 Euro.

Um die Restschuld innerhalb von weiteren zehn Jahren vollständig zu tilgen, müssen Sie eine relativ hohe Tilgung akzeptieren. Bei einem Anschlusszins von 5 Prozent ist beispielsweise eine Tilgung von 7,73 Prozent (bezogen auf die -Restschuld) einzukalkulieren, um nach insgesamt 25 Jahren schuldenfrei zu sein. Die jährliche Belastung steigt trotz geringerer Kreditaufnahme somit um das Doppelte auf nunmehr 16 561 Euro. Um den Zins- und Belastungssprung bei der Anschlussfinanzierung besser abzufangen, sollte der Tilgungssatz bei der Erstfinanzierung höher ausfallen, sofern Sie die höhere Anfangsbelastung tragen können. Bei einem Tilgungssatz von 4 Prozent und einer jährlichen Anfangsbelastung von 12 000 Euro sinkt die Restschuld nach 15 Jahren beispielsweise auf 60 191 Euro. Bei gleicher Zins-Tilgungs-Kombination für die Anschlussfinanzierung wie im vorhergehenden Fall sinkt die Folgebelastung für die restlichen zehn Jahre um 4 338 Euro auf 7 662 Euro.

In diesem Fall wäre es auch besser gewesen, gleich eine Zinsbindung von 25 Jahren mit einem auf 2,5 Prozent steigenden Zins zu akzeptieren und das Darlehen mit einem Tilgungssatz von 2,88 Prozent bis zum Ende der Zinsbindung komplett zurückzuzahlen. Die Gesamtbelastung aus Zins und Tilgung hätte dann nur 269 000 Euro ausgemacht und nicht 285 610 Euro wie im ersten Fall (120 000 Euro für die ersten 15 Jahre und 165 610 Euro für die folgenden zehn Jahre).

Die Höhe der Anfangstilgung entscheidet mit über die Sicherheit einer Finanzierung. Die Standardkonditionen der Kreditinstitute sehen meist eine einprozentige Anfangstilgung vor. Wer es sich leisten kann, sollte aber eine höhere Tilgung wählen. Vorteile:

▶ **Weniger Zinsen.** Mit jedem Euro, den Kreditnehmer zusätzlich zum Schuldenabbau einsetzen, verkürzen Sie die Laufzeit und sparen Zinsen. Keine andere sichere Geldanlage bringt so viel Ertrag, wie Sie dadurch sparen.

▶ **Höhere Sicherheit.** Ein Kredit mit einer 1-prozentigen Tilgung ist nach zehn Jahren nur zu 12 Prozent abgezahlt, mit einer 3-prozentigen Tilgung dagegen zu rund 35 Prozent (bei Zinssatz von 3 Prozent). Finanzielle Engpässe durch Einkommensverluste oder Zinserhöhungen lassen sich leichter ßabfedern.

▶ **Schnellere Entschuldung.** Bei 2 Prozent Zins und 1-prozentiger Tilgung erstreckt sich die Finanzierungslaufzeit auf 55 Jahre. Wer immerhin 20 Jahre früher schuldenfrei sein will, muss mindestens mit 2 Prozent Tilgung anfangen oder die Laufzeit durch Sondertilgungen verkürzen.

▶ **Günstigere Angebote.** Kredite mit hoher Anfangstilgung sind oft günstiger als Standardangebote. So können Voll- beziehungsweise Schnelltilger, die das Darlehen innerhalb von zehn, 15 oder 20 Jahren vollständig zurückzahlen, bei einigen Banken Zinsrabatte bis zu 0,5 Prozentpunkte bekommen.

▶ **Flexibilität.** Achten Sie auf ein Mindestmaß an Flexibilität. Vereinbaren Sie zumindest das Recht auf jährliche Sondertilgungen von 5 bis zu 10 Prozent der Kreditsumme und zusätzlich die Möglichkeit zum Ratenwechsel. Damit können Sie Ihre Rate innerhalb der Zinsbindung gut an Ihre finanzielle Situation anpassen.

▶ **Todesfallabsicherung.** Sichern Sie Ihren Ehepartner beziehungsweise Ihre Familie finanziell für den Fall Ihres Todes ab. Besonders günstige Beiträge für Restschuldversicherungen bieten Direktversicherer wie Ontos, Europa und Interrisk.

▶ **Wohn-Riester-Darlehen.** Selbstnutzer sollten den Vorteil eines Riester-Darlehens nutzen. Für die Tilgung dieser Darlehen erhalten Hauseigentümer Zulagen und Steuervorteile wie für einen normalen Riester-Sparvertrag. Bis zum Rentenbeginn summiert sich die Förderung zu enormen Beträgen. Je nach Einkommen, Familienstand, Kinderzahl und Finanzierung kann sie bis zu 50 000 Euro betragen. Allerdings müssen Kreditnehmer dafür einige Bedingungen erfüllen. Kaum eine Bank

So ermitteln Sie den nötigen Tilgungssatz

Kreditlaufzeit (Jahre)	Tilgungssatz (Prozent der Kreditsumme im Jahr) bei einem Zinssatz von …					
	1,50 %	1,75 %	2,00 %	2,25 %	2,50 %	2,75 %
		9,16	9,04	8,93	8,81	8,70
15	5,95	5,83	5,72	5,61	5,50	5,39
20	4,29	4,18	4,07	3,96	3,86	3,76
25	3,30	3,19	3,09	2,98	2,88	2,79
30	2,64	2,54	2,44	2,34	2,24	2,15
35	2,17	2,07	1,98	10	9,27	1,70

bietet noch Riester-Darlehen an. Informieren Sie sich daher auch über die Riester-Angebote der Bausparkassen. Die Riester-Kombikredite einiger Bausparkassen gehören zu den günstigsten Angeboten zur Eigenheimfinanzierung. Die Zinsen für Immobilienkredite ändern sich allerdings ständig. Ein Vergleich mit anderen Instituten bleibt daher unerlässlich.

▶ **Mit oder ohne Riester-Förderung.** Lassen Sie sich Angebote mit und ohne Riester-Förderung erstellen. Der Zinssatz sollte aber nicht oder nur minimal höher sein als für ein herkömmliches Darlehen. Faustregel: Ist das Riester-Darlehen mehr als einen halben Pro-

zentpunkt teurer, frisst die höhere Zinslast für den Kredit die Förderung größtenteils wieder auf.

Volltilgerdarlehen

Um bei der Finanzierung jegliches Zinsrisiko in der Zukunft auszuschließen, empfiehlt sich in Niedrigzinsphasen für Selbstnutzer ein Volltilgerdarlehen. Bei einem angenommenen Sollzins von 2 Prozent über die gesamte Laufzeit läge der Tilgungssatz beispielsweise nur bei 2,44 Prozent, sofern das Hypothekendarlehen erst nach 30 Jahren vollständig getilgt sein soll. Der jährliche Tilgungssatz zuzüglich ersparter Zinsen steigt jedoch auf 3,09 Prozent bei einer Kreditlaufzeit von 25 und auf 4,07 Prozent bei nur 20 Jahren. Wie hoch der Tilgungssatz bei niedrigeren oder höheren Zinssätzen und Kreditlaufzeiten ausfällt, können Sie der Tabelle „So ermitteln Sie ..." auf Seite 120 entnehmen.

Ein Volltilgerdarlehen über 25 Jahre erfordert somit jährlich 5,09 Prozent der Darlehenssumme für Zins und Tilgung, sofern der Sollzins bei 2 Prozent liegt. Über 25 Jahre gerechnet, müssen somit insgesamt 127,25 Prozent an die Bank gezahlt werden. Davon entfallen 27,25 Prozent auf den Gesamtzinsaufwand und 100 Prozent auf die vollständige Tilgung.

Eine Zinsbindung bzw. „Zinsehe mit der Bank" von 20 bis 30 Jahren bis zur völligen Entschuldung ist gerade in Niedrigzinsphasen für potenzielle Käufer eines Eigenheims attraktiv. Ehen halten bekanntlich nicht immer, sondern werden häufig geschieden. Dies kann bei der Zinsehe über ein Volltilgerdarlehen nicht geschehen. Die Bank kann hier nur die „Darlehensscheidung" einreichen, wenn Sie die geforderten Zins- und Tilgungsraten nicht bezahlen.

Bei einem Volltilgerdarlehen werden die Hypothekenschulden bis zum Ende der von Anfang an festgelegten Kreditlaufzeit voll und ganz zurückgezahlt. Ein Zinsänderungsrisiko besteht für den Hypothekenschuldner nicht mehr, da auch eine Anschlussfinanzierung nach Ablauf der Zinsbindung entfällt.

Das Volltilgerdarlehen ist bequem und auch für Finanzierungslaien gut verständ-

lich. Man benötigt für die Höhe der Belastung zunächst nur zwei Größen: Kreditlaufzeit (zum Beispiel 20 Jahre) und Sollzins (zum Beispiel 1,75 Prozent). Der dazu passende Tilgungssatz von 4,18 Prozent als dritte Größe ist bequem der Tabelle zu entnehmen. Bei einem Volltilgerdarlehen über 200 000 Euro (vierte Größe) sieht die Rechnung dann über 20 Jahre wie folgt aus:

Zinssatz 1,75 Prozent + Tilgungssatz 4,18 Prozent = Belastungssatz 5,93 Prozent

Jährliche Belastung für Zins und Tilgung: 5,93 Prozent von 200 000 Euro = 11 860 Euro

Monatliche Belastung für Zins und Tilgung: 11 860 Euro : 12 Monate = 988,33 Euro

Angesichts aktuell niedriger Hypothekenzinsen ist es unwahrscheinlich, dass es künftig einen wesentlich zinsgünstigeren Zeitpunkt zur Immobilienfinanzierung gibt als heute. Wenn die Effektivzinsen für eine 25-, 20-, oder 15-jährige Zinsbindung in zehn Jahren dennoch unter den heutigen Effektivzinsen liegen sollten, kann das jetzige Volltilgerdarlehen zum Ende des zehnten Jahres gekündigt und durch ein neues Volltilgerdarlehen mit noch günstigeren Zinskonditionen für die restliche Tilgungsdauer abgelöst werden.

Bleiben die wirtschaftlichen und persönlichen Verhältnisse des Darlehensnehmers auf dem heutigen Stand, gilt am Ende die Erkenntnis: „Was lange währt, wird wirklich gut."

Lohnenswert ist ein Volltilgerdarlehen auch, wenn eine Zinsbindung gerade ausläuft und eine Anschlussfinanzierung ansteht. Die Restschuld kann dann per Volltilgerdarlehen ebenfalls innerhalb eines festgelegten Zeitraums komplett getilgt werden.

Die eventuellen Risiken eines Volltilgerdarlehens sind dennoch nicht zu unterschätzen. Für reine Selbstnutzer ist das Volltilgerdarlehen relativ starr und unflexibel. Eine jährliche Sondertilgung bis zu 5 oder 10 Prozent der Darlehenssumme wird von den Banken in aller Regel ausgeschlossen.

Ein mit dem Wechsel des Arbeitsplatzes verbundener Ortswechsel zwingt die Betroffenen meist zum Verkauf des Eigenheims und zur Zahlung einer Vorfälligkeitsentschädigung, sofern die Zehnjahresfrist noch nicht abgelaufen ist. Wenn jedoch ein zweiter Eigenheimerwerb am neuen Wohnort geplant ist, kann das laufende Volltilgerdarlehen im Wege des Pfandtausches problemlos auf genau dieses neue Eigenheim übertragen werden.

Wirkliche Risiken entstehen typischerweise erst beim Notverkauf des Eigenheims, falls die monatliche Belastung nicht mehr tragbar ist. Gründe sind Arbeitslosigkeit, Invalidität, schwere Erkrankung oder Scheidung mit den entsprechend negativen finanziellen Folgen. In diesem Fall kann nicht nur das Eigenheim selbst, sondern auch das damit verbundene Volltilgerdarlehen zum Albtraum werden.

Wägen Sie als Selbstnutzer eines Einfamilienhauses oder einer Eigentumswohnung die Chancen und Risiken eines Volltilgerdarlehens für Ihr Eigenheim aus Ihrer ganz persönlichen Sicht sorgfältig ab. Greifen Sie zu, wenn die Chancen in Ihrem Fall die Risiken eindeutig überwiegen.

Volltilgerdarlehen mit absoluter Zinssicherheit über die gesamte Laufzeit eignen sich in allererster Linie für ältere Darlehensnehmer (zum Beispiel ab 45 Jahre), die zum Renten- oder Pensionsbeginn ein schuldenfreies Eigenheim anstreben. Besonders zinsgünstig sind Volltilgerdarlehen in einer Tiefzinsphase und mit Zinsrabatt. Sie sind auch für die Anschlussfinanzierung geeignet, sofern nach Ablauf der Zinsbindung noch Restschulden übrig bleiben, die nicht auf einen Schlag durch vorhandene Geldmittel abgelöst werden können. Doch in den meisten Fällen ist das Darlehen nach Ablauf der ersten oder zweiten Zinsbindungsfrist schon zu einem großen Teil getilgt. Wenn die Restschuld beispielsweise unter 50 Prozent der ursprünglichen Darlehenssumme liegt, bietet es sich förmlich an, diese Restschuld in verhältnismäßig kurzer Zeit vollständig zu tilgen.

Was günstige Konditionen bei Volltilgerkrediten ausmachen können, soll folgender Modellfall veranschaulichen.: Aus den Konditionen aller untersuchten Anbieter (Auszüge in der Tabelle „Nach 20 Jahren voll abbezahlte Kredite", (Seite 123) ergibt sich:

Nach 20 Jahren voll abbezahlte Kredite

Anbieter (Auszug)		Effektiv-zins (%)	Anbieter (Auszug)		Effektiv-zins (%)
Überregionale Anbieter ohne Filialnetz			**Überregionale Anbieter mit Filialnetz**		
Creditfair	Ⓥ	0,98	Interhyp	Ⓥ	0,80
Sparda Baden-Württemberg		0,98	Baugeld Spezialisten	Ⓥ	0,96
1822direkt		0,99	Hypofact	Ⓥ	0,98
Comdirect Bank		0,99	Commerzbank		0,99
Consorsbank		0,99	Ergo		1,00
Creditweb	Ⓥ	0,99	Hypovereinsbank		1,00
Enderlein	Ⓥ	1,00	PlanetHome	Ⓥ	1,00
Accedo	Ⓥ	1,02	Targobank		1,00
DKB		1,02	Dr. Klein	Ⓥ	1,02
Fiba Immohyp	Ⓥ	1,02	Hüttig & Rompf	Ⓥ	1,03
Baufi Direkt	Ⓥ	1,03	Baufi 24	Ⓥ	1,05
Check 24	Ⓥ	1,03	**Regionale Anbieter**		
DTW	Ⓥ	1,03	Sparda Nürnberg		0,70
Geld & Plan	Ⓥ	1,03	Freie Finanzierer München	Ⓥ	0,89
Haus & Wohnen	Ⓥ	1,03	Ostsächsische Sparkasse Dresden		0,98
MKiB	Ⓥ	1,03	Volksbank Düsseldorf Neuss		0,98
Kredite-Direkt	Ⓥ	1,04	Hamburger Volksbank		1,05
PSD Nürnberg		1,07	PSD Nord		1,07
			Stadtsparkasse Düsseldorf		1,07
Durchschnittlicher Zins im Test					**1,17**[1]
Höchster Zins im Test					**1,89**

v = Kreditvermittler 1) Mit monatlicher Durchschnittsrate von 1 120 Euro.　　　Stand: 1. Februar 2021

Kredite mit flexibler Rückzahlung[1]

Anbieter (Auszug)		Effektiv-zins (%)	Anbieter (Auszug)		Effektiv-zins (%)
Überregionale Anbieter ohne Filialnetz			**Überregionale Anbieter mit Filialnetz**		
DTW	Ⓥ	0,88	Baufi 24	Ⓥ	0,92
Creditweb	Ⓥ	0,91	Commerzbank		0,92
1822direkt		0,92	Hypofact	Ⓥ	0,92
Check 24	Ⓥ	0,92	Interhyp	Ⓥ	0,92
Comdirect Bank		0,92	Baugeld Spezialisten	Ⓥ	1,05
Consorsbank		0,92	Dr. Klein	Ⓥ	1,05
Creditfair	Ⓥ	0,93	Ergo		1,05
Fiba Immohyp	Ⓥ	1,02	Hüttig & Rompf	Ⓥ	1,05
Accedo	Ⓥ	1,05	Hypovereinsbank		1,05
Baufi Direkt	Ⓥ	1,05	PlanetHome	Ⓥ	1,05
DKB		1,05	Targobank		1,05
Enderlein	Ⓥ	1,05	Santander		1,07
Geld & Plan	Ⓥ	1,05	**Regionale Anbieter**		
Haus & Wohnen	Ⓥ	1,05	Sparda Nürnberg		0,70
ING		1,05	Hamburger Volksbank		0,85
Kredite-Direkt	Ⓥ	1,05	Freie Finanzierer München	Ⓥ	0,95
MKiB	Ⓥ	1,05	MBS in Potsdam		0,98
Overbeck Finanzierung	Ⓥ	1,05	Sparda Berlin		1,00
PSD Nürnberg		1,05	PSD Karlsruhe-Neustadt		1,06
			Sparda West		1,07
Durchschnittlicher Zins im Test					**1,16[2]**
Höchster Zins im Test (Sparkasse Leipzig)					**1,92**

Ⓥ = Kreditvermittler.   1) Kosten für Wechsel maximal 150 Euro.   2) Mit monatlicher Durchschnittsrate von 1 542 Euro.

Stand: 1. Februar 2021

30 810 Euro Zinsunterschied beim Volltilger

Die Kreditnehmer kaufen eine Immobilie für 300 000 Euro. Ihr Eigenkapital reicht, um die Nebenkosten und 20 Prozent des Kaufpreises zu bezahlen, sie brauchen also einen Kredit in Höhe von 240 000 Euro. Sie möchten das Darlehen binnen 20 Jahren ohne Zinsrisiko vollständig tilgen. Monatlich können sie etwa 1 100 Euro zahlen.

Ergebnis. Am günstigsten ist die Sparda Nürnberg mit 0,70 Prozent. Der teuerste Anbieter ist die Sparda Hannover mit 1,89 Prozent. Ihre Kunden zahlen für den Kredit rund 30 810 Euro Zins mehr.

Flexible Tilgung

Eine Alternative zum Volltilgerdarlehen stellt die flexible Tilgung dar. Dabei wird zunächst eine Abschnittsfinanzierung mit einer Zinsbindungsdauer von beispielsweise 15 Jahren in Kombination mit einer flexiblen Tilgungsrate und Möglichkeiten zur Sondertilgung gewählt.

Für die Finanzierung der eigenen vier Wände kann eine möglichst schnelle Entschuldung nur von Vorteil sein. In Niedrigzinsphasen gelingt dies eher, da die Belastung aus Zins und Tilgung auf ein erträgliches Niveau absinkt. Sofern am Ende der Zinsbindungsdauer dennoch eine Restschuld verbleibt, wird diese auf einen Schlag abgelöst oder es erfolgt eine Anschlussfinanzierung.

Sinnvoll ist es, mit dem Kreditgeber eine flexible Tilgungsrate zu vereinbaren. Sie können dann während der Zinsbindung ein- oder zweimal den Tilgungssatz ändern, also diesen bei mehr finanzieller Luft erhöhen oder bei finanziellen Engpässen auf 1 Prozent pro Jahr senken. Die meisten Banken lassen einen flexiblen Tilgungssatz zwischen 1 und 5 Prozent pro Jahr zuzüglich ersparter Zinsen zu.

Auch die Kombination einer flexiblen Tilgungsrate und einer jährlichen Sondertilgung von 5 oder 10 Prozent der Darlehenssumme ist möglich. Die Tilgungsdauer verkürzt sich dann besonders schnell, wenn neben einer hohen jährlichen Tilgungsrate von beispielsweise 4 Prozent pro Jahr zuzüglich ersparter Zinsen zusätzlich eine Sondertilgung von 5 Prozent der Darlehenssumme erfolgt.

Das Recht auf Ratenwechsel und Sondertilgungen räumen immer mehr Banken und Versicherungen ein.

Die flexible Tilgung empfiehlt sich als Alternative vor allem den Hypothekenschuldnern, die auf das Volltilgerdarlehen mit starren Konditionen für Zinssatz, Zinsbindungsdauer, Tilgungssatz und Tilgungsdauer verzichten wollen. Oft ändert sich die finanzielle Situation während der Laufzeit des Darlehens, sodass eine Änderung der Tilgungskonditionen sinnvoll ist. Mit einer flexiblen Tilgung beugen Sie zudem den ärgerlichen Vorfälligkeitsentschädigungen bei vorzeitigem Ausstieg vor Ende der Zinsbindung vor.

Eine besondere Tilgungsvariante kann durch das Darlehenssplitting erfolgen. Beim größeren Darlehen entscheiden Sie sich für eine lange Zinsbindung (zum Beispiel 15 Jahre) mit einem höheren Tilgungssatz (zum Beispiel 2 oder 3 Prozent pro Jahr), während Sie bei dem vom Betrag her kleineren Darlehen eine kürzere Zinsbindung (etwa 10 Jahre) mit dem üblichen Tilgungssatz von nur 1 Prozent pro Jahr wählen. Damit splitten Sie sowohl die benötigte Darlehenssumme als auch Zinsbindungsdauer und Tilgungssatz. Sie gewinnen dadurch mehr Flexibilität bei der laufenden Entschuldung.

Im Prinzip handelt es sich um ein Kombidarlehen, das aus zwei Teilen besteht – einem größeren Teil mit langer Zinsbindung und einem kleineren Teil mit kurzer Zinsbindung.

Was günstige Konditionen bei flexiblen Krediten ausmachen können, soll folgender Modellfall veranschaulichen.: Aus den Konditionen aller untersuchten Anbieter (Auszüge in der Tabelle „Kredite mit flexibler Rückzahlung", (Seite 124) ergibt sich:

67 570 Euro Zinsunterschied

Die Käufer eines Hauses für 500 000 Euro müssen 90 Prozent des Preises finanzieren, also 450 000 Euro. Der anfängliche Tilgungssatz beträgt 2,5 Prozent, die Laufzeit 15 Jahre. Der Tilgungssatz soll zweimal gewechselt werden können, in der Spanne von 1 bis 4 Prozent oder von 2 bis 5 Prozent. Eine Sondertilgung von 5 Prozent pro Jahr soll möglich sein.

Ergebnis. Beim teuersten Anbieter, der Sparkasse Leipzig, zahlt der Kunde 1,92 Prozent statt 0,70 Prozent Zins bei der Sparda Nürnberg. Nach 15 Jahren macht das 67 570 Euro Unterschied.

Flexible Immobilienkredite mit Kündigungsoption

Relativ neu sind Immobilienkredite, die der Darlehensnehmer kündigen kann, ohne eine Vorfälligkeitsentschädigung bei vorzeitiger Auflösung des Darlehens vor Ablauf der vereinbarten Zinsbindung zahlen zu müssen. Er kann bei dieser speziellen Kündigungsoption also jederzeit kostenlos aussteigen.

Dieses Recht erkauft sich der Darlehensnehmer durch einen Zinszuschlag von etwa 0,25 Prozentpunkten im Vergleich zu einem Hypothekendarlehen ohne Kündigungsoption. Andererseits gewinnt er dadurch eine größere Flexibilität.

Noch gibt es wenige Originalanbieter wie Münchener Hypothekenbank, WL Bank, Gladbacher Bank, Hannoversche Leben oder DEVK Versicherung. Allerdings sind flexible Immobilienkredite mit Kündigungsoption inzwischen bei vielen Banken und Vermittlern möglich, wenngleich die Flexibilität etwas eingeschränkt wird. So muss der Darlehensnehmer beispielsweise eine Sperrfrist von zwei oder drei Jahren einhalten, um den Kredit abzulösen. Sonderzahlungen sind eventuell erst ab 2 500 oder 10 000 Euro möglich und teilweise auf 5 oder 10 Prozent der Kreditsumme begrenzt.

Belastungsstrategien

Beim Wohnen in den eigenen vier Wänden besteht Ihre finanzielle Belastung im Wesentlichen aus der Rückzahlung der Kredite, also den Ausgaben für Zins und Tilgung.

Ihr Zins- und Tilgungskonzept beeinflusst daher automatisch auch Ihre Belastungsstrategie. Im Vordergrund sollte für Sie immer die dauerhaft tragbare monatliche Belastung aus Kapitaldienst stehen. Drei Modelle stehen Ihnen dabei während der Laufzeit des Annuitätendarlehens zur Verfügung:

▶ Gleichbleibende Belastung
▶ Hohe Anfangsbelastung mit sinkenden künftigen Belastungen
▶ Niedrige Anfangsbelastung mit steigenden künftigen Belastungen

Auf gleichbleibende Belastung setzen

Um eine langfristige Belastungssicherheit zu gewährleisten, sollten Sie auf möglichst gleichbleibende Belastungen in der Zukunft setzen. Es ist riskant, künftige Belastungssteigerungen über vermutete steigende Nettoeinkommen auffangen zu wollen. Eine gleichbleibende Belastung für Zins und Tilgung erreichen Sie automatisch über ein Volltilgerdarlehen.

Meist entfällt die Variante einer hohen Anfangsbelastung infolge hoher Tilgungssätze aufgrund der aktuellen Einkommensverhältnisse von selbst. Sie können Ihr Eigenheim mit hohen Tilgungssätzen von 5 Prozent und mehr zwar schnell entschulden, was Ihnen aber nichts nützt, wenn Sie die dadurch bedingte hohe Belastung für Kapitaldienst aus Ihrem Nettoeinkommen nicht sicher aufbringen können.

Eine niedrige Anfangsbelastung in den ersten drei bis vier Jahren erfolgt bei Darlehen bis zu 100 000 Euro im KfW-Wohneigentumsprogramm, da diese Kredite in den Anfangsjahren tilgungsfrei sind und Sie daher noch Zinsen zahlen. Ab dem vierten oder sechsten Jahr steigt die Belastung allerdings, da nun die Tilgung einsetzt.

Familien mit Kindern, die beim Erwerb eines ersten Eigenheims in den Jahren 2018 bis 2020 Baukindergeld in Höhe von jährlich 1 200 Euro pro Kind und Jahr erhalten, senken dadurch ihre Anfangsbelastung in den ersten zehn Jahren, sofern sie dieses Baukindergeld nicht zur Erhöhung des Tilgungssatzes verwenden. Bei einer Familie mit zwei Kindern, die ein Darlehen von 240 000 Euro aufnimmt, macht das jährliche Baukindergeld von 2 400 Euro beispielsweise so viel aus wie ein um 1 Prozentpunkt erhöhter Tilgungssatz.

**Bis zur Schul-
denfreiheit**
Die Belastung aus Zin-
sen und Tilgung muss
auf die gesamte Dauer
tragbar sein.

Niedrige Gesamtbelastung anstreben

Eine dauerhaft tragbare Belastung ist das eine, eine möglichst niedrige Gesamtbelastung das andere. Es ist daher dringend zu
empfehlen, die Belastung über die gesamte
Darlehenslaufzeit und nicht nur für die ersten zehn Jahre darzustellen. Sie erkennen
auf diese Weise noch am ehesten mögliche
Belastungssprünge nach dem Auslaufen der
ersten Zinsbindungsfrist.

Bei Anschlussfinanzierungen sollten Sie
aus Vorsichtsgründen mit einem Sollzins in
Höhe von mindestens 6 Prozent bei
100 Prozent Auszahlung kalkulieren.

Dies entspricht dem durchschnittlichen
Niveau der Hypothekenzinsen während der
letzten 20 Jahre. Extrem hohe Hypothekenzinsen von teilweise mehr als 9 Prozent gab
es zuletzt Anfang der Neunzigerjahre.

Fallen durch zu niedrige Anfangsbelastung vermeiden

Es nützt Ihnen nichts, wenn die Anfangsbelastung durch zweifelhafte „Finanzierungs-
kniffe" nach unten gedrückt wird, um den
Traum vom Eigenheim bezahlbar zu gestal-
ten.

Mit diesen Tricks zur Senkung der Anfangsbelastung soll die Belastungsquote er-
träglich gestaltet werden. Die enormen Risiken einer teuren Anschlussfinanzierung
bleiben dabei aber unberücksichtigt.

Die Verkürzung der Zinsbindungsdauer
auf fünf Jahre und weniger ist beispielsweise in einer Niedrigzinsphase brandgefähr-
lich. Nach Ablauf der kurzen Zinsbindung
muss die Anschlussfinanzierung zu meist
wesentlich höheren Zinssätzen erfolgen,
was die Belastung aus Kapitaldienst nach
oben treibt.

Genauso gefährlich ist die Vereinbarung
eines hohen Disagios von beispielsweise
5 Prozent der Darlehenssumme. Der optisch
niedrige Sollzins bei einem Auszahlungskurs von 95 Prozent täuscht über die wahre
Belastung hinweg. Bei der Anschlussfinanzierung wird keine Bank erneut ein Disagio
akzeptieren, sofern Ihre Restschuld trotz
jährlicher Tilgung von 1 Prozent fast noch so
hoch ist wie die ursprüngliche Darlehenssumme.

Tilgungsfreie Anfangsjahre mit der Bank zu vereinbaren, ist bei Annuitätendarlehen überhaupt nicht sinnvoll. Schließlich muss es Ihr Bestreben sein, das Eigenheim auch tatsächlich zu entschulden. Ein Tilgungssatz von mindestens 1 Prozent pro Jahr ist daher unbedingte Pflicht. Eine Ausnahme besteht für KfW-Kredite, bei denen automatisch mindestens drei tilgungsfreie Anfangsjahre vorgesehen sind.

Sofern Sie sich einen höheren Tilgungssatz von 2, 3 oder 4 Prozent finanziell leisten können, sollten Sie dies unbedingt tun. Ein Mehr an Tilgung zieht erfreulicherweise immer geringere Restschulden und Zinskosten nach sich.

Wenn Sie auf alle genannten Tricks zur Senkung der Anfangsbelastung verzichten, sieht Ihr Belastungskonzept für ein Eigenheim wie folgt aus:

▶ Lange Zinsbindung in Niedrigzinsphasen (mindestens zehn, besser 15 oder 20 Jahre)
▶ Kein Disagio
▶ Tragbare Anfangstilgung von mindestens 2 Prozent, besser 3 oder gar 4 Prozent

Bei vermieteten Immobilien kann es sich jedoch anbieten, nur eine zehnjährige Zinsbindung einzugehen, ein steuerlich abzugsfähiges Disagio von 5 Prozent der Darlehenssumme zu vereinbaren und die jährliche Tilgung auf 1 Prozent zuzüglich ersparter Zinsen zu begrenzen.

→ Schöngerechnet: Fallen im Finanzierungsplan

Unseriöse Bauträger, Immobilienmakler und Finanzierungsvermittler greifen zuweilen immer noch zu diesen Tricks:

Senkung des Sollzinses durch Wahl einer kurzen Zinsbindung oder ein hohes Disagio

Verringerung der Tilgung durch Ansatz eines zu geringen Tilgungssatzes von 1 Prozent pro Jahr oder sogar Vereinbarung von tilgungsfreien Anfangsjahren

Zu niedrig angesetzte Gesamtkosten (zum Beispiel durch Auslassen von einmaligen Nebenkosten)

Zu hoch angesetzte Selbsthilfeleistungen

Zu niedrig angesetzte Darlehenssumme, da Eigenkapital beziehungsweise Eigenkapitalersatzmittel zu hoch und/oder Kaufnebenkosten sowie Gesamtkosten bewusst zu niedrig kalkuliert werden

Finanzielle Spezialitäten

Zunächst müssen das Grundkonzept und die dafür individuell geeignete Lösung stimmen. Finanzielle Spezialitäten bringen dann oft noch wichtige Zusatzvorteile und stellen quasi das Sahnehäubchen für eine zinsgünstige und sichere Finanzierung von Haus und Wohnung dar.

Zu diesen finanziellen Spezialitäten zählen insbesondere Anschlusskredite und Forwarddarlehen, Wohn-Riester-Darlehen, zinsgünstige Kredite der staatseigenen KfW Förderbank (KfW), vom Land oder von sonstigen Förderstellen. Die wichtigsten Kredite im Überblick zeigt die folgende Abbildung (Seiten 132, 133).

Die staatliche Förderung durch Steuervorteile und Zulagen darf ebenfalls nicht außer Acht gelassen werden. Die cleverste Finanzierungsstrategie nützt aber nichts mehr, wenn Immobilienkäufer und insbesondere Bauherren nicht auch an die finanzielle Absicherung in persönlichen Notsituationen oder bei Schäden auf dem Baugrundstück und am Gebäude denken. Hinzu kommen die Risiken, die durch Unfälle von Bauhelfern während der Bauzeit oder durch Haftpflichtfälle gegenüber Dritten akut werden können und angemessen versichert werden müssen.

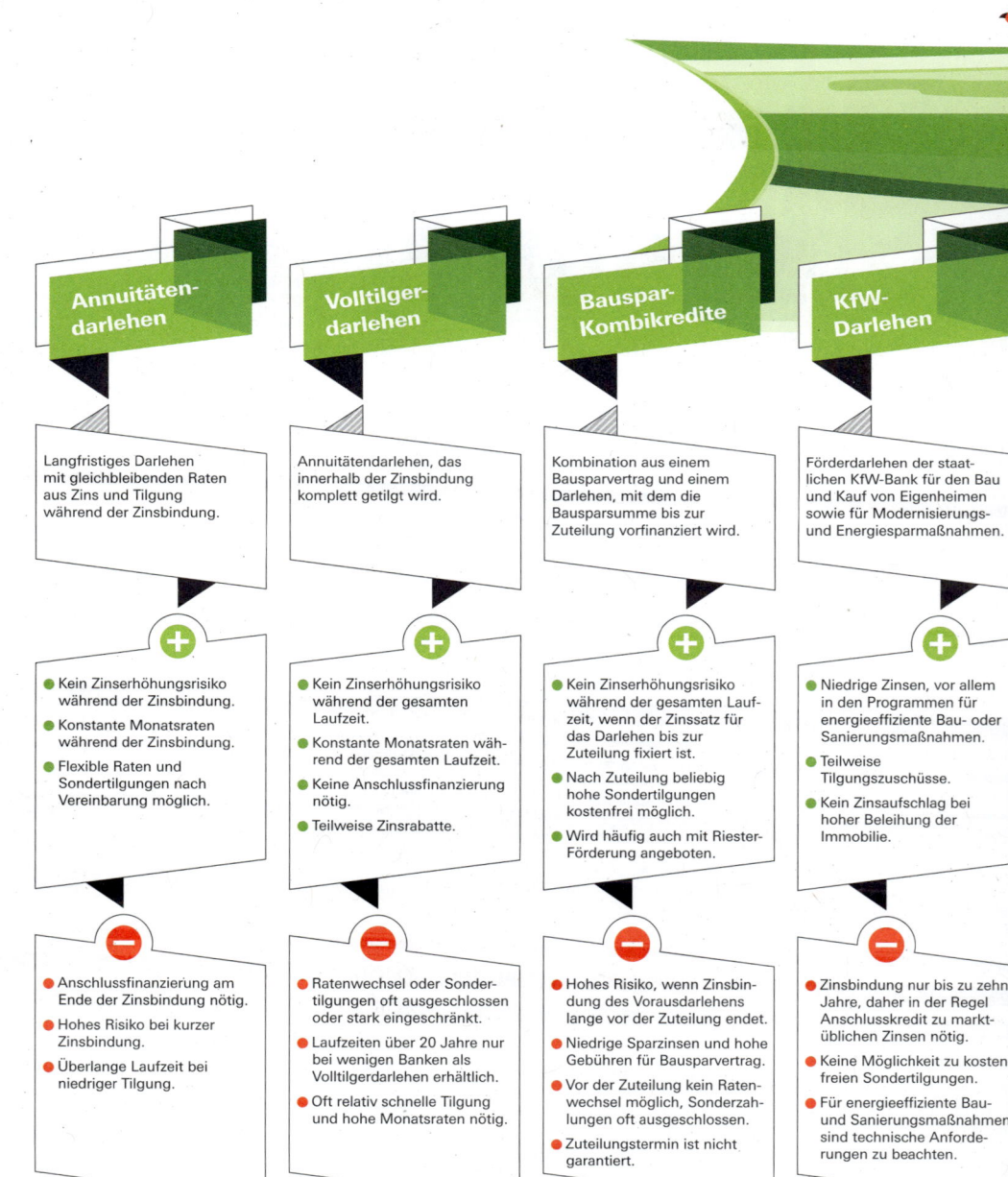

Annuitätendarlehen

Langfristiges Darlehen mit gleichbleibenden Raten aus Zins und Tilgung während der Zinsbindung.

＋
- Kein Zinserhöhungsrisiko während der Zinsbindung.
- Konstante Monatsraten während der Zinsbindung.
- Flexible Raten und Sondertilgungen nach Vereinbarung möglich.

⊖
- Anschlussfinanzierung am Ende der Zinsbindung nötig.
- Hohes Risiko bei kurzer Zinsbindung.
- Überlange Laufzeit bei niedriger Tilgung.

Volltilgerdarlehen

Annuitätendarlehen, das innerhalb der Zinsbindung komplett getilgt wird.

＋
- Kein Zinserhöhungsrisiko während der gesamten Laufzeit.
- Konstante Monatsraten während der gesamten Laufzeit.
- Keine Anschlussfinanzierung nötig.
- Teilweise Zinsrabatte.

⊖
- Ratenwechsel oder Sondertilgungen oft ausgeschlossen oder stark eingeschränkt.
- Laufzeiten über 20 Jahre nur bei wenigen Banken als Volltilgerdarlehen erhältlich.
- Oft relativ schnelle Tilgung und hohe Monatsraten nötig.

Bauspar-Kombikredite

Kombination aus einem Bausparvertrag und einem Darlehen, mit dem die Bausparsumme bis zur Zuteilung vorfinanziert wird.

＋
- Kein Zinserhöhungsrisiko während der gesamten Laufzeit, wenn der Zinssatz für das Darlehen bis zur Zuteilung fixiert ist.
- Nach Zuteilung beliebig hohe Sondertilgungen kostenfrei möglich.
- Wird häufig auch mit Riester-Förderung angeboten.

⊖
- Hohes Risiko, wenn Zinsbindung des Vorausdarlehens lange vor der Zuteilung endet.
- Niedrige Sparzinsen und hohe Gebühren für Bausparvertrag.
- Vor der Zuteilung kein Ratenwechsel möglich, Sonderzahlungen oft ausgeschlossen.
- Zuteilungstermin ist nicht garantiert.

KfW-Darlehen

Förderdarlehen der staatlichen KfW-Bank für den Bau und Kauf von Eigenheimen sowie für Modernisierungs- und Energiesparmaßnahmen.

＋
- Niedrige Zinsen, vor allem in den Programmen für energieeffiziente Bau- oder Sanierungsmaßnahmen.
- Teilweise Tilgungszuschüsse.
- Kein Zinsaufschlag bei hoher Beleihung der Immobilie.

⊖
- Zinsbindung nur bis zu zehn Jahre, daher in der Regel Anschlusskredit zu marktüblichen Zinsen nötig.
- Keine Möglichkeit zu kostenfreien Sondertilgungen.
- Für energieeffiziente Bau- und Sanierungsmaßnahmen sind technische Anforderungen zu beachten.

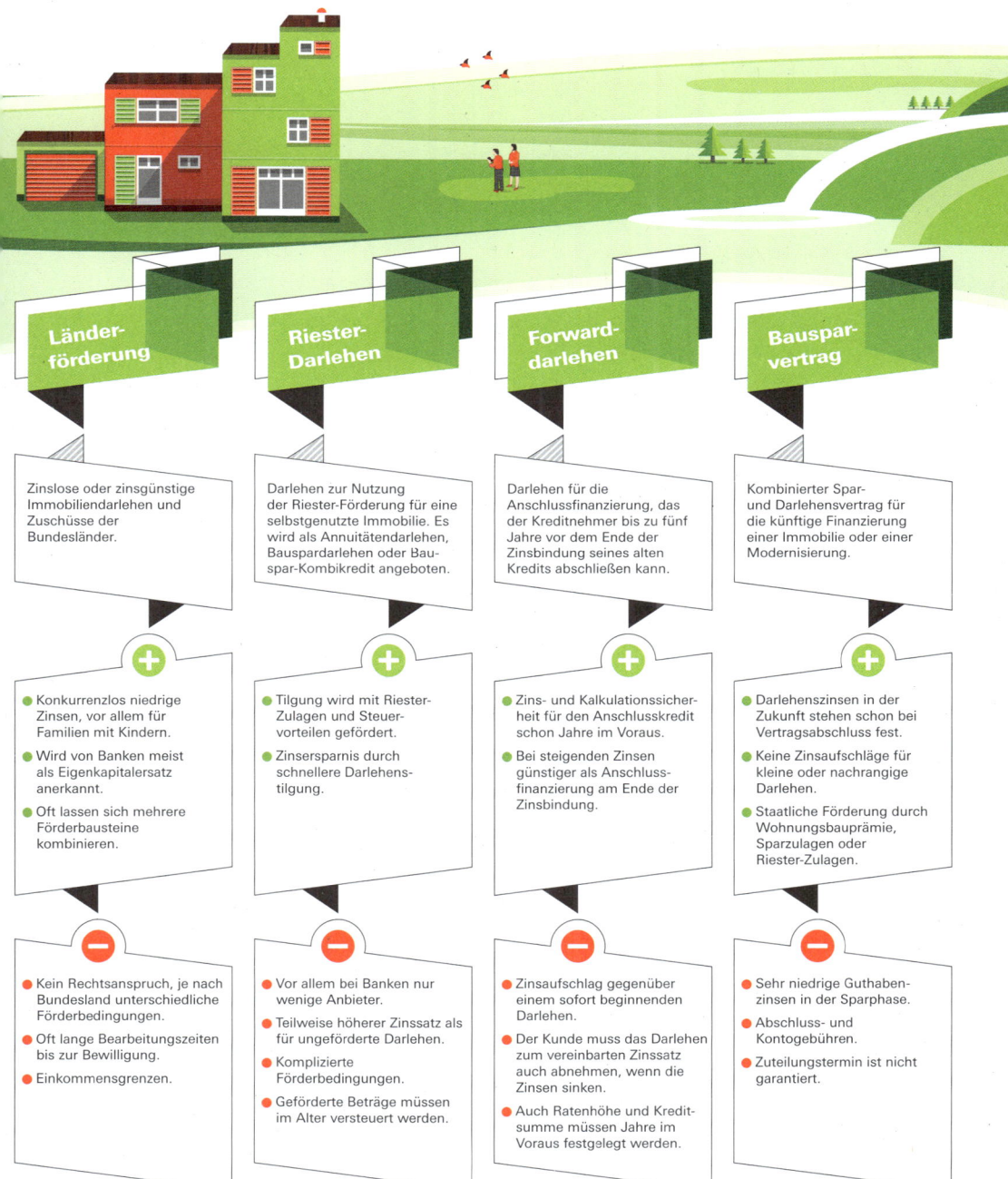

Länderförderung

Zinslose oder zinsgünstige Immobiliendarlehen und Zuschüsse der Bundesländer.

+
- Konkurrenzlos niedrige Zinsen, vor allem für Familien mit Kindern.
- Wird von Banken meist als Eigenkapitalersatz anerkannt.
- Oft lassen sich mehrere Förderbausteine kombinieren.

−
- Kein Rechtsanspruch, je nach Bundesland unterschiedliche Förderbedingungen.
- Oft lange Bearbeitungszeiten bis zur Bewilligung.
- Einkommensgrenzen.

Riester-Darlehen

Darlehen zur Nutzung der Riester-Förderung für eine selbstgenutzte Immobilie. Es wird als Annuitätendarlehen, Bauspardarlehen oder Bauspar-Kombikredit angeboten.

+
- Tilgung wird mit Riester-Zulagen und Steuervorteilen gefördert.
- Zinsersparnis durch schnellere Darlehenstilgung.

−
- Vor allem bei Banken nur wenige Anbieter.
- Teilweise höherer Zinssatz als für ungeförderte Darlehen.
- Komplizierte Förderbedingungen.
- Geförderte Beträge müssen im Alter versteuert werden.

Forwarddarlehen

Darlehen für die Anschlussfinanzierung, das der Kreditnehmer bis zu fünf Jahre vor dem Ende der Zinsbindung seines alten Kredits abschließen kann.

+
- Zins- und Kalkulationssicherheit für den Anschlusskredit schon Jahre im Voraus.
- Bei steigenden Zinsen günstiger als Anschlussfinanzierung am Ende der Zinsbindung.

−
- Zinsaufschlag gegenüber einem sofort beginnenden Darlehen.
- Der Kunde muss das Darlehen zum vereinbarten Zinssatz auch abnehmen, wenn die Zinsen sinken.
- Auch Ratenhöhe und Kreditsumme müssen Jahre im Voraus festgelegt werden.

Bausparvertrag

Kombinierter Spar- und Darlehensvertrag für die künftige Finanzierung einer Immobilie oder einer Modernisierung.

+
- Darlehenszinsen in der Zukunft stehen schon bei Vertragsabschluss fest.
- Keine Zinsaufschläge für kleine oder nachrangige Darlehen.
- Staatliche Förderung durch Wohnungsbauprämie, Sparzulagen oder Riester-Zulagen.

−
- Sehr niedrige Guthabenzinsen in der Sparphase.
- Abschluss- und Kontogebühren.
- Zuteilungstermin ist nicht garantiert.

Anschlusskredite und Forwarddarlehen

Wenn die Zinsbindung des Hypothekendarlehens abläuft, müssen sich Bauherren neu orientieren.

Läuft die Zinsbindung des Hypothekendarlehens aus, müssen Sie sich neu orientieren. Zwar ist es ziemlich bequem, einfach das Verlängerungsangebot der alten Bank anzunehmen. Allerdings setzen manche Banken auf genau diese Bequemlichkeit und jubeln ihren alten Kunden schlechtere Konditionen unter als sie es bei neuen tun. Der Vergleich mit Konkurrenzbanken lohnt sich deshalb. Immobilienbesitzer können sich zudem mit einem Forwarddarlehen bis zu fünf Jahre vor Ablauf der Zinsbindung die momentan niedrigen Zinsen für später sichern.

Zinsgünstige Anschlusskredite frühzeitig suchen

Für Haus- und Wohnungseigentümer mit schon länger laufenden Darlehen und hohen Zinsen bieten Zinsneuvereinbarungen auf niedrigerem Niveau besonders günstige Gelegenheiten. Es gilt, die Gunst der Stunde zu nutzen und sich schon frühzeitig vor dem Ende der Zinsbindung um eine dann zinsgünstigere Anschlussfinanzierung zu kümmern. Holen Sie daher von der Bank, die für die Erstfinanzierung zuständig war, rechtzeitig Angebote für eine Zinsneuvereinbarung ein.

Bereits seit August 2008 sind Banken dazu verpflichtet, ihren Kunden spätestens drei Monate vor dem Ende der Zinsbindung mitzuteilen, ob und zu welchen Konditionen sie den Kredit verlängern. So haben Kreditnehmer zumindest etwas Zeit, das Angebot zu prüfen, Kreditangebote anderer Banken einzuholen und über bessere Konditionen zu verhandeln. Ein Bankwechsel ist längst nicht so aufwendig, wie manche Banken es ihren Kunden weismachen wollen. Die Abtretung der Grundschuld an die neue Bank kostet in der Regel nicht mehr als 0,3 Prozent der Restschuld. Die neue Bank kümmert sich um den Wechsel, mitunter erstattet sie sogar die Kosten. Für den Kunden fallen dann nur noch die üblichen Gebühren für die Änderungen im Grundbuch an. Schätzkosten für die Ermittlung des Immobilienwerts verlangen nur noch wenige Banken. In der Regel sind diese Gebühren ohnehin unzulässig, haben einige Gerichte entschieden. Der Bankwechsel lohnt sich schon ab einem Unterschied von 0,1 bis 0,2 Prozentpunkten beim Effektivzins zwischen dem günstigsten Anbieter und der alten Bank.

Achten Sie beim Vergleich von Anschlusskrediten insbesondere auf die folgenden Punkte:

▸ **Vorausschauend:** Beobachten Sie frühzeitig die Entwicklung der Hypothekenzinsen. Sind die Zinsen gerade niedrig, können Sie den nötigen Anschlusskredit auch lange vor dem Ende der Zinsbindung Ihres Darlehens abschließen – zum Beispiel mit einem Forwarddarlehen.

▸ **Umfassend:** Lassen Sie sich auch die Höhe des Restdarlehens, die Rate, die Konditionen für Sondertilgungen und Ratenwechsel sowie die erwartete Restschuld nach Ablauf der neuen Zinsbindung nennen.

▸ **Vergleich:** Verschaffen Sie sich einen Überblick über Konkurrenzangebote. Das kann auch Ihre Verhandlungsposition gegenüber Ihrem alten Kreditgeber verbessern. Interessant ist auch, welchen Zinssatz Ihr Kreditinstitut von Neukunden verlangt.

▸ **Rechenprogramm:** Je länger die Zinsbindung der Anschlussfinanzierung und die Restlaufzeit des Kredits, desto eher lohnt es sich, über einen Wechsel nachzudenken. Beim genauen Nachrechnen hilft das Excel-Programm „Baudarlehen: Kredit- und Tilgungsrechner" (siehe www.test.de, Suche nach „Baudarlehen Rechner").

▸ **Kosten:** Erkundigen Sie sich vor einem Bankwechsel beim Notar über die Kosten für die Grundschuldübertragung.

▸ **Tilgungssatz:** Vereinbaren Sie für den Anschlusskredit einen höheren Tilgungssatz, wenn Sie es sich leisten können.

▸ **Sondertilgung:** Das Auslaufen der Zinsbindung ist der beste Zeitpunkt, um Sondertilgungen ohne Vorfälligkeitsentschädigung zu leisten. Informieren Sie die Bank spätestens einen Monat vor Ablauf der Zinsbindung über Ihr Vorhaben.

▸ **Vorfälligkeitsentschädigung meiden:** Sie sollten alles daransetzen, hohe Vorfälligkeitsentschädigungen bei einer vorzeitigen Kündigung vor Ablauf der Zinsbindung zu vermeiden. Dies gelingt am besten durch eine ausgefeilte Tilgungsstrategie bereits bei der Erstfinanzierung, also die Vereinbarung von Sondertilgungsrechten, Wechsel der Tilgungssätze und eine höhere Anfangstilgung als 1 Prozent der Darlehenssumme pro Jahr.

❝ Ein Forwarddarlehen lohnt sich immer dann, wenn der Zinsanstieg höher ausfällt als der Zinsaufschlag.

Forwarddarlehen nutzen in Niedrigzinsphasen

Fast alle Banken bieten Forwarddarlehen an. Damit können Immobilienbesitzer die Konditionen für ihren Anschlusskredit bereits bis zu fünf Jahre vor Ablauf der Zinsbindung festschreiben, was sich vor allem in Niedrigzinsphasen lohnen kann. Allerdings müssen Sie dafür einen Zinsaufschlag gegenüber einem sonst üblichen Anschlusskredit in Kauf nehmen.

Ein Forwarddarlehen bietet Chancen, aber auch Risiken. Sofern der Zins für einen normalen Anschlusskredit in den nächsten Jahren deutlich steigt, sparen Sie Geld. Bleibt das Zinsniveau unverändert oder sinkt es sogar, zahlen Sie drauf. Bei einem leichten Zinsanstieg in Höhe des Zinsaufschlags beim Forwarddarlehen ergibt sich weder ein Vor- noch ein Nachteil für den Immobilienbesitzer. Ein Forwarddarlehen lohnt sich immer dann, wenn der Zinsanstieg höher ausfällt als der Zinsaufschlag.

Wer sich frühzeitig und dauerhaft unabhängig von Zinsschwankungen machen will, kann Forwarddarlehen und Volltilger kombinieren. Wie bei einem normalen Volltilgerdarlehen sind aber Änderungen des Tilgungssatzes oder Sondertilgungen meist nur mit Zustimmung der Bank möglich.

▶ **Vorteil:** Der Darlehensnehmer sichert sich damit die derzeit niedrigen Zinsen, auch wenn er seinen Anschlusskredit erst in zwei oder drei Jahren benötigt.

Zuschlag für Forwarddarlehen

Vorlaufzeit (Jahre)	Zinsaufschlag (Prozentpunkte)[1]	
	Spanne von … bis	Mittel
Forwarddarlehen mit 10 Jahren Zinsbindung		
2	0,00–0,51	0,24
3	0,00–0,75	0,36
Forwarddarlehen mit 15 Jahren Zinsbindung		
2	0,00–0,50	0,24
3	0,00–0,75	0,37

1) Im Vergleich zu einem Darlehen ohne Vorlaufzeit bei demselben Anbieter. Stand: 17. März 2021

▶ **Nachteil:** Die vereinbarten Zinsen sind fix, auch wenn die Zinsen später weiter sinken. Zudem ist ein Forwarddarlehen teurer als ein Darlehen, das der Kreditgeber sofort auszahlt. Derzeit verlangen die Banken pro Jahr Vorlaufzeit einen Zinsaufschlag von meist 0,25 Prozentpunkten im Vergleich zu herkömmlichen Darlehen. Man geht also immer eine Wette auf die Zinsentwicklung ein.

Chancen und Risiken von Forwarddarlehen

Ein Kunde muss in zwei Jahren 100 000 Euro Restschuld ablösen. Dafür schließt er ein Forwarddarlehen mit zehn Jahren Zinsbildung zu einem Zins von 1,6 Prozent ab.[1] Die Grafik zeigt, wie viel er gegenüber einem zwei Jahre später abgeschlossenen Kredit spart oder draufzahlt – je nach Zinsentwicklung.

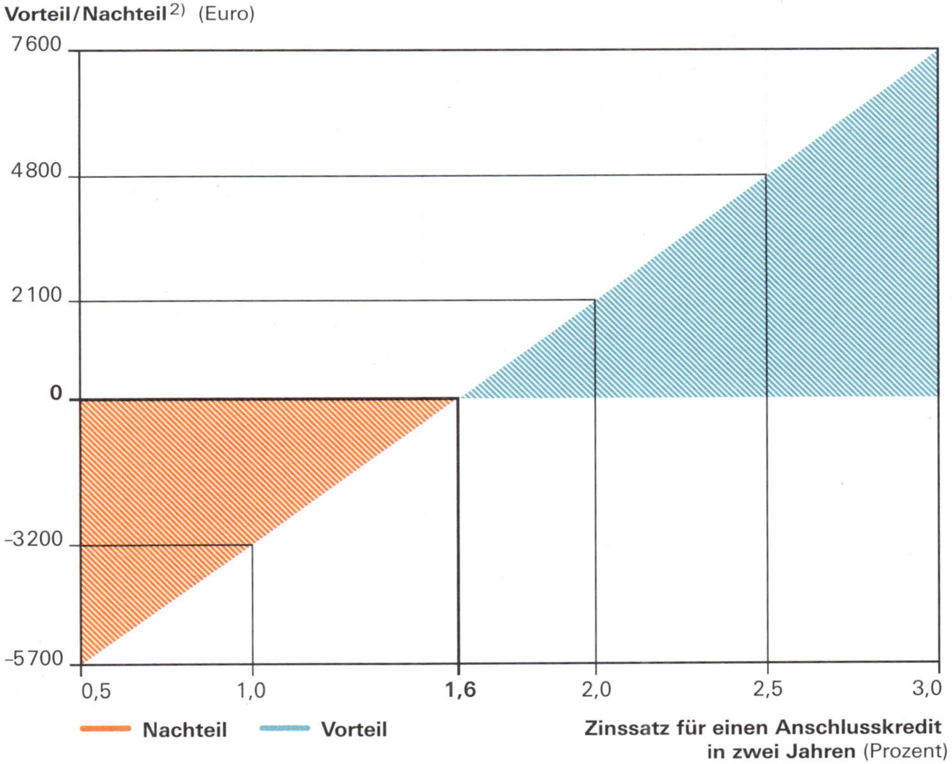
Vorteil/Nachteil2) (Euro)
7600
4800
2100
0
-3200
-5700
0,5
1,0
1,6
2,0
2,5
3,0
Nachteil
Vorteil
Zinssatz für einen Anschlusskredit in zwei Jahren (Prozent)

1) Monatsrate 902 Euro.
2) Auf volle 100 Euro gerundet.

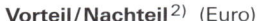

Wohn-Riester-Darlehen beim Eigenheim

Seit November 2008 dürfen Banken, Bausparkassen und Versicherer Immobilienkredite mit staatlicher Riester-Förderung anbieten.

Wer in seinen eigenen vier Wänden wohnt, kann die Vorteile von Wohn-Riester nutzen.

Selbstgenutztes Wohneigentum

Das Wort „Eigenheim" im Sinne von selbstgenutztem Wohneigentum wurde schon bei der von 1996 bis 2005 eingeführten Eigenheimzulage verwendet. Der Selbstnutzer erhielt acht Jahre lang eine Eigenheimzulage von 2556 Euro (bei einem neu gebauten Eigenheim) bzw. 1278 Euro (bei einem Eigenheim aus zweiter Hand, das älter als zwei Jahre war). Nach einer Selbstnutzung von mindestens acht Jahren kamen auf diese Weise je nach Alter des Eigenheims immerhin gut 20 000 oder 10 000 Euro zusammen. Hinzu trat eine jährliche Kinderzulage von 767 Euro für jedes zum Haushalt gehörende Kind.

Diese relativ hohe Eigenheimförderung war dem Staat zu teuer. Ab 2008 hat daher die Wohn-Riester-Rente als staatliche Förderung von Eigenheimen die frühere Eigenheimzulage abgelöst. Die Bezeichnung „Eigenheimrente" im entsprechenden Ge-

setz kann allerdings zu Missverständnissen führen, da der Selbstnutzer gar keine Geldrente erhält. Nur im übertragenen Sinn könnte die Mietersparnis im Alter als besondere Form der Immobilienrente angesehen werden.

Jährliche Beträge für einen Wohn-Riester-Vertrag bis zur Höhe von 4 200 Euro bei einem Doppelverdiener-Ehepaar können mit Zulagen und zusätzlichen Steuerersparnissen gefördert werden. Werden die Riester-Beträge komplett zur Tilgung einer über 20 Jahre laufenden Eigenheimfinanzierung verwendet und liegen die Zulagen einschließlich zusätzlicher Steuerersparnisse beispielsweise bei 30 Prozent des Riester-Betrags, kommen nach 20 Jahren rund 25 000 Euro für diese spezielle Eigenheimförderung zusammen.

Das auf einem fiktiven Wohnförderkonto angesammelte Riester-Guthaben wird allerdings mit 2 Prozent verzinst und muss in der Zeit vom Rentenbeginn bis zum 85. Lebensjahr Jahr für Jahr versteuert werden. Da aber der persönliche Steuersatz im Rentenalter erfahrungsgemäß relativ gering ist, fällt die Steuerbelastung kaum ins Gewicht. Sofern die auf 20 Jahre (Zeitraum vom 65. bis 85. Lebensjahr) verteilte maximal zu versteuernde Wohn-Riester-Rente zusammen mit anderen Alterseinkünften unter dem steuerlichen Grundfreibetrag liegt, sind überhaupt keine Steuern zu zahlen.

Die Wohn-Riester-Darlehen sind zunächst einmal ganz normale Immobilienkredite, für die Kreditnehmer Raten aus Zins und Tilgung zahlen. Doch für die Tilgung des Darlehens bekommen sie Zulagen und Steuervorteile wie für einen Riester-Sparvertrag, falls sie Haus oder Wohnung selbst nutzen. Allerdings müssen Haus- und Wohnungseigentümer einige Bedingungen erfüllen.

Gefördert wird der Bau oder Kauf einer selbstgenutzten Immobilie. Seit 2014 gibt es außerdem die Möglichkeit, das angesammelte Riester-Guthaben als Eigenkapital für den Bau oder Kauf eines Eigenheims, zur Entschuldung eines bereits bestehenden Darlehens oder zur Finanzierung eines altersgerechten Umbaus zu entnehmen. Wer sein Eigenheim verkauft, muss das Riester-Guthaben innerhalb einer Frist von fünf Jahren in den Bau oder Kauf eines zweiten Eigenheims reinvestieren, damit er die Förderung nicht verliert.

Viele Möglichkeiten für Wohn-Riester

Bei Einführung des Wohn-Riester im Jahr 2008 wurden nur rund 22 000 Verträge abgeschlossen. Die Anzahl der Wohn-Riester-Verträge ist bis Ende 2020 auf rund 1,8 Millionen gestiegen. Dies sind 11 Prozent der insgesamt rund 16,4 Millionen Riester-Verträge. Nach den 10,7 Millionen Riester-Versicherungen und den 3,3 Millionen Riester-Fondssparplänen liegt der Wohn-Riester mit 1,8 Millionen Verträgen immerhin an dritter Stelle und noch deutlich vor den nur 0,6 Millionen Riester-Banksparplänen.

Die 2008 für Selbstnutzer von Wohnimmobilien eingeführte und ab Anfang 2014 deutlich verbesserte Riester-Förderung bietet inzwischen eine ganze Fülle von Möglichkeiten:

▶ Verwendung eines Riester-Guthabens als Eigenkapital für die Finanzierung des selbstgenutzten Eigenheims (also Erhöhung des reinen Eigenkapitals, Kapitalentnahme erster Art)

▶ Verwendung des Riester-Guthabens zur völligen Entschuldung des Eigenheims (zum Beispiel bei Rentenbeginn, Kapitalentnahme zweiter Art)

▶ Verwendung des Riester-Guthabens für den altersgerechten Umbau des Eigenheims (zum Beispiel Installation einer bodengleichen Dusche, Abbau von Schwellen, Einbau von breiteren Türen, Kapitalentnahme dritter Art)

▶ Bausparen bis zu jährlich 2 100 Euro einschließlich Riester-Zulage

▶ Tilgung eines Bauspar- oder Bankdarlehens mit jährlich bis zu höchstens 2 100 Euro einschließlich Riester-Zulage (also laufende Tilgung statt Sparen mit Riester)

▶ Bauspar-Kombikredit mit Bausparen bis zur Zuteilung und Tilgung des Bauspardarlehens nach Zuteilung

Bei allen Vorteilen, die Wohn-Riester bei der Finanzierung von selbstgenutztem Haus- und Wohnungseigentum bietet, darf aber der Nachteil der nachgelagerten Besteuerung der Wohn-Riester-Rente im Alter nicht gänzlich außer Acht gelassen werden.

Die Zentrale Zulagenstelle erfasst alle geförderten Riester-Beträge (also auch Entnahmen und laufende Tilgungen) auf einem speziellen Wohnförderkonto, das fiktiv mit 2 Prozent pro Jahr verzinst wird. Die komplette Summe einschließlich 2 Prozent Zins pro Jahr ist dann im Alter zu versteuern.

Als Eigentümer haben Sie die Wahl: Sie können die Summe in jährlichen Raten bis zum 85. Lebensjahr versteuern oder auf einen Schlag 70 Prozent der Summe sofort versteuern lassen. Ab 2014 ist auch ein Wechsel von der jährlichen zur einmaligen Besteuerung mit einem Rabatt von 30 Prozent jederzeit möglich.

Dazu ein Rechenbeispiel: Nach 20 Jahren mit einem Riester-Beitrag von 2100 Euro jährlich und einem fiktiven Zins von 2 Prozent sammeln sich auf dem Wohnförderkonto insgesamt 51535 Euro an. Wenn Sie diese 51535 Euro steuerlich auf 20 Jahre verteilen, errechnet sich ein jährlich zu ver-

steuernder Betrag von 2577 Euro. Bei einem persönlichen Grenzsteuersatz von 25 Prozent wären dann jedes Jahr 644 Euro an Steuern zu zahlen.

Die Einmalbesteuerung von 36075 Euro, also nur 70 Prozent von 51535 Euro, in einem Jahr wird aber selten deutlich günstiger sein. Infolge des auf beispielsweise 35 Prozent steigenden Grenzsteuersatzes müssten auf einen Schlag 12626 Euro an Steuern gezahlt werden. Das wäre kaum weniger als bei der regelmäßigen Besteuerung, die zu insgesamt 12880 Euro an Steuern (= 644 Euro pro Jahr x 20 Jahre) führt.

Drei Wege zur Kapitalentnahme von Riester-Guthaben

Wohn-Riester führt gar nicht zu einer Riester-Rente, wenn man das Kapital förderunschädlich für Zwecke des Eigenheims entnimmt. Dazu gibt es drei Wege.

Der erste und beste Weg einer Kapitalentnahme führt zu mehr Eigenkapital bei der Finanzierung von Bau oder Kauf Ihres Eigenheims. Falls Sie einen bestehenden Riester-Vertrag besitzen, können Sie das angesammelte Riester-Guthaben von mindestens 3000 Euro in Gänze für den Bau oder Kauf Ihres Eigenheims entnehmen und als Eigenkapital in Ihre Finanzierung einbringen. Sofern Sie nur einen Teilbetrag Ihres Riester-Guthabens entnehmen, muss im Altvertrag ein Restbetrag von 3000 Euro verbleiben.

Drei Wege zum Wohn-Riester

Riester-Zulagen und Steuervorteile gibt es nur für Sparer, die ihren Vertrag zur Altersvorsorge verwenden. Dazu zählt auch die Immobilie, solange der Sparer selbst darin wohnt.

Selbst genutzte Immobilie		
Bau oder Kauf	**Umschuldung / Sondertilgung**	**Altersgerechter Umbau**
Vertrag muss in unmittelbarem **Zusammenhang mit** dem **Bau oder Kauf** eingesetzt werden (Zwischenfinanzierung von Bausparverträgen ist aber möglich).	Ursprüngliches Darlehen wurde für Bau oder Kauf der Immobilie aufgenommen. Eine **Umschuldung** ist in der Regel nur **zum Ende der Zinsbindung** des alten Darlehens möglich.	**Mindestsummen:** 6 000 Euro in den ersten drei Jahren nach Bau oder Kauf, danach 20 000 Euro. Für die Baumaßnahmen gibt es **technische Mindestanforderungen.**

Bei vollständiger Entnahme verzichten Sie zwar endgültig auf die Riester-Rente, sofern Sie keinen neuen Riester-Vertrag abschließen. Der besondere Tipp: Da ein Neuabschluss angesichts eines Garantiezinses von nur 0,9 Prozent ungünstig ist, könnten Sie stattdessen Extrabeiträge zur gesetzlichen Rente zahlen. Sofern Sie pflichtversichert sind, ist das ab einem Alter von 50 Jahren über das Abkaufen von Rentenabschlägen möglich. Wer nicht in der gesetzlichen Rentenversicherung pflichtversichert ist (Beamte etwa), kann freiwillige Beiträge zur gesetzlichen Rente zwischen mindestens 1 004,40 Euro und 15 847 Euro im Jahr zahlen (Mindest- und Höchstbeiträge für 2021). Die Zahlung zusätzlicher Rentenbeiträge ist insbesondere bis zum Jahr 2022 attraktiv, da das Beitrag-Rente-Verhältnis bis dahin wegen des niedrigen Beitragssatzes von 18,6 Prozent und des stabilen Rentenniveaus attraktiv ist.

Achten Sie darauf, dass eine Auszahlung für Ihre selbstgenutzte Eigentumswohnung laut Riester-Vertrag meist nur zum Ende eines Kalendervierteljahres möglich ist. Daher sollten Sie Ihrem Riester-Anbieter (zum Beispiel Versicherung oder Bank) mindestens drei Monate vor Quartalsende Ihre Entnahmeabsicht mitteilen. Gleichzeitig müssen Sie bei der Zentralen Zulagestelle für Altersvermögen (ZfA) einen Antrag auf Entnahme stellen. Ohne Bescheid der ZfA darf Ihnen der Anbieter das Geld nicht auszahlen. Rechnen Sie mit einer Bearbeitungszeit von zwei bis drei Monaten.

Ihrem Antrag auf Entnahme müssen Sie einige Unterlagen beifügen, damit es nicht zur zulagen- und steuerschädlichen Verwendung des Riester-Guthabens kommt. Dazu gehört beispielsweise ein Kaufvertragsentwurf mit der Absichtserklärung, dass Sie das noch zu erwerbende Eigenheim als Hauptwohnung oder Lebensmittelpunkt für sich und Ihre Familie selbst nutzen werden. Legen Sie auch einen nicht beglaubigten aktuellen Grundbuchauszug bei, den Sie von Ihrem potenziellen Verkäufer erhalten haben.

Sofern Sie den Bescheid der ZfA in Händen und die Auszahlung des Riester-Guthabens auf Ihrem Konto haben, können Sie das Geld direkt als Eigenkapital zur Finanzierung Ihrer selbstgenutzten Wohnimmobilie einsetzen. Eine nachträgliche Versteuerung erfolgt erst zum Rentenbeginn oder nach völliger Entschuldung Ihres Eigenheims, spätestens ab dem 68. Lebensjahr bis zum vollendeten 85. Lebensjahr.

Da die Riester-Förderung erst ab 2002 möglich war (anfangs nur für 525 Euro im Jahr, ab 2004 mit 1050 Euro und für 2006 sowie 2007 jeweils mit 1575 Euro) und erst ab 2008 mit dem höchstmöglichen Förderbetrag von 2100 Euro pro Jahr, wird Ihr Riester-Guthaben in aller Regel zwischen 10000 und 40000 Euro liegen. Wer beispielsweise erst ab Anfang 2008 den jährlichen Höchstbetrag von 2100 Euro einschließlich Zulage investiert hat, wird Ende 2021 bei einer jährlichen Rendite von 2 Prozent gerade einmal auf ein Riester-Guthaben von 33880 Euro kommen. Nur im günstigsten Fall (Riester-Höchstbeiträge von Anfang 2002 bis Ende 2021 und Rendite von 3 Prozent) würde sich ein relativ hohes Riester-Guthaben von rund 46400 Euro ergeben.

Der zweite Weg einer Kapitalentnahme erfolgt über eine Entschuldung, was in aller Regel nur zum Ende einer Zinsbindungsfrist möglich ist. Wer kurz vor dem Rentenbeginn steht oder bereits in Rente ist, kann sein angesammeltes Riester-Guthaben direkt zur teilweisen oder vollständigen Entschuldung seines Eigenheims verwenden. Seit 2014 kann diese Entschuldung auch zu jedem beliebigen Zeitpunkt vorher erfolgen.

Es ist aber nicht sinnvoll, einen langfristigen Riester-Sparplan mit jährlich 2100 Euro über beispielsweise insgesamt 30 Jahre (zum Beispiel vom 35. bis 65. Lebensjahr) durchzuhalten und erst am Ende des Riester-Vertrags das komplette Riester-Kapital zwecks Entschuldung Ihrer selbstgenutzten Eigentumswohnung zu entnehmen. Bei einer Rendite von nur 1 Prozent kommen Sie zwar auf ein Riester-Guthaben von rund

73 400 Euro oder 86 000 Euro bei 2 Prozent Ablaufrendite, doch so hoch wird die Restschuld Ihres Bankdarlehens wahrscheinlich gar nicht mehr sein. Außerdem ist lediglich ein Riester-Kapital in Höhe der Beitragssumme von 63 000 Euro auch tatsächlich garantiert.

Ältere Wohneigentümer können auch den dritten Weg einer Kapitalentnahme nutzen und ihr angesammeltes Riester-Guthaben für den altersgerechten Umbau ihres Eigenheims verwenden. Zu denken ist beispielsweise an eine bodengleiche Dusche im Bad, breitere Türen oder einen Treppenlift. Mindestens 6 000 Euro müssen innerhalb der ersten drei Jahre nach Bau oder Kauf des Eigenheims aus dem Riester-Vertrag entnommen werden, danach 20 000 Euro. Mindestens die Hälfte des Entnahmebetrags, also mindestens 10 000 Euro, muss nach der DIN-Norm für barrierefreies Bauen verwendet werden (DIN 18040 Teil 2). Die anderen Maßnahmen müssen ebenfalls zum Abbau von Barrieren führen.

Außerdem darf der Eigentümer keine weiteren öffentlichen Zuschüsse oder Steuervorteile (zum Beispiel Steuerermäßigung für Handwerkerleistungen) in Anspruch nehmen. Zinsgünstige KfW-Mittel nach dem Programm „Altersgerecht umbauen" bis zu einem Höchstkredit von 50 000 Euro, die vorher für den Umbau bereits aufgenommen wurden, sind aber ausdrücklich erlaubt.

Riester-Bausparen, Riester-Darlehen und Riester-Kombikredite

Riester-Banksparpläne werden angesichts der Niedrigzinsphase von Banken kaum noch angeboten, da sie praktisch keine Zinsen mehr abwerfen. Beim Bausparen mit Riester sieht dies etwas besser aus. Zwar liegen die Guthabenzinsen bei Bausparverträgen nach Berücksichtigung von Abschluss- und Kontoführungskosten auch bei null. Wenn aber zu den Riester-Zulagen noch Wohnungsbauprämien und Arbeitnehmersparzulagen hinzutreten, kann sich Bausparen immer noch lohnen. Dies gilt besonders dann, wenn auf ein künftig zu erwerbendes Eigenheim hin angespart wird und nach Zuteilung des Bausparvertrages ein auf Dauer niedriger Darlehenszins von 2 bis 2,5 Prozent winkt.

Riester-Darlehen sind über Banken und Bausparkassen möglich und stehen in Konkurrenz zu Bank- oder Bauspardarlehen ohne Riester-Förderung. Im Prinzip handelt es sich um ein Tilgungssparen, da der Riester-Beitrag von 2100 Euro einschließlich Zulage zur laufenden Tilgung des Darlehens eingesetzt wird. Bei einer Darlehenssumme von beispielsweise 210 000 Euro entspräche der Riester-Beitrag einem jährlichen Tilgungssatz von 1 Prozent. Riestern beide Eheleute und stecken jeweils 2100 Euro in die Tilgung über Riester, sind es bereits 2 Prozent.

Die Banken haben sich aus der Vergabe von Riester-Darlehen aber weitgehend zurückgezogen, da ihnen das Verfahren zu kompliziert und vor allem zu beratungsintensiv ist. Der einzige bundesweite Anbieter von Riester-Darlehen über eine Bank ist die Postbank bzw. DSL-Bank. Dieses Riester-Darlehen lässt sich aber auch über Baugelddiscounter beziehen.

Als Anbieter von Riester-Darlehen bleiben ansonsten die Bausparkassen übrig. Sofern der Effektivzins für Riester-Darlehen bei Bausparkassen nicht höher liegt als für ungeförderte Darlehen, bietet sich der Abschluss eines Riester-Bauspardarlehens förmlich an. Tilgen statt Sparen mit Riester lohnt sich. Mit jeder Tilgung über den Riester-Beitrag sinken Ihre Restschulden und damit die von der Restschuld berechneten Zinsen. Sie ersparen sich somit beispielsweise 2 Prozent an Zinsen. Diese Tilgungsrendite von 2 Prozent wird deutlich über der Sparplanrendite neu abgeschlossener Riester-Verträge (zum Beispiel Riester-Versicherungen) liegen. In einer Niedrigzinsphase gilt also die Regel: Tilgen schlägt Sparen!

Besonders attraktiv können spezielle Kombikredite der Bausparkasse sein, die über die Gesamtlaufzeit von meist 18 bis 28 Jahren gehen und den Riester-Vertrag sowohl in die Sparphase des Bausparvertrags als auch in die Tilgungsphase beim Bauspardarlehen einbauen.

Die Wohn-Riester-Darlehen der Bausparkassen in Form eines Kombikredits bestehen aus zwei Phasen. In der ersten Phase wird ein Vorausdarlehen mit einem Bausparvertrag bis zur Zuteilung kombiniert.

Nach Ablösung des Vorausdarlehens durch das Bausparguthaben und -darlehen folgt die zweite Phase, in der das Bauspardarlehen getilgt wird.

Letztlich kommt es auf den Gesamteffektivzins und die von Ihnen zu tragende Belastung an. Zinssichere Bauspar-Kombikredite sind in Niedrigzinsphasen teilweise zu Effektivzinsen von unter 2 Prozent zu haben und dies über die Gesamtlaufzeit. Anfang August 2020 gab es den mit nur 1,14 Prozent effektiv zinsgünstigsten Riester-Kombikredit mit einer Gesamtlaufzeit von 18 Jahren bei der LBS Südwest. Unter einem Effektivzins von 2 Prozent blieben zum Beispiel auch BHW, Wüstenrot, Debeka, LBS Saar und LBS Hessen-Thüringen.

Hohe Zinsersparnisse bei Wohn-Riester-Darlehen

Kreditnehmer können mit einem Wohn-Riester-Darlehen je nach Ausgangslage und Kredithöhe viele Tausend Euro sparen.

Bei den Wohn-Riester-Darlehen der Bausparkassen muss im Gegensatz zu den ungeförderten Kombikrediten der Gesamteffektivzins für Vorausdarlehen, Bauspardarlehen und Bausparbeitrag angegeben sein. Niedrige Zinsen und eine hohe staatliche Förderung machen aus Wohn-Riester-Darlehen die ideale Finanzierung fürs Eigenheim. Von den günstigsten Bauspar-Angeboten profitieren häufig aber nur Bauherren mit ausreichendem Eigenkapital. Mindestens die Nebenkosten und 20 Prozent des Kaufpreises sollten die Kunden möglichst aufbringen, auch wenn der maximale Kombikredit für Selbstnutzer bis zu 100 Prozent des Kaufpreises betragen darf. Prüfen Sie für Letzteres sorgfältig, ob das Ihre Finanzierung nicht deutlich verteuert.

Trotz aller Pluspunkte für Wohn-Riester-Darlehen sollten Sie aber auch die Risiken bedenken (Checkliste siehe Seite 146).

Mögliche Risiken bei Wohn-Riester-Darlehen

Wollen Sie die vier genannten Risiken in Kauf nehmen, führt eigentlich kein Weg an einem Wohn-Riester-Darlehen vorbei. Lassen Sie sich auf keinen Fall durch die Kompliziertheit dieser speziellen Eigenheimfinanzierung abschrecken. Verlangen Sie hartnäckig von Ihrer Bausparkasse oder Bank ein Angebot und lassen Sie sich einen vollständigen Finanzierungsplan als Zins- und Tilgungsplan bis zur völligen Entschuldung geben.

Wenn Sie beispielsweise beim Wohn-Riester-Darlehen der Bausparkassen in Form des Kombikredits mit zwei Phasen (Vorausdarlehen kombiniert mit Bausparvertrag bis zur Zuteilung, Ablösung des Vorausdarlehens durch Bausparguthaben und -darlehen nach der Zuteilung) nicht alle Details nachvollziehen können, kann ein guter Überblick über den Gesamteffektivzins und die insgesamt aufzubringenden Belastungen helfen.

Werfen Sie wegen der komplizierten Regelungen die Flinte nicht voreilig ins Korn. Letztlich kommt es auf ein finanziell günstiges Gesamtergebnis für Sie an.

Wohn-Riester-Darlehen von Bausparkassen sind quasi die hohe Schule der Bauspar-Kombikredite für Selbstnutzer von Eigenheimen. Sie kombinieren die möglichen Zinsvorteile einer Bausparfinanzierung in einer Niedrigzinsphase mit der Riester-Förderung auf optimale Weise. Somit wird der staatlich geförderte Wohn-Riester-Vertrag gleich doppelt genutzt – zunächst zur Zahlung von Bausparbeiträgen zwecks Aufbau des Bausparguthabens bis zur Zuteilung und später zur Zahlung von Tilgungsbeiträgen für das Bauspardarlehen nach Zuteilung des Bausparvertrags.

Nachgelagerte Besteuerung der Wohn-Riester-Rente

Einen Wermutstropfen stellt die spätere Versteuerung der Wohn-Riester-Rente dar. Die angelegten Riester-Beiträge werden fiktiv mit 2 Prozent auf einem Wohnförderkonto verzinst, wie links auf Seite 146 beschrieben.

Auch nach Berücksichtigung dieser Riester-Steuer schlägt das Wohn-Riester-Darlehen ein ungefördertes Darlehen mit gleich hohem Effektivzins relativ klar, weil die Zinsersparnis infolge der höheren Tilgung deutlich über der sehr viel späteren Steuerzahlung liegt.

Risiken bei Wohn-Riester-Darlehen

☐ **Bindungsrisiko.** Mit Wohn-Riester-Darlehen der Bausparkassen binden Sie sich über eine lange Laufzeit von 18 bis 28 Jahren. Die Höhe der monatlichen Belastung und laufenden Tilgung ist also nicht flexibel.

☐ **Förderrisiko.** Um die Fördervorteile für Wohn-Riester zu bekommen, müssen Sie die eigenen vier Wände auf Dauer und auch im Renten- oder Pensionsalter selbst bewohnen. Von zwei Ausnahmeregelungen abgesehen, müssen sonst bei Verstoß Zulagen und eventuell zusätzliche Steuerersparnisse zurückgezahlt werden.

☐ **Steuerrisiko.** Die Wohn-Riester-Rente (offiziell als „Eigenheimrente" bezeichnet) wird nachgelagert besteuert. Die jährlichen Riester-Beträge inklusive Riester-Zulagen werden auf einem fiktiven Wohnförderkonto mit 2 Prozent verzinst. Das angesammelte Riester-Guthaben wird ab Rentenbeginn (spätestens mit vollendetem 68. Lebensjahr) bis zum 85. Lebensjahr Jahr für Jahr versteuert. Statt der laufenden jährlichen Steuerzahlung kann die Steuer auf einen Schlag mit dem persönlichen Steuersatz unter Inanspruchnahme eines Rabatts von 30 Prozent gezahlt werden. Die spätere Steuerzahlung muss also im Finanzierungsplan berücksichtigt werden.

☐ **Altersvorsorgerisiko.** Mit dem Wohn-Riester-Darlehen für ein selbstbewohntes Eigenheim steht das schuldenfreie Eigenheim im Alter ganz eindeutig an erster Stelle der Altersvorsorge. Eine zusätzliche „Geld-Riester-Rente" über Riester-Versicherungen oder Riester-Fondssparpläne scheidet dann in aller Regel aus. Wer nicht anderweitig betrieblich oder privat fürs Alter vorsorgt, kann im Rentenalter trotz miet- und schuldenfreien Wohnens im Eigenheim knapp bei Kasse sein. Daher empfiehlt es sich, eine zusätzliche Betriebs- und Privatrente aufzubauen oder zusätzliche Beiträge zur gesetzlichen Rente zu leisten.

Unabhängig von der Frage „Darlehen mit oder ohne Riester-Förderung?" gilt: Eine planmäßige Entschuldung beim Eigenheim dient der langfristigen Altersvorsorge. Die Tilgungsdauer bestimmen Sie am besten aus der Differenz zwischen Ihrem geplanten Ruhestandsbeginn und Ihrem jetzigen Lebensalter. Wenn Sie zum Beispiel als jetzt 40-Jähriger ein Eigenheim bauen oder kaufen und mit 65 oder auch 67 Jahren in Rente oder Pension gehen wollen, sollten Sie eine maximale Tilgungsdauer von 25 Jahren fest einplanen.

Falsch ist die Annahme, ein Hypothekendarlehen müsse immer über 30 Jahre laufen. Mit der Wahl der für Sie geeigneten Tilgungsstrategie haben Sie es selbst in der Hand, die Laufzeit des Darlehens zu bestimmen. Besonders einfach gelingt Ihnen dies, wenn die Zinsen für die gesamte Laufzeit festgeschrieben werden.

Darlehen beim Eigenheim für Ältere

Jeder vierte Käufer eines Eigenheims ist älter als 55 Jahre und gehört somit zur Generation 55plus. Laut Institut der deutschen Wirtschaft waren es 27 Prozent der Erstkäufer im Jahr 2017.

Älteren Käufern von Eigenheim aus der Gruppe 55plus und auch Senioren ab 65 Jahren mit einem selbst bewohnten Eigenheim ist es nicht verwehrt, auch in fortgeschrittenem Alter noch neue Darlehen beziehungsweise Immobilienkredite aufzunehmen und diese im Grundbuch des zuständigen Amtsgerichts über eine Grundschuld zugunsten der Bank abzusichern.

Hypothekendarlehen von Banken

Senioren mit Eigenheim sind zu Recht stolz, wenn ihre eigenen vier Wände endlich schuldenfrei sind. Möglicherweise haben sie die bei Bau oder Kauf aufgenommenen und in der Dritten Abteilung des Grundbuchs eingetragenen Grundschulden noch gar nicht gelöscht.

Dies ist eher von Vorteil, wenn sie nun in hohem Alter noch Geld für die Modernisierung oder den altersgerechten Umbau ihres

Eigenheims brauchen. Benötigen sie beispielsweise dafür 50 000 Euro und liegt die noch eingetragene Grundschuld darüber, wird die Bank auf eine Neueintragung verzichten. Schließlich ist die abstrakte Grundschuld nicht wie die Hypothek an eine zugrunde liegende Darlehensforderung gebunden.

Sollten sämtliche Grundschulden bereits gelöscht sein, muss allerdings eine neue Grundschuld zugunsten der Bank eingetragen werden. Dies zieht Kosten für die notarielle Bestellung und die grundbuchliche Eintragung der Grundschuld (sogenannte Finanzierungsnebenkosten der dinglichen Sicherung) nach sich, die etwa 0,5 Prozent der Darlehenssumme ausmachen.

70- bzw. 75-jährige Eigenheimbesitzer sollten eine Zinsbindung von nur fünf oder zehn Jahren bevorzugen, in der das Darlehen vollständig zurückgezahlt wird.

Dazu ein Beispiel: Ein Darlehen von 50 000 Euro soll bei einem Sollzins von 1 Prozent nach zehn Jahren vollständig zurückgezahlt sein. Der Tilgungssatz zuzüglich ersparter Zinsen macht dann 9,51 Prozent aus und die monatliche Rate für Zins und Tilgung 438,02 Euro. Die Gesamtzinskosten für dieses Volltilgerdarlehen betragen dann 2 562,40 Euro (= 438,02 Euro x 120 Monate minus Darlehenssumme 50 000 Euro). Die gesamten Zinskosten sinken selbstverständlich, wenn der Sollzins unter 1 Prozent fällt. Bei einem Sollzins von nur 0,75 bzw. 0,5 Prozent sinken die monatlichen Raten auf 432,62 bzw. 427,26 Euro und die Gesamtzinskosten auf 1 914,40 bzw. 1 271,20 Euro bei einer Zinsbindung von fünf Jahren.

Eine Volltilgung bereits nach fünf Jahren bieten nicht alle Banken an. Selbst bei einem Sollzins von nur 0,5 Prozent würde die monatliche Rate für Zins und Tilgung auf 843,97 Euro steigen, was für die meisten Senioren eine zu hohe finanzielle Belastung darstellen dürfte.

Darlehenslaufzeit in Anpassung an fernere Lebenserwartung

Recht plausibel ist es, die Laufzeit des Hypothekendarlehens an die fernere Lebenserwartung des Darlehensnehmers nach der Sterbetafel des Statistischen Bundesamtes anzupassen.

Ein heute 70, 75 oder 80 Jahre alter Mann hat danach noch eine fernere Lebenserwartung von rund 15, 12 oder 8 Jahren und wird laut Statistik noch 85 bis 88 Jahre alt. Für eine gleichaltrige Frau liegt die fernere Lebenserwartung um zwei bis drei Jahre höher, also bei rund 18, 14 oder 10 Jahren. Die Volltilgung eines neu aufgenommenen Hypothekendarlehens wäre in diesen Fällen also – mit Ausnahme des 80-jährigen Mannes – laut Statistik innerhalb von zehn Jahren zu erwarten.

Leitlinien Kreditwürdigkeits- bzw. Bonitätsprüfung

In der Immobiliar-Kreditwürdigkeitsprüfungsleitlinien-Verordnung (ImmoKWPLV) steht ausdrücklich, dass ein mögliches Versterben des Darlehensnehmers während der Vertragslaufzeit unter bestimmten Voraussetzungen unberücksichtigt bleibt. Dies soll dann gelten, wenn der Darlehensnehmer zu Lebzeiten seinen fälligen Verpflichtungen aus dem Darlehensvertrag wahrscheinlich nachkommen wird und der Immobilienwert eine Abdeckung der im Zusammenhang mit dem Darlehensvertrag stehenden Verbindlichkeiten gewährleistet.

Bei der Kreditwürdigkeits- und Bonitätsprüfung kommt es laut dieser Verordnung auf Faktoren wie Einkommen, Ersparnisse und andere Vermögenswerte einerseits sowie Ausgaben, Schulden und sonstige Verbindlichkeiten andererseits an.

Die Bonität steigt, je höher die Alterseinkommen (gesetzliche, betriebliche und private Renten oder Pensionen) und je geringer die laufenden Ausgaben sind. Nicht kurzfristig liquidierbare Vermögenswerte (zum Beispiel Sparbriefe oder Festgelder mit einer Restlaufzeit von mehreren Jahren) und fehlende restliche Schulden erhöhen ebenfalls die Kreditwürdigkeit.

Die im Grundbuch eingetragene Grundschuld sollte als Kreditsicherheit ausreichen, sofern sie deutlich unter dem Verkehrswert des Eigenheims liegt. Eine zusätzliche Kreditsicherheit bietet der Bank die Mitverbindlichkeitsverpflichtung eines deutlich jüngeren Ehepartners. Tochter oder Sohn sollten als zweiter Darlehensnehmer oder gar Bürge nur in Ausnahmefällen herangezogen werden und zwar auch nur dann, wenn sie als künftige Erben im Testament oder Erbvertrag vorgesehen sind. Eine „Übersicherung" sollten ältere Darlehensnehmer daher vermeiden.

Viele Senioren weigern sich, ihr Eigenheim im hohen Alter nochmals mit Grundschulden zu belasten. Dies ist zwar emotional verständlich, da das Eigenheim nun nicht mehr schuldenfrei ist. Eine Geld- bzw. Kapitalbeschaffung durch eine Grundschuld als Sicherheit auf einem vorher schuldenfreien Eigenheim sollte jedoch nicht von vornherein ausgeschlossen werden.

KfW-Kredite für altersgerechten Umbau

Die staatliche KfW-Bank vergibt Darlehen bis zu 50 000 Euro für den altersgerechten Umbau des Eigenheims oder den Kauf von altersgerecht umgebautem Wohnraum (Programm Nr. 159).

Es handelt sich dabei um barrierereduzierende und einbruchssichernde Maßnahmen. Zu den barrierereduzierenden Maßnahmen zählen insbesondere Eingangsbereich und Wohnungszugang, vertikale Erschließung/Überwindung von Treppen und Stufen, Anpassung der Raumaufteilung und/oder den Abbau von Schwellen, Badumbau (mit bodengleicher Dusche) bzw. Maßnahmen an Sanitärräumen.

Vorteil hier: Das KfW-Darlehen ist unabhängig vom Alter. Eine Altersgrenze (zum

Beispiel 80 Jahre) gibt es also nicht. Der Antrag ist nicht direkt bei der KfW zu stellen, sondern über eine Bank. Dies kann ein Nachteil sein, wenn Ihre Hausbank möglicherweise aus fadenscheinigen Gründen davon abrät. Die Bank als durchleitendes Finanzierungsinstitut haftet für den KfW-Kredit und entscheidet über die Vergabe. Dafür erhält sie von der KfW eine Provision, die aus ihrer Sicht wegen der Bearbeitungskosten zu niedrig ausfällt.

Anstelle des KfW-Darlehens kann man auch einen nicht rückzahlbaren Zuschuss von bis zu 6 250 Euro für den Abbau von Barrieren und mehr Wohnkomfort (Programm Nr. 455-B) oder bis zu 1 600 Euro für besseren Einbruchschutz (Programm Nr. 455-E) entscheiden. Bei aufwendigeren Maßnahmen sind diese kostenlosen Zuschüsse aber weniger sinnvoll im Vergleich zu den kostengünstigen KfW-Darlehen. Außerdem sind die Zuschüsse mitunter schon früh ausgeschöpft. 2021 waren die Fördermittel des Bundes für barrierereduzierende Maßnahmen im Zuschussprogramm schon Ende Mai aufgebraucht.

Tilgung des KfW-Darlehens für altersgerechten Umbau

Den Kredit mit fünf Jahren Zinsbindung vergab die KfW Anfang August 2021 bereits zum Mikrozins von 0,04 Prozent pro Jahr. Für zehn Jahre Zinsbindung verlangte sie nur 0,13 bis 0,49 Prozent – je nachdem, ob sich der Kreditnehmer mit der Tilgung bis

zu 10, bis zu 20 oder sogar bis zu 30 Jahren Zeit nehmen will. Das erste Jahr ist immer tilgungsfrei. Je nach Laufzeit sind insgesamt 2 bis 5 Jahre ohne Tilgung wählbar. Bei einem Höchstdarlehen von 50 000 Euro, einem tilgungsfreien Anfangsjahr und einer Laufzeit und Zinsbindung von zehn Jahren lag die monatliche Rate für Zins und Tilgung ab dem zweiten Jahr bei 479,55 Euro. Nach zehn Jahren ist das Darlehen vollständig getilgt. Der Gesamtzinsaufwand betrug lediglich 339 Euro.

Auf eine regelmäßige Tilgung kann ganz verzichtet werden, wenn man sich stattdessen für ein endfälliges Darlehen (Festdarlehen) entscheidet. In diesem Fall wird am Ende der Zinsbindungsfrist das KfW-Darlehen in einer Summe zurückgezahlt. Bei einem KfW-Höchstdarlehen von 50 000 Euro und einem Sollzins von 0,53 Prozent wären während der Laufzeit lediglich die monatlichen Zinsraten in Höhe von 22,08 Euro zu zahlen.

Eine solche endfällige Tilgung kommt allerdings nur in Betracht, wenn spätestens am Ende des zehnten Jahres ein liquidierbares Vermögen in der entsprechenden Höhe zur Verfügung steht. Dies kann beispielsweise die garantierte Ablaufleistung einer Kapitallebensversicherung oder privaten Rentenversicherung sein.

Bauspardarlehen

In eher seltenen Fällen haben Senioren noch einen laufenden Bausparvertrag, der in Kürze zuteilungsreif ist. Die Zuteilung erfolgt, nachdem mindestens 40 bzw. 50 Prozent der Bausparsumme eingezahlt wurden und die Zielbewertungszahl erreicht ist. Beträgt die Bausparsumme beispielsweise 50 000 Euro und das Bausparguthaben inkl. Zinsen 25 000 Euro, liegt das Bauspardarlehen nach Zuteilung auf gleicher Höhe.

Die Zuteilung des Bausparvertrages setzt eine wohnwirtschaftliche Verwendung der Bausparmittel voraus, zum Beispiel die Modernisierung des Eigenheims. Das Bauspardarlehen von beispielsweise 25 000 Euro wird je nach Zins- und Tilgungssatz in aller Regel bereits nach 8 bis 12 Jahren vollständig getilgt. Dies gelingt, weil üblicherweise ein recht hoher Tilgungssatz zugrunde gelegt wird. Das Bauspardarlehen kann auch bereits vorher getilgt werden ohne Berechnung einer Vorfälligkeitsentschädigung.

Bauspardarlehen bis 30 000 Euro ohne Grundschuldeintrag

Bauspardarlehen bis zu einer Höhe von 30 000 Euro können seit 2009 laut Bausparabgabenverordnung auch ohne Grundschuldeintrag vergeben werden. Dadurch werden die Kosten für die Bestellung und Eintragung einer Grundschuld für Bauspardarlehen bis zu 30 000 Euro gespart. Senioren, die nach Löschung sämtlicher Grundschulden bereits ein laut Grundbuch schuldenfreies Eigenheim besitzen und keine neuen Grundschulden eintragen wollen, wird dies freuen.

Übertragung eines Bausparvertrags von Kindern auf ihre Eltern

Wer keinen eigenen Bausparvertrag hat, aber erwachsene Kinder mit solchen, kann diese möglicherweise zur Übertragung eines zuteilungsreifen Bausparvertrags auf die Eltern bewegen. Dies sollten Tochter und Sohn, sofern sie die finanziellen Mittel zurzeit nicht benötigen, allerdings nur bei Zusicherung einer künftigen Erbschaft tun. Ihre Eltern sollten ihnen reinen Wein einschenken durch Einsichtnahme in ein vorhandenes Testament oder einen Erbvertrag.

Grundsätzlich können Bausparverträge nur auf Angehörige übertragen werden. Dies sind vor allem Verwandte in der geraden Linie (Großeltern, Eltern, Kinder, Enkelkinder) und Verwandte in der Seitenlinie (Tante, Onkel, Schwester, Bruder, Nichte, Neffe). Eine Übertragung von Bausparverträgen an Freunde oder Bekannte ist nicht möglich. Weitaus am häufigsten kommt die Übertragung eines Bausparvertrags der Eltern auf ihre Kinder vor. Die Übertragung des Bausparvertrags selbst erfolgt meist gegen eine Gebühr von meist 50 oder 100 Euro mithilfe eines auszufüllenden Formulars. Die Vertragsübertragung auf Angehörige ist in den Bausparbedingungen zwar ausdrücklich vorgesehen, aber an die Zustimmung der Bausparkasse gebunden. Früher war das kein Problem. Doch vor allem bei älteren Tarifen mit relativ hohen Guthabenzinsen lehnen Bausparkassen seit einigen Jahren eine Vertragsübertragung meist ab.

Landesmittel und sonstige Förderstellen: Zinsgünstige Darlehen und Zuschüsse

Hartnäckig hält sich das Gerücht, nur Bauherren und Geringverdiener ohne Eigenkapital könnten günstige Darlehen für ihr Eigenheim von Bundesländern, Landkreisen und Gemeinden erhalten.

Zwar haben die Bundesländer ihre Programme zur Wohnraumförderung aus finanziellen Gründen weitgehend zurückgefahren oder sogar ganz eingestellt wie in Mecklenburg-Vorpommern, Berlin und Bremen, aber in allen anderen Bundesländern haben noch am ehesten Familien mit zwei und mehr Kindern eine Chance auf günstige Landesmittel, sofern sie denn bestimmte Einkommensgrenzen unterscheiden. Die Anträge auf Förderung sind über die Stadt- oder Kreisverwaltung oder spezielle Wohnungsbau-Förderungsanstalten zu stellen.

Zinsgünstige Landesmittel

Einen guten Überblick über Förderrichtlinien, Adressen und spezielle Förderrechner bietet das Internetportal www.baufoerderer.de des Verbraucherzentrale Bundesverbands und der KfW. Ist der Fördertopf jedoch leer, gehen die Antragsteller ebenfalls leer aus.

Im Gegensatz zu früher werden nicht nur der Wohnungsbau, sondern auch der Erwerb und die Modernisierung von bestehendem Wohnraum gefördert. Die Landesmittel werden gezielt für selbstgenutzte Häuser und Wohnungen von Haushalten mit niedrigem Einkommen, von kinderreichen Familien oder von Alleinerziehenden verwendet.

Meist muss der Bauherr oder Neubaukäufer eines Eigenheims vier persönliche Voraussetzungen erfüllen:

▶ Einkommen unterhalb der Einkommensgrenze, die abhängig von der Haushaltsgröße ist (zum Beispiel jährlich zu versteuerndes Haushaltseinkommen von 76 000 Euro bei einem Vier-Personen-Haushalt in Baden-Württemberg, im Ersten Förderweg Nettoeinkommen von 12 000 Euro pro Jahr für eine Person beziehungsweise 18 000 Euro für zwei Personen, wobei das Bruttoeinkommen bis zu 43 Prozent darüber liegen und somit bis zu 17 160 beziehungsweise 25 740 Euro ausmachen kann)

- Eigenkapitalquote einschließlich Eigenleistungen mindestens 15 Prozent der Gesamtkosten, davon mindestens 8,5 Prozent reines Eigenkapital
- Höchstgrenze für monatliche Belastung (zum Beispiel höchstens 1 670 Euro bei einem Vier-Personen-Haushalt und einem Brutto-Monatseinkommen von 4 000 Euro in Baden-Württemberg)
- Mindestrückbehalt in Höhe von beispielsweise 800 Euro monatlich für den Lebensunterhalt nach Abzug der monatlichen Belastung aus Kapitaldienst und Bewirtschaftung bei einem Ehepaar plus 200 Euro pro Kind

Da die Richtlinien zur Wohnraumförderung von Land zu Land und von Jahr zu Jahr variieren, ist es unerlässlich, rechtzeitig aktuelle Informationen einzuholen. Falls tatsächlich Landesmittel bewilligt werden, können diese aus zinsgünstigen öffentlichen Baudarlehen, Familienzusatzdarlehen und/oder Aufwendungsdarlehen zur Senkung der monatlichen Belastung aus Kapitaldienst bestehen.

Das Geld stammt von den Förderbanken wie beispielsweise der NRW Bank, die zinsgünstige Darlehen je nach Kostengruppe und Region zwischen 60 000 und 100 000 Euro gewährt. In Großstädten wie Düsseldorf gibt es mehr als auf dem Land. Hinzu kommen Zusatzdarlehen für barrierefreies Bauen sowie ein eventueller Familienbonus. In Baden-Württemberg kann eine Familie mit zwei minderjährigen Kindern über das Programm „Eigentumsfinanzierung BW" sogar ein zinsgünstiges Darlehen von 240 000 Euro erhalten. Wer mehr Kinder hat, bekommt eine sogar noch höhere Summe.

Zinsgünstige Mittel von Kommunen und Kirchen

Auch Kommunen und Kirchen bieten zuweilen zinsgünstige Darlehen an oder zahlen Zuschüsse. Einige Kommunen mit Einwohnerverlusten bieten beispielsweise Zuschüsse zu den Grundstückspreisen oder zur Energieförderung an. Eine Übersicht über kommunale Förderprogramme bietet die Plattform www.energiefoerderung.de, die von der Bürgerinformation Neue Energietechniken eingerichtet wurde. Eine Datenbank zur Förderung von privaten Baumaßnahmen durch Städte und Kirchen ist unter www.aktion-pro-eigenheim.de zu finden.

Auskünfte erhalten Sie auch direkt vor Ort bei der Stadt- oder Kirchenverwaltung.

KfW-Mittel: Zinsverbilligte Darlehen von der KfW Bankengruppe

Eine spezielle finanzielle Förderung von Wohnimmobilien erfolgt durch die KfW-Förderbank.

→ **Die staatliche KfW-Förderbank** vergibt vor allem an Bauherren, Käufer und Modernisierer eines Eigenheims zinsgünstige Darlehen. Sie gewährt diese Kredite aber nicht unmittelbar, sondern über andere Banken oder Sparkassen. Diese sind wiederum nicht verpflichtet, KfW-Förderkredite zu vermitteln. Zwar erhalten sie dafür von der KfW eine geringe Provision, doch bringen sie lieber ihre eigenen teureren Kredite an den Mann oder geben den KfW-Kredit nur zusammen mit einem Darlehen des eigenen Hauses heraus. Hartnäckiges Nachfragen bei verschiedenen Banken und Verhandeln mit einer Bank, die grundsätzlich auch KfW-Kredite vermittelt, lohnt sich.

KfW-Mittel für Bau oder Kauf

Für den Bau oder Kauf eines Eigenheims rückt die KfW einen Kredit bis zu 100 000 Euro heraus. Die Effektivzinsen lagen Anfang August 2021 zwischen 0,85 Prozent bei fünfjähriger Zinsbindung und 0,98 Prozent bei zehnjähriger Zinsbindung. Diese KfW-Zinskonditionen sind auf den ersten Blick nicht unbedingt günstiger als die Standardkonditionen der zinsgünstigsten Banken. Allerdings gelten die günstigen Zinskonditionen der Banken nur für den erstrangigen Teil, der meist bei 60 Prozent des Beleihungswerts beziehungsweise rund 50 Prozent der Anschaffungskosten endet. Für ein Darlehen bis zu 80 Prozent der Anschaffungskosten wäre dann ein saftiger Zinszuschlag fällig.

Um die Gesamtzinskosten bei der Eigenheimfinanzierung zu minimieren, empfiehlt sich daher aus zinsstrategischer Sicht ein Darlehenssplitting nach folgendem Muster:

▶ Zinsgünstiges Annuitätendarlehen der Bank ohne Zinsaufschlag für den erstrangigen Teil (zum Beispiel 60 Prozent der Anschaffungskosten) und

▶ Zinsgünstiger KfW-Kredit für den zweitrangigen Teil (zum Beispiel zusätzliche 20 Prozent der anstehenden Anschaffungskosten)

Maßnahmen zur Energieeinsparung werden von der KfW finanziell gefördert.

Zuschüsse und Kredite der KfW für energetisches Sanieren

Ab dem 1.7.2021 ersetzt die neue Bundesförderung für effiziente Gebäude (BEG) die bisherigen KfW-Programme zum energieeffizienten Bauen und Sanieren.

Für den Bau eines Effizienzhauses vergibt die KfW bis zu 150 000 Kredit zu zinsgünstigen Konditionen. Ein Tilgungszuschuss von bis zu 37 500 Euro reduziert den Kredit und verkürzt die Kreditlaufzeit. Alternativ zum KfW-Kredit gibt es auch einen direkten Zuschuss von bis zu 37 500 Euro beim Neubau.

Bei der Sanierung eines Hauses zum Effizienzhaus ist ein Kredit bis zu 150 000 Euro und ein Tilgungszuschuss bis zu 75 000 Euro möglich. Alternativ dazu können Haussanierer auch bis zu 75 000 Euro als direkten Zuschuss bekommen.

Um Fördergelder zu erhalten, muss sich das neu gebaute oder sanierte Gebäude an dem KfW-Effizienzhaus-Standard nach den Vorgaben des Gebäudeenergiegesetzes (GEG) messen lassen.

Als Basis dient das Effizienzhaus KfW-100. Dafür können Eigentümer einen Zuschuss von 27,5 Prozent der förderfähigen Kosten von bis zu 150 000 Euro erhalten, also bis zu 41 250 Euro.

Ein Effizienzhaus-70 benötigt beispielsweise nur 70 Prozent der Energie eines KfW-100 und wird deshalb stärker gefördert. Allgemein gilt: Je kleiner der Wert ist, desto geringer ist der Energiebedarf des Hauses und desto höher fällt die Förderung durch die KfW aus.

Für einen Effizienhausstandard 55 erhalten Eigentümer beispielsweise einen Investitionszuschuss von 40 Prozent. Dies sind bis 60 000 Euro der förderfähigen Kosten von maximal 150 000 Euro. Beim Effizienzhaus KfW-40 liegt der Investitionszuschuss sogar bei 45 Prozent und somit bei bis zu 67 500 Euro.

Für Einzelmaßnahmen zum energetischen Sanieren gibt es KfW-Kredite bis zu 60 000 Euro. Dies gilt ab 1.7.2021 auch für das Erneuern der Heizung. Beim Austausch einer alten Ölheizung sind Tilgungszuschüsse bis zu 50 Prozent möglich.

Weitere förderungswürdige Einzelmaßnahmen sind beispielsweise der Austausch
von Fenstern und Außentüren oder die Wärmedämmung von Wänden.

Direkte Zuschüsse für Einzelmaßnahmen vergibt weiterhin das Bundesamt für
Wirtschaft und Ausfuhrkontrolle (Bafa).
Beim Austausch alter Ölheizungen gegen
klimafreundlichere Modelle gewährt die Bafa sogar einen direkten Zuschuss bis zu 45
Prozent der Investitionskosten.

Altersgerechter Umbau

Außerdem gibt es noch zinsgünstige Kredite bis zu 50 000 Euro mit nur 0,42 Prozent
Effektivzins bei einer Zinsbindung von
10 Jahren für den altersgerechten Umbau
(zum Beispiel bodengleiche Duschen und
Rampen zur Überwindung von Türschwel-
len oder Treppen) oder auch für den Erster-
werb einer altersgerecht umgebauten Immobilie, sofern die Kosten für den barriere-
armen Umbau im Kaufvertrag gesondert
ausgewiesen sind. Die Komplettsanierung
eines schon betagten Eigenheims zahlt sich
am meisten aus.

Die Kreditvariante ist allen Haus- und
Wohnungseigentümern zu empfehlen, die
eine Modernisierung und/oder Energieeinsparung ihrer eigenen vier Wände nicht mit
eigenen Geldmitteln bezahlen können.

Details mit den aktuellen Konditionen
zur Kredit- und Zuschussvariante sind unter
www.kfw.de abrufbar.

Wer zum Beispiel ein älteres Haus kauft,
modernisiert und alterstauglich macht,
kann sogar gleich drei verschiedene Kredite
miteinander kombinieren:

100 000 Euro für den Kauf aus dem
Wohneigentumsprogramm, bis zu 120 000
Euro für die Sanierung zum Effizienzhaus
und bis zu 50 000 Euro für den altersgerechten Umbau.

Förderkonditionen der KfW-Bank

Für KfW-Kredite zahlen Kreditnehmer oft weniger Zinsen, als sie an Tilgungszuschüssen bekommen. Deshalb ist der Effektivzins in vielen Fördervarianten negativ.

Energiestandard nach Kauf / Baumaßnahmen	Höchst-kredit (Euro)	Sollzins[1] (Prozent)	Tilgungs-zuschuss[2] (Prozent)	Effektivzins[3] (Prozent) 10 Jahre Zinsbindung		
				10 Jahre Laufzeit	20 Jahre Laufzeit	30 Jahre Laufzeit
Bau oder Kauf eines Effizienzhauses						
Effizienzhaus 40 Plus	150 000	0,57 – 0,76	25,0	−5,66	−3,21	−2,74
Effizienzhaus 40	120 000	0,57 – 0,76	20,0	−4,09	−2,28	−1,94
Effizienzhaus 40 EE oder NH	150 000	0,57 – 0,76	22,5	−4,85	−2,73	−2,33
Effizienzhaus 55	120 000	0,57 – 0,76	15,0	−2,70	−1,44	−1,19
Effizienzhaus 55 EE oder NH	150 000	0,57 – 0,76	17,5	−3,37	−1,85	−1,56
Sanierung eines bestehenden Gebäudes[4]						
Effizienzhaus 40	120 000	0,57 – 0,76	45,0	−14,65	−8,32	−6,86
Effizienzhaus 40 EE	150 000	0,57 – 0,76	50,0	−17,87	−10,30	−8,26
Effizienzhaus 55	120 000	0,57 – 0,76	40,0	−11,89	−6,74	−5,65
Effizienzhaus 55 EE	150 000	0,57 – 0,76	45,0	−14,65	−8,32	−6,86
Effizienzhaus 70 EE	150 000	0,57 – 0,76	40,0	−11,89	−6,74	−5,65
Effizienzhaus 85	120 000	0,57 – 0,76	30,0	−7,46	−4,24	−3,62
Effizienzhaus 85 EE	150 000	0,57 – 0,76	35,0	−9,52	−5,40	−4,58
Effizienzhaus 100	120 000	0,57 – 0,76	27,5	−6,53	−3,71	−3,17
Effizienzhaus 100 EE	150.000	0,57 – 0,76	32,5	−8,45	−4,80	−4,09
Effizienzhaus Denkmal	120 000	0,57 – 0,76	25,0	−5,66	−3,21	−2,74
Effizienzhaus Denkmal EE	150 000	0,57 – 0,76	30,0	−7,46	−4,24	−3,62

EE = Erneuerbare Energienklasse   NH = Nachhaltigkeitsklasse   1) Zinssatz abhängig von der Laufzeit.   2) Anteil am bewilligten Kredit.   3) Unter Einrechnung des Tilgungszuschusses und einess tilgungsfreien Anlaufjahres, berechnet für die Dauer der Zinsbindung.   4) Für einzelne Sanierungsmaßnahmen gibt es bei gleichen Sollzinssätzen bis zu 60 000 Euro Kredit und je nach Baumaßnahme Tilgungszuschüsse von 20 bis 50 Prozent.

Stand: 2. September 2021

Steuervorteile für Kapitalanleger

Nach Wegfall der Eigenheimzulage gibt es für Selbstnutzer keine speziellen Steuervorteile mehr. Anders sieht dies für Kapitalanleger aus, die Wohnimmobilien vermieten.

Steuervorteile für Vermieter

Bei vermieteten Immobilien entstehen immer dann Steuerersparnisse, wenn die steuerlich abzugsfähigen Werbungskosten (Schuldzinsen, Bewirtschaftungskosten und Gebäudeabschreibungen) über den zu versteuernden Mieteinnahmen liegen und dadurch ein steuerlicher Verlust aus Vermietung entsteht. Diesen Verlust beziehungsweise diese negativen Einkünfte aus Vermietung können Vermieter mit positiven Einkünften (zum Beispiel aus nichtselbstständiger oder selbstständiger Arbeit) verrechnen und dadurch Steuern sparen. Je höher die individuelle Steuerprogression, desto höher fällt auch die tatsächliche Steuerersparnis aus. Besonders attraktiv sind die steuerlich abzugsfähigen Abschreibungen, da sie keine laufenden Ausgaben darstellen und den Vermieter somit finanziell nicht belasten. Bei fast allen vermieteten Immobilien können jährlich 2 Prozent der anteiligen Gebäudekosten abgesetzt werden. Dabei machen die Gebäudekosten je nach Gebäude typischerweise zwischen 75 und 85 Prozent der gesamten Anschaffungskosten aus. Im Durchschnitt sind somit rund 1,6 Prozent der Anschaffungskosten pro Jahr steuerlich absetzbar. Vermieter, die in der Zeit von September 2018 bis Ende 2021 in den Neubau von Mietwohnungen investieren, können zusätzlich zur linearen Abschreibung von 2 Prozent noch die Sonderabschreibung in Höhe von 5 Prozent pro Jahr für insgesamt vier Jahre nutzen. Damit sind in den ersten vier Jahren insgesamt 28 Prozent der Gebäudekosten steuerlich abzugsfähig. Allerdings dürfen die Investitionskosten nicht über 3 000 Euro pro Quadratmeter Wohnfläche hinausgehen, um bezahlbaren Wohnraum zu schaffen. Außerdem müssen die neu gebauten oder gekauften Wohnungen mindestens zehn Jahre lang vermietet werden. Besonders hoch ist der Abschreibungssatz für Immobilien, die unter Denkmalschutz stehen und nach Fertigstellung vermietet werden. Herstellungskosten für Baumaßnahmen nach dem 31.12.2003 sind innerhalb von zwölf Jahren vollständig steuerlich absetzbar (je 9 Prozent im 1. bis 8. Jahr und je 7 Prozent im 9. bis 12. Jahr nach §7i EStG).

Unter den Werbungskosten aus Vermietung stellen die Schuldzinsen bei fremdfinanzierten Immobilien regelmäßig den größten Posten dar. Aus steuerlicher Sicht empfehlen sich für die Erstfinanzierung vermieteter Immobilien ein hoher Fremdkapitalanteil, eine niedrige Anfangstilgung von 1 Prozent pro Jahr oder ein tilgungsfreies Darlehen sowie eine mindestens zehnjährige Zinsbindung. Da ein möglicher Veräußerungsgewinn beim Verkauf vermieteter Immobilien erst nach einer Haltedauer von mehr als zehn Jahren steuerfrei zufließt, sind mit diesem Finanzierungskonzept zumindest die steuerlichen Weichen richtig gestellt. Wer als Vermieter jedoch auf Nummer sicher gehen und eine hohe Schuldenabhängigkeit von vornherein vermeiden will, sollte Eigenkapital von mindestens 20 Prozent der Investitionskosten einsetzen sowie eine höhere Tilgung wählen.

Seine Anfangs- und späteren Restschulden nach Ablauf der Zinsbindung liegen dann auf einem vergleichsweise niedrigen Niveau. Allerdings wird er, wenn die Mieteinnahmen wie geplant fließen und diese die Werbungskosten übersteigen, einen Gewinn aus Vermietung erzielen, der seine anderen positiven Einkünfte erhöht und somit zu Steuerzahlungen führt.

Da sich Steuerersparnis um jeden Preis sowieso nicht lohnt, muss dies nicht die schlechtere Perspektive sein. Im Rentenalter drückt ein solcher Gewinn in der Regel nicht mehr so stark, da die Steuerprogression nun abnimmt. Es kann sogar von Vorteil sein, die vermietete Immobilie im Rentenalter völlig schuldenfrei zu stellen und den laufenden Mietüberschuss quasi als willkommene Zusatzrente zu genießen.

Mietersparnis durch miet- und schuldenfreies Wohnen im Alter („Eigenheim-Rente") sowie ein schuldenfreies Mietobjekt („Miethaus-Rente") stellen für Immobilienbesitzer, die sich beides finanziell leisten können, eine gute private Altersvorsorge dar.

Staatliche Hilfen für Selbstnutzer

☐ Wohn-Riester-Zulagen zwecks Tilgung von Wohn-Riester-Darlehen der Banken oder Bausparkassen für Arbeitnehmer und Beamte, die ein Eigenheim finanzieren

☐ Bausparförderung durch Wohnungsbauprämie und Arbeitnehmersparzulage bei Unterschreiten von Einkommensgrenzen (maximal 175 Euro pro Jahr für Sparleistung von 1964 Euro bei verheirateten Arbeitnehmern mit einem zu versteuernden Einkommen unter 35 600 Euro)

☐ Steuervergütung für Handwerkskosten (20 Prozent der anteiligen Lohnkosten einer Handwerkerrechnung und maximal 1 200 Euro pro Jahr als Abzug von der Steuerschuld) und für haushaltsnahe Dienstleistungen (20 Prozent der Lohnkosten und maximal 4 000 Euro pro Jahr ebenfalls als Abzug von der Steuerschuld)

☐ Steuerersparnis für Kosten von Baumaßnahmen bei denkmalgeschützten Gebäuden und Gebäuden in Sanierungsgebieten, die selbst bewohnt werden, durch Abzug von steuerlich abzugsfähigen Sonderausgaben (zehn Jahre lang je 9 Prozent der Herstellungskosten nach § 10 f EStG)

☐ Eventuell Steuerersparnis für häusliches Arbeitszimmer im Eigenheim, zum Beispiel bis zu maximal 1 250 Euro jährlich unter Werbungskosten bei den Einkünften aus nichtselbstständiger Arbeit

☐ Eventuell Lastenzuschuss als Zuschuss zur monatlichen Belastung für Kapitaldienst und Bewirtschaftung bei Niedrigverdienern mit relativ hoher Belastung („Wohngeld für Wohneigentümer"), wobei die Höhe des Lastenzuschusses vom Familieneinkommen, der Haushaltsgröße und der jeweiligen Mietenstufe der Gemeinde abhängt

Versicherungen: Auf Nummer sicher gehen

Im Zusammenhang mit der Finanzierung von Haus und Wohnung sind drei Versicherungstypen besonders wichtig.

 Diese Versicherungen sollten Sie für Ihr Eigenheim abschließen:

▸ Restschuldversicherung zur Absicherung des Darlehens, falls der Kreditnehmer (zum Beispiel Hauptverdiener) stirbt und eine Familie zurücklässt

▸ Feuer- beziehungsweise Wohngebäudeversicherung, eventuell zusätzlich Elementarschaden- und Öltankversicherung sowie Hausratversicherung

▸ Spezielle Bauversicherungen für Bauherren

Restschuldversicherung für Familien sehr sinnvoll

Eine Restschuldversicherung mit jährlicher Anpassung der Versicherungssumme entsprechend den fallenden Restschulden laut Tilgungsplan (siehe Seite 97) sollte zumindest für jeden Darlehensnehmer, der mit seiner Familie in die eigenen vier Wände einzieht, Vorrang genießen. Man muss nicht das Angebot der Banken, Sparkassen oder Bausparkassen zur Risikolebens- oder Restschuldversicherung annehmen. Preisgünstige Angebote kommen vor allem von Direktversicherern wie Europa.

Wohngebäudeversicherung unverzichtbar

Darlehensgeber verlangen regelmäßig die Vorlage einer Feuerversicherungspolice. Eine solche Wohngebäudeversicherung schützt Sie finanziell für den Fall, dass beispielsweise Ihr Haus abbrennt oder ein größerer Wasserschaden entsteht. Ihre Wohngebäudeversicherung sollte Schäden durch Feuer, Sturm, Hagel und Leitungswasser abdecken und von Ihnen schon zu Baubeginn abgeschlossen werden. Feuerschäden am Rohbau sind dann bereits während der Bauphase für sechs bis zwölf Monate beitragsfrei mitversichert (sogenannte Feuerrohbauversicherung ist also inklusive). Beim Kauf einer gebrauchten Immobilie müssen Sie die Police des Voreigentümers nicht übernehmen. Vergleichen Sie die Kosten mit anderen Angeboten und wechseln Sie den Versicherer, wenn Sie ein günstigeres Angebot finden.

Die Versicherungsprämie richtet sich nach Wohnort, Bauart, Baujahr, Wohnfläche, Geschosszahl und dem gewählten Leistungsumfang. Für den umfassenden Schutz eines am 1. Juli 2015 bezugsfertigen Neubaus mit 120 Quadratmeter Wohnfläche und gehobener Ausstattung lag der jährliche Beitrag laut Finanztest 3/2021 je nach Standort und Versicherer zwischen 191 und 943 Euro für einen Neubau oder zwischen 336 und 1497 Euro für ein 20 Jahre altes Haus.

Elementarschadenversicherung bei Hochwasserschäden

Eine zusätzliche Elementarschadenversicherung kommt für Hochwasserschäden auf, die beispielsweise durch überflutete Keller entstehen. Sie greift nicht nur bei Starkregen und Überschwemmung wie bei der Flutkatastrophe im Juli 2021, sondern auch bei Rückstau, Erdbeben, Erdrutsch, Erdsenkung sowie bei Schneedruck und Lawinen. Leider ist dieser Schutz in Gebieten, die für eine erhöhte Hochwassergefahr bekannt sind, nur sehr selten zu bekommen. Ausnahmen wie der Ergo-Tarif „Wohngebäude Spezial" mit den Risikozonen Zürs 3 und Zürs 4 bestätigen die Regel.

Der Schutz für Gebäude in anderen Gebieten ist nur in Kombination mit einer Wohngebäude- oder Hausratversicherung gegen einen Aufpreis zu haben.

Öltankversicherung bei Heizungsanlagen mit Öl

Eine zusätzliche Öltankversicherung (auch Gewässerschaden-Haftpflichtversicherung genannt) ist Hauseigentümern zu empfehlen, die mit Öl heizen. Damit sollen Schäden abgedeckt werden, die das eigene Öl im Grundwasser oder in Fließgewässern anrichten kann. Der Schutz kostet bei einem oberirdischen Heizöltank mit einem Fassungsvermögen von 10 000 Litern 30 Euro pro Jahr aufwärts, für einen unterirdischen Tank bis 5 000 Liter ab 37 Euro jährlich. Die Öltankversicherung gibt es auch als Zusatz zur privaten Haftpflichtversicherung, die ohnehin ein absolutes Muss für jeden sein sollte.

Hausratversicherung anpassen

Ihre meist schon bestehende Hausratversicherung sollten Sie nach dem Einzug ins Eigenheim aufstocken, da Ihre eigenen vier Wände fast immer eine größere Wohnfläche als Ihre bisher gemietete Wohnung aufweisen und sich möglicherweise auch mehr Hausratgegenstände in Ihrem Haushalt angesammelt haben.

Bauversicherungen für Bauherren und Modernisierungen

Auf einer Baustelle kann viel passieren: Ein spielendes Kind stürzt in die Baugrube oder ein Autofahrer verursacht wegen herumfliegender Planen einen Unfall. In diesen Fällen haftet der Bauherr – und zwar unbegrenzt. Das kann schnell in die Hunderttausende gehen.

▸ **Haus- und Grundbesitzer-Haftpflichtversicherung**
Für Gefahren, die von einem noch unbebauten Grundstück ausgehen, sinn-

Versicherungen für Häuslebauer

Diese Versicherungen bieten Schutz gegen finanzielle Katastrophen während der Bauzeit und darüber hinaus. Welche davon man braucht und abschließt, ist individuell abzuwägen.

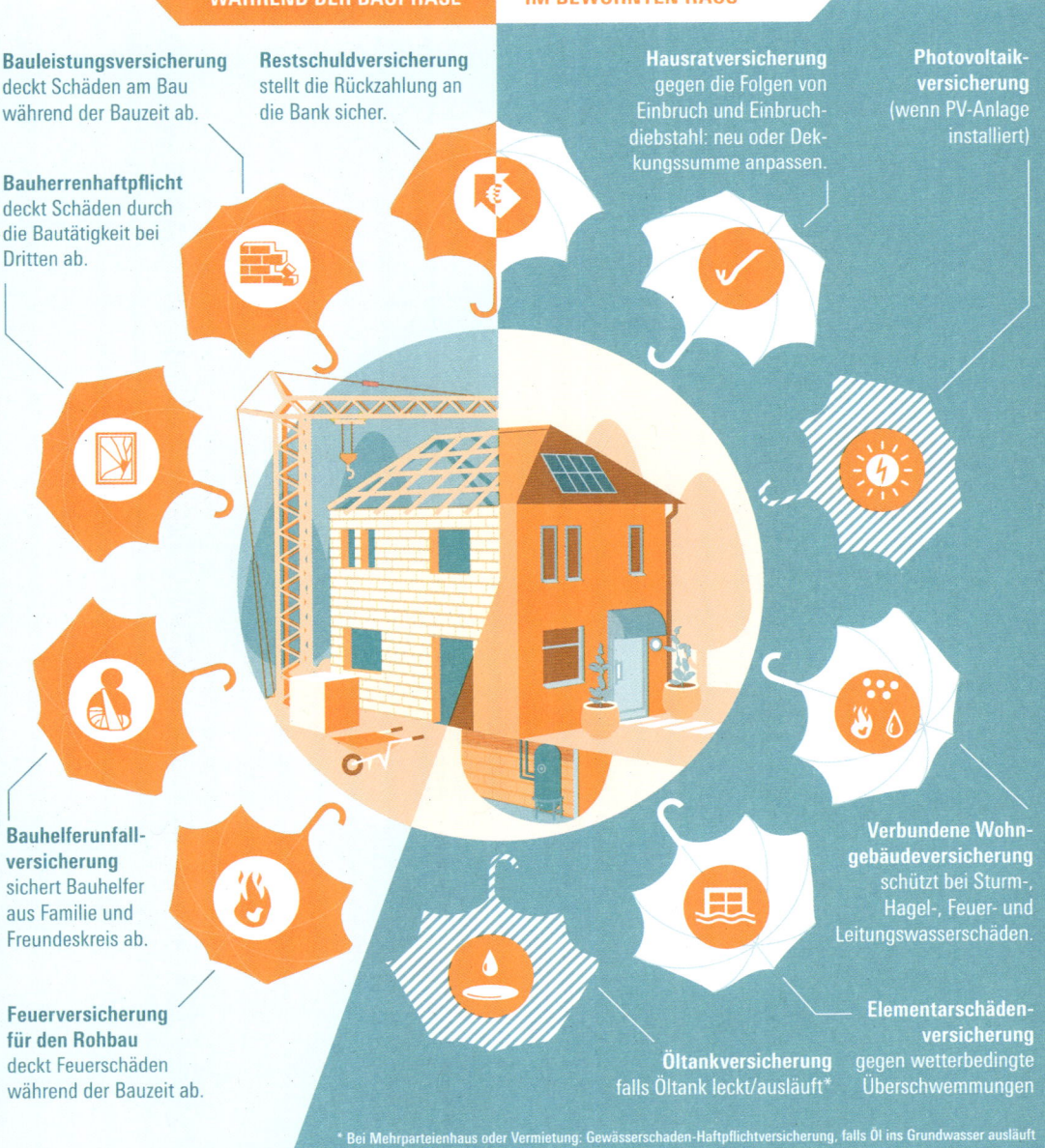

WÄHREND DER BAUPHASE

IM BEWOHNTEN HAUS

Bauleistungsversicherung
deckt Schäden am Bau während der Bauzeit ab.

Restschuldversicherung
stellt die Rückzahlung an die Bank sicher.

Hausratversicherung
gegen die Folgen von Einbruch und Einbruch-diebstahl: neu oder Dek-kungssumme anpassen.

Photovoltaik-versicherung
(wenn PV-Anlage installiert)

Bauherrenhaftpflicht
deckt Schäden durch die Bautätigkeit bei Dritten ab.

Bauhelferunfall-versicherung
sichert Bauhelfer aus Familie und Freundeskreis ab.

Feuerversicherung für den Rohbau
deckt Feuerschäden während der Bauzeit ab.

Öltankversicherung
falls Öltank leckt/ausläuft*

Verbundene Wohn-gebäudeversicherung
schützt bei Sturm-, Hagel-, Feuer- und Leitungswasserschäden.

Elementarschäden-versicherung
gegen wetterbedingte Überschwemmungen

* Bei Mehrparteienhaus oder Vermietung: Gewässerschaden-Haftpflichtversicherung, falls Öl ins Grundwasser ausläuft

voll bei noch nicht feststehendem Baubeginn oder bei nicht geplanter Bebauung, jährlicher Beitrag zwischen 20 bis 70 Euro für ein 1000 Quadratmeter großes unbebautes Grundstück.

Oder Sie schließen die Bauherren-Haftpflichtversicherung bereits beim Grundstückskauf ab, wenn Sie absehen können, dass das Gebäude innerhalb von zwei Jahren fertiggestellt wird. Die Haftpflicht für das unbebaute Grundstück wird so bereits vor Baubeginn ohne Zusatzkosten mitversichert. Achten Sie auf eine hohe Versicherungssumme. Sie sollte mindestens drei Millionen Euro pauschal für Personen- und Sachschäden betragen. Viele Gesellschaften bieten nur niedrigere Leistungsgrenzen an.

Sie kommt meist während einer Bauzeit von bis zu zwei Jahren für Schäden auf, die im nicht versicherten Fall der Bauherr selbst zahlen müsste. Das gilt sogar für den Fall, dass er den Schaden grob fahrlässig verursacht hat. Der Versicherer prüft außerdem, ob Ersatzansprüche überhaupt gerechtfertigt sind, und trägt die Kosten einer gerichtlichen Auseinandersetzung. Mitversichert sind auch Pflichten, die der Bauherr schon während der Bauphase hat, etwa seine Streupflicht.

Die Bauherrenhaftpflicht kostet einen einmaligen Betrag, der abhängig von der Bausumme ist. Für den Bau eines 250 000 Euro teuren Einfamilienhauses zum Beispiel kostet sie zwischen rund 100 und 200 Euro.

Auch Eigenleistungen gehen in die Bausumme ein: mit dem Preis, den ein Handwerker dafür nehmen würde. Dazu muss, wer Eigenleistung erbringt, mehr Prämie zahlen: Einige Versicherer verlangen den Zuschlag erst für Eigenleistungen im Wert von über 25 000 Euro, andere schon für die ersten 1000 Euro. Nach Ende der Bauzeit muss er die Risiken, die für ihn als Haus- und Grundbesitzer entstehen, entweder durch seine private Haftpflichtversicherung decken, wenn er die Immobilie selbst bewohnt, oder durch eine Haus- und Grundbesitzer-Haftpflichtversicherung, wenn er vermietet.

Um- und Ausbau: Bei kleineren Bauvorhaben prüfen Sie , ob eventuelle Schäden schon durch Ihre private Haftpflichtversicherung abgedeckt sind. Das ist – je nach Versicherer – für Bausummen von 10 000 bis 100 000 Euro der Fall. Einige Tarife begrenzen die Bausumme gar nicht.

▶ **Unfallversicherung für Helfer**

Private Helfer, die auf Ihrer Baustelle anpacken, müssen Sie bei der regional zuständigen Bau-Berufsgenossenschaft anmelden. Für Ansprüche aus Arbeitsunfällen leistet die Bauherrenhaftpflicht nämlich nicht. Wichtig: Um die Absicherung durch die Berufsgenossenschaft nicht zu gefährden, müssen Sie deren Unfallverhütungsvorschriften einhalten.

Nicht gesetzlich versichert sind die Bauherren selbst und ihre Ehepartner. Sie können sich freiwillig über die Bauberufsgenossenschaft versichern, was rund 350 Euro im Monat kostet. Bauherren können sich mit einer privaten Unfallversicherung auch zusätzlich versichern; einen guten Versicherungsschutz gibt es bereits ab rund 100 Euro im Jahr. Auch für Bauhelfer ist eine private Unfallversicherung sinnvoll. Die Leistungen aus der gesetzlichen Unfallversicherung sind lediglich begrenzt. Eine zusätzliche Entschädigung ist oft nötig, um Lücken im Schutz auszugleichen.

▶ **Brauchen Sie eine Bauleistungsversicherung?**

Wenn während der Bauphase der Rohbau oder Baumaterialien zerstört oder beschädigt werden, kann das bei einer knappen Kalkulation den Finanzierungsplan und damit den gesamten Bau gefährden. Die Bauleistungsversicherung kommt auf für Elementarereignisse wie Erdbeben, Witterungseinflüsse wie Wolkenbruch, Orkan, Überschwemmungen, mutwillige Zerstörung durch Unbekannte, Ungeschicklichkeit und Fahrlässigkeit von Bauarbeitern sowie Diebstahl bereits fest eingebauten Materials. Auch die Bauleistungspolice deckt bestimmte Schäden nicht oder nur mit entsprechender Zusatzvereinbarung ab. So sind auf der Baustelle gelagerte Materialien zwar gegen Beschädigung, nicht aber gegen Diebstahl gesichert. Nicht versichert sind auch Schäden durch normale Witterungseinflüsse wie Frost, durch Pfusch am Bau, unterlassene übliche Schutzmaßnahmen der Baufirmen, An- und Umbauten an der Altbausubstanz sowie Feuer. Bei einer Bausumme von 250 000 Euro bot die WGV mit 250 Euro die kostengünstigste Bauleistungsversicherung an, wie ein Prämienvergleich in Finanztest 5/2017 zeigte. Der teuerste unter 21 Anbietern verlangte 669 Euro.

Auf Augenhöhe verhandeln

Eine erfolgreiche Verhandlung mit den Profis der Kreditgeber um die für Sie günstigste Finanzierung läuft in der Regel in drei Stufen ab: geschickte Vorbereitung, erfolgreiches Kreditgespräch und sicherer Vertragsabschluss.

Die richtigen Finanzierungskonzepte und -lösungen sind die Grundlage für eine sichere und zinsgünstige Finanzierung von Haus oder Wohnung. Jetzt müssen Sie das nur noch mit Ihrem Kreditgeber vereinbaren. Lösen Sie sich dabei von der Vorstellung, Sie müssten Ihre Bank gnädigst um die Gewährung eines Darlehens bitten. Eine unterwürfige Bittstellerhaltung ist völlig fehl am Platz. Es geht schlicht und einfach um ein Geschäft. Die Bank will als Kreditgeber ein möglichst lukratives Kreditgeschäft abschließen und damit Geld verdienen. Das ist ihr gutes Recht.

Sie als potenzieller Kreditnehmer benötigen einen Kredit und wollen die Kreditkosten so weit wie möglich minimieren. Das ist Ihr gutes Recht.

Es ist somit völlig klar, dass Bank (sprich: Kreditgeber) und Sie (Kreditnehmer) grundsätzlich unterschiedliche Interessen haben. Das wird aber beide nicht daran hindern, in offene Verhandlungen einzutreten und einen möglichst fairen Interessensausgleich herbeizuführen.

Das Kredit- oder Finanzierungsgeschäft unterscheidet sich insofern überhaupt nicht von anderen Geschäften.

Die geschickte Vorbereitung

Eine gründliche und geschickte Vorbereitung stellt die beste Voraussetzung für ein erfolgreiches Kreditgespräch mit der Bank oder einem anderen Kreditgeber dar.

In der Praxis dominiert häufig leider immer noch der Banker mit seinem oft zur Schau getragenen Informations- und Wissensvorsprung. Es liegt an Ihnen, diesen Vorsprung abzubauen und ein gleichberechtigter Gesprächs- und Verhandlungspartner zu werden.

Ihr Bestreben sollte es sein, auf gleicher Augenhöhe mit Ihrem Kreditgeber zu verhandeln. Dies wird Ihnen eher gelingen, wenn Sie die mit Fachbegriffen gespickte Bankersprache verstehen (siehe dazu zahlreiche Veröffentlichungen von Finanztest und Buchpublikationen der Stiftung Warentest) und vorab Informationen über die Finanzierungspraxis Ihres Kreditgebers einholen.

Wenn Sie sich mit Ihrer Bank oder einem anderen Finanzierungsinstitut in dem vor Ort oder am Telefon geführten Kreditgespräch über alle Finanzierungskonditionen geeinigt haben, steht einem sicheren Abschluss des Darlehensvertrags und einer erforderlichen Grundschuldbestellung beim Notar nichts mehr im Wege.

Faustformel zur Ermittlung der aktuellen Effektivzinsen

Banker aus der Baukreditabteilung sowie Baugelddiscounter im Internet jonglieren täglich mit aktuellen Soll- und Effektivzinsen für Hypothekendarlehen in Abhängigkeit von der Zinsbindungsdauer (zum Beispiel 5, 10 oder 15 Jahre) und der Höhe des Kreditbedarfs (zum Beispiel 60, 70 oder 80 Prozent des Kaufpreises). Daher kennen sie das momentane Zinsniveau und die jeweilige Zinsstruktur quer durch alle Laufzeiten zunächst besser als Sie.

Sie können den Profis aber Paroli bieten, indem Sie sich vorab über das aktuelle Niveau der Hypothekenzinsen informieren. Dies ist einfacher als gedacht, wenn Sie nach folgender Faustformel vorgehen:

> Aktuelle Rendite von Bundesanleihen für x Jahre
>
> + Zinsaufschlag von rund einem Prozentpunkt
>
> = Effektiver Hypothekenzins für Zinsbindung über x Jahre

Wir zeigen dies an folgendem Beispiel: Die Rendite für Bundesanleihen mit einer Lauf-

Bescheid wissen
Informieren Sie sich vor den Kreditverhandlungen selber über die aktuellen Konditionen.

zeit von zehn Jahren beträgt 0 Prozent. In diesem Fall werden Hypothekendarlehen (ohne Riester-Förderung und ohne Kredite der KfW Förderbank) bis zu 60 Prozent des Immobilienkaufpreises effektiv bei zinsgünstigen Anbietern 1 Prozent kosten.

Sofern die Rendite von 20-jährigen Bundesanleihen bei 1 Prozent liegt, werden die Effektivzinsen für zinsgünstige Hypothekendarlehen mit 20-jähriger Zinsbindung bei rund 2 Prozent liegen.

Natürlich streuen die effektiven Hypothekenzinsen, da die Zinsaufschläge auf die Rendite für Bundesanleihen bis zu einem Prozentpunkt und in Ausnahmefällen auch mehr betragen.

Suche und Auswahl von Kreditgebern

Die Effektivzinssätze für Hypothekendarlehen bewegen sich also in einer relativ engen Spanne. Beim zinsgünstigsten Anbieter sparen Sie im Vergleich zum teuersten Kredit-

geber im Durchschnitt einen halben Prozentpunkt. Dies klingt zunächst nach nicht viel.

66 Kleine Ursache ('nur 0,5 Prozentpunkte Zinsunterschied') – große Wirkung (hohe fünfstellige Ersparnis)

Bei hohen sechsstelligen Darlehenssummen (zum Beispiel 200 000 Euro) und einer langer Zinsbindung (zum Beispiel 15 Jahre) sparen Sie aber immerhin pro Jahr 1000 Euro und über 15 Jahre also insgesamt 15 000 Euro ein, wenn Sie sich für das zinsgünstigste Angebot entscheiden und die laufende Tilgung bei dieser Überschlagsrechnung außer Acht lassen. Wie man feststellen kann, zahlen sich die Suche und Auswahl des zinsgünstigsten Kreditgebers in barer Münze aus.

Die Unterlagenmappe
hilft Ihnen, eine vollständige und übersichtliche Dokumentation für Kreditverhandlungen zu erstellen.

In Wirklichkeit ist die Ersparnis noch größer, wenn man eine laufende Tilgung berücksichtigt.

Auch hierzu wieder ein Beispiel: Bei einer gegebenen einheitlichen jährlichen Belastung von 5 Prozent des Darlehens von 200 000 Euro führt das um 0,5 Prozentpunkte zinsgünstigere Kreditangebot (1,5 Prozent Sollzins und 3,5 Prozent Tilgung zuzüglich ersparter Zinsen) im Vergleich zum teureren Angebot (2 Prozent Sollzins und 3 Prozent Tilgung zuzüglich ersparter Zinsen) nach 15 Jahren zu einer um fast 13 000 Euro niedrigeren Restschuld (82 331 Euro statt 95 143 Euro).

Es gilt somit der Grundsatz „Kleine Ursache („nur 0,5 Prozentpunkte Zinsunterschied') – große Wirkung (hohe fünfstellige Ersparnis)".

Konditionenvergleich

Daher lohnt es sich immer, schon im Vorfeld der Finanzierung einen Vergleich der Zinskonditionen bei verschiedenen Kreditgebern vorzunehmen. Ein zeitnaher Konditionenvergleich kann schon über das Internet (zum Beispiel www.fmh.de) erfolgen. Außerdem können Sie die aktuellen Zinskonditionen auf eigene Faust durch Anrufe bei der Baukreditabteilung von Banken erfragen. Man wird Ihnen die aktuellen Standardkonditionen telefonisch durchgeben. Am besten fragen Sie nach den Sollzinsen bei 100 Prozent Auszahlung sowie nach den Effektivzinsen, und zwar getrennt für unterschiedliche Zinsbindungsfristen (zum Beispiel zehn oder 15 Jahre). Etwa fünf Telefonanrufe reichen erfahrungsgemäß aus, um einen guten Überblick über die aktuellen Hypothekenzinsen zu gewinnen. Selbstverständlich sollten Sie unbedingt auch Ihre Hausbank konsultieren.

Haben Sie nach dem Konditionenvergleich einige Banken in die engere Wahl gezogen, sollten Sie alles daransetzen, eine vorläufige Darlehenszusage zu bekommen. Dies setzt voraus, dass Sie bei der von Ihnen favorisierten Bank einen Darlehensantrag oder zumindest eine Darlehensanfrage stellen. Stellen Sie Darlehensanträge aber nicht bei mehreren Banken, denn dies führt zu mehr Schufa-Einträgen und verschlechtert Ihren Score-Wert (siehe Seite 172).

Ein aussagefähiges Darlehensangebot erhalten Sie außerdem nur dann, wenn Sie der von Ihnen ausgewählten Bank bereits einige Unterlagen über Ihre Einkommens- und Vermögensverhältnisse sowie über die von Ihnen möglicherweise zu finanzierende Immobilie überlassen.

Erstellung einer Unterlagenmappe

Sie können Ihre Darlehensanfrage bzw. Ihren Darlehensantrag auf bankeigenen Formularen stellen, die Sie sich vorher von der Bank zusenden lassen und diese ausfüllen. Erfahrungsgemäß hinterlassen Sie einen noch besseren Eindruck, wenn Sie Darlehensanfrage bzw. -antrag formlos stellen und als Anlage eine fast schon professionell gestaltete Unterlagenmappe beifügen.

Jede Immobilienfinanzierung setzt bankseitig eine sorgfältige Prüfung der Bonität des potenziellen Darlehensnehmers, des Beleihungsobjekts und der persönlichen Belastbarkeit voraus. Vor allem will Ihr Kreditgeber wissen, ob Sie kreditwürdig sind und eine ausreichende Bonität besitzen.

→ Eine Unterlagenmappe anlegen

Da jeder Kreditgeber besonders auf die drei Bs (Bonität, Beleihung, Belastung) achtet, empfiehlt sich folgende Gliederung der Unterlagenmappe:

Persönliche Verhältnisse: Angaben zu Ihrer Person und Ihrer Familie

Wirtschaftliche Verhältnisse: Einkommens- und Vermögensverhältnisse, insbesondere monatliches Brutto- und Nettogehalt, außerdem Einkommen anderer Familienmitglieder und zur Verfügung stehendes Eigenkapital

Beleihungsobjekt: Angaben zur Immobilie und Höhe der Investitionskosten

Finanzierung: Finanzierungsplan und Höhe der monatlichen Belastung

Die Bonität muss stimmen

Die Bonitätsprüfung erstreckt sich auf die Prüfung der Kreditwürdigkeit des Darlehensnehmers. Im Gegensatz zur Kreditfähigkeit, die lediglich Volljährigkeit und damit die Vollendung des 18. Lebensjahrs voraussetzt, geht es bei der Kreditwürdigkeit um die Frage, ob der Darlehens- bzw. Kreditnehmer aufgrund der persönlichen und wirtschaftlichen Verhältnisse einen Kredit erhalten kann.

Folgende Bereiche werden dabei unterschieden:

▶ Persönliche Kreditwürdigkeit: Beruf und Dauer des Beschäftigungsverhältnisses, Alter und Familienstand mit Zahl der Kinder

▶ Sachliche Kreditwürdigkeit: wirtschaftliche Verhältnisse, also Einkommens- und Vermögensverhältnisse

Bei der Prüfung der Einkommensverhältnisse werden folgende Angaben verlangt:
▶ Monatliches Nettogehalt, Jahresbruttoverdienst und letztes zu versteuerndes Einkommen
▶ Monatliche Ausgaben für Lebenshaltung und Ihre sonstigen Zahlungsverpflichtungen
▶ Einnahmenüberschuss

Die Vermögensverhältnisse werden aufgrund folgender Daten überprüft:
▶ Höhe des Geld- und Grundvermögens ohne Beleihungsobjekt (Bank- und Bausparguthaben, Wertpapiere und Investmentfonds, Kapitallebensversicherungen, Immobilien ohne Beleihungsobjekt, Beteiligungen)
▶ Schulden ohne neu aufzunehmende Hypothekenschulden für das Beleihungsobjekt (Überziehungskredite, Ratenkredite, Hypothekendarlehen mit der jeweiligen Restschuld)
▶ Geplanter Eigenkapitaleinsatz

Nahezu alle Banken sind dazu übergegangen, die Kreditwürdigkeit mithilfe eines Kreditscorings, also eines Punktesystems, zu überprüfen. In jedem Falle werden routinemäßig Auskünfte bei der Schufa (Schutzgemeinschaft für allgemeine Kreditsicherung) eingeholt. Die Schufa ist eine Gemeinschaftseinrichtung der kreditgebenden Wirtschaft. Dieser Institution gehören rund 20 000 Banken und Sparkassen, Versandhäuser und andere warenkreditgebende Unternehmen an.

Seit 1.4.2010 können Verbraucher einmal jährlich eine kostenlose Auskunft von der Schufa darüber verlangen, was über sie gespeichert wurde. Außerdem muss ihnen der persönliche „Score" mitgeteilt werden. Diese kostenlose Selbstauskunft nebst Score-Wert sollten Sie sich auf jeden Fall besorgen.

Im „Score" werden nicht nur harte Fakten wie beispielsweise unbezahlte Rechnungen berücksichtigt, sondern auch weiche Merkmale wie Wohnort, Alter, Familienstand, Zahl der Bankkonten oder Zahl der Umzüge. Unter www.schufa.de ist ein Muster der „Datenübersicht nach Paragraf 34 Bundesdatenschutzgesetz" zu finden.

Einen Musterbrief, mit dem die Auskunft angefordert werden kann, sowie weitere Informationen hat der Bundesdatenschutzbeauftragte im Internet unter www.bfdi.bund.de veröffentlicht.

Der Bundesverband der Verbraucherzentralen hat unter www.vzbv.de eine Liste aller bekannten Auskunfteien in Deutschland mit Adressen online gestellt.

Ein vom Bundesverbraucherschutzministerium in Auftrag gegebener Prüfbericht ergab, dass fast 45 Prozent der zur Score-Berechnung herangezogenen Daten falsch oder unvollständig waren.

Falls Sie Ihren Score-Wert mit den angegebenen Daten kennen, können Sie falsche Angaben korrigieren lassen.

Arbeitshilfen für die Kreditgespräche

Quasi zur Selbstprüfung Ihrer Kreditwürdigkeit eignen sich die folgenden Arbeitshilfen „1 – Persönliche Verhältnisse", „2 – Einkommensverhältnisse" und „3 – Vermögensverhältnisse".

Objekt für Beleihungszwecke prüfen

Die endgültige Beleihungsprüfung durch den Kreditgeber erfolgt in der Regel erst nach Erteilung einer vorläufigen Darlehenszusage.

Dennoch sollten Sie schon im Vorfeld Angaben und Unterlagen über das Beleihungsobjekt vorlegen. Ihr Kreditgeber will schließlich einen ersten Eindruck über die grundsätzliche Beleihbarkeit Ihrer Immobilie gewinnen. Er bzw. seine Bank will sich ja durch einen realen Gegenwert gegen Verluste absichern, falls Sie als Darlehensnehmer wider Erwarten finanziell ausfallen sollten. Füllen Sie dazu Arbeitshilfe „4 – Beleihungsobjekt" aus.

Zusätzliche Unterlagen

Ihrer Unterlagenmappe sollten Sie auch eine Gesamtkostenaufstellung (siehe Arbeitshilfe 5), einen vorläufigen Finanzierungsplan (siehe Arbeitshilfe 6) sowie eine überschlägige Belastungsrechnung (siehe Arbeitshilfe 7) beilegen.

Nach Ausfüllung der insgesamt sieben Arbeitshilfen sind Sie bestens auf das Kreditgespräch vorbereitet.

Arbeitshilfe 1: Persönliche Verhältnisse

1. Antragsteller
Vor- und Zuname: ....
Anschrift: ....
Geburtsdatum: ....
Staatsangehörigkeit: ....
Beruf: ....
Status: Angestellter / Beamter / Freiberufler / Gewerbetreibender
Ausbildung / Studium: ....
Arbeitgeber (falls nicht selbstständig): ......
Beschäftigt / selbstständig seit: ....
Familienstand: alleinstehend / verheiratet
Güterstand: Zugewinngemeinschaft / Gütertrennung
Anzahl und Alter der Kinder: ....

2. Weitere Antragsteller
Ehegatte (falls verheiratet): ....
Geburtsdatum des Ehegatten: ....
Beruf des Ehegatten: ....
Arbeitgeber des Ehegatten: ....
Eingetragener Lebenspartner: ....

3. Zusätzliche Angaben und Dokumente als Anlage, zum Beispiel:
– Beschäftigter im öffentlichen Dienst (mit Vorlage des Anstellungs-vertrags)
– Beamter (mit Vorlage der Urkunde über die Ernennung zum Beamten auf Lebenszeit)
– Langjährige Beschäftigung bei demselben Arbeitgeber in der Privatwirt-schaft (mit Vorlage des Anstellungsvertrags und eventuell mit Arbeits-zeugnis des Arbeitgebers)
– Eventuell notarieller Vertrag über Gütertrennung bei Ehegatten

Arbeitshilfe 2: Einkommensverhältnisse

1. Einnahmen

Monatliches Nettogehalt: .... €

Letztes Jahresbruttogehalt
(siehe Lohnsteuerbescheinigung des Arbeitgebers): ....€

Letztes zu versteuerndes Einkommen (siehe letzter
Einkommensteuerbescheid, evtl. Einkommensteuerbescheide der letzten drei Jahre): .... €

Sonstiges Einkommen des Antragstellers
(zum Beispiel Gewinn-, Zins- und Mieteinkünfte): .... €

Nettoeinkommen des weiteren Antragstellers
(zum Beispiel monatliches Nettogehalt des Ehegatten): .... €

Monatliches Kindergeld: .... €

Monatliches Familien-Nettoeinkommen: .... €

2. Ausgaben

Monatliche Ausgaben für Lebenshaltung
(ohne bisher gezahlte monatliche Nettokaltmiete): .... €

Monatliche Zahlungsverpflichtungen
(zum Beispiel Bauspar- und Versicherungsbeiträge, Unterhalt an
geschiedenen Ehegatten und Kinder, laufende Kreditraten): .... €

3. Einnahmenüberschuss

Monatliche Einnahmen (siehe unter 1.) .... €

Minus monatliche Ausgaben (siehe unter 2.) .... €

= Monatlicher Einnahmenüberschuss .... €

(ohne bisher gezahlte monatliche Nettokaltmiete und ohne künftige
Belastung aus Kapitaldienst für Eigenheim)

4. Zusätzliche Angaben und Dokumente als Anlage, zum Beispiel:

– Angestellte: Gehaltsabrechnungen der letzten drei Monate

– Selbstständige: Einkommensteuerbescheide, Bilanzen und Überschuss-
rechnungen oder Gewinn-/Verlust-Rechnungen der letzten drei Jahre

Arbeitshilfe 3: Vermögensverhältnisse

1. Vermögen (ohne Beleihungsobjekt)
Bankguthaben: .... €
Bausparguthaben: .... €
Wertpapiere (zum Kurswert): .... €
Investmentfonds (zum Rücknahmepreis): .... €
Kapitallebensversicherungen (zum Rückkaufswert): .... €
Immobilienvermögen (zum aktuellen Verkehrswert,
ohne Beleihungsobjekt): .... €
Unternehmerische Beteiligungen (inklusive Anteile
an geschlossenen Fonds): .... €

**2. Schulden (ohne neu aufzunehmende Hypothekendarlehen
für das Beleihungsobjekt)**
Überziehungskredite bei Banken: .... €
Ratenkredite (Restschuld): .... €
Hypothekendarlehen (zur jeweiligen Restschuld, ohne neu aufzunehmen-
de Hypothekendarlehen für das Beleihungsobjekt): .... €

3. Eigenkapital
Vermögen (siehe unter 1.) .... €
Minus Schulden (siehe unter 2.) .... €
= Eigenkapital aktuell: .... €

Geplanter Eigenkapitaleinsatz: .... €

4. Zusätzliche Angaben und Dokumente als Anlage, zum Beispiel:
– Aktuelle Kontoauszüge der Banken über Guthaben oder Restschulden
– Depotauszüge zum 31.12. des letzten Jahres über Kurswerte und Rück-
nahmepreise

Arbeitshilfe 4: Beleihungsobjekt

1. Objektangaben

Lage des Objekts (Straße, Postleitzahl, Ort): ....

Art des Objekts: EFH / ETW / Mehrfamilienhaus / ....

Nutzung des Objekts: Selbstnutzung / Vermietung / teils Selbstnutzung, teils Vermietung

Alter des Objekts: Neubau / Gebrauchtimmobilie (Baujahr) ....

Umbauter Raum in Kubikmetern (bei Häusern):   .... cbm

Grundstücksfläche in Quadratmetern (bei Häusern):   .... qm

Reine Wohnfläche in Quadratmetern: .... qm

Zusätzliche Nutzfläche in Quadratmetern: .... qm

2. Objektunterlagen und Dokumente als Anlagen

– Aktueller beglaubigter Grundbuchauszug

– Auszug aus dem Liegenschaftsbuch und Abzeichnung der Flurkarte

– Feuerversicherungsnachweis

– Kaufvertragsentwurf (falls bereits vorhanden)

– Lichtbilder (Amateuraufnahmen) von Haus und/oder Wohnung

– Aufstellung der Gesamtkosten

– Bei Neubauten: Bautechnische Unterlagen (Baupläne, Baubeschreibung, Baugenehmigung, Wohnflächenberechnung, Berechnung des umbauten Raumes)

– Bei Eigentumswohnung: Teilungserklärung mit Aufteilungsplan und Gemeinschaftsordnung.

Arbeitshilfe 5: Gesamtkostenaufstellung

1. Grundstückskosten
Kosten des Baugrundstücks: .... qm × .... € = ... €

+ Erwerbsnebenkosten

+ Erschließungskosten

= Grundstückskosten: .... €

2. Baukosten
Reine Baukosten: .... cbm × .... € = ... €

+ Baunebenkosten (circa 15 % der reinen Baukosten)

+ Kosten der Außenanlagen (max. 10 % der reinen Baukosten)

= Baukosten: .... €

3. Gesamtkosten (bei Neubau)
Grundstückskosten (siehe unter 1.)

+ Baukosten (siehe unter 2.)

+ Finanzierungsnebenkosten (zum Beispiel Bereitstellungszinsen)

= Gesamtkosten bei Neubau .... €

4. Gesamtkosten (bei Kauf, also Erst- oder Zweiterwerb)
Kaufpreis laut Kaufvertrag

+ 3,5 bis 6,5 % Grunderwerbsteuer

+ circa 1,5 % Notar- und Grundbuchkosten für Eigentumsumschreibung

+ eventuell Maklerprovision

= Anschaffungskosten .... €

+ Finanzierungsnebenkosten (zum Beispiel 0,5 % der Darlehenssumme
als Kosten der Grundschuldbestellung und -eintragung)

+ eventuell Modernisierungskosten

= Gesamtkosten bei Kauf nach eventueller Modernisierung .... €

Arbeitshilfe 6: Finanzierungsplan

1. Eigenkapital (inklusive Eigenkapitalersatz)

Bankguthaben:	.... €
Bausparguthaben:	.... €
Wertpapierguthaben:	.... €
Investmentfonds:	.... €
Kapitallebensversicherungen:	.... €
Wert des eigenen Baugrundstücks:	.... €
Selbsthilfeleistungen:	.... €
= Eigenkapital	.... €

2. Hypothekendarlehen

Bankdarlehen: .... €, Sollzins ...... %, Tilgung ...... %
Jährliche Belastung: .... €
Bauspardarlehen: .... €, Sollzins ...... %, Tilgung ...... %
Jährliche Belastung: .... €
Versicherungsdarlehen: .... €, Sollzins ...... %, Tilgung ...... %
Jährliche Belastung: .... €
= Hypothekendarlehen insgesamt: .... €
Jährliche Belastung insgesamt: .... €

3. Sonstige Darlehen

KfW-Darlehen: .... €, Sollzins ...... %, Tilgung ...... %
Jährliche Belastung: .... €
Landesmittel: .... €, Sollzins ...... %, Tilgung ...... %
Jährliche Belastung: .... €
Arbeitgeber- und Verwandtendarlehen: .... €, Sollzins ...... %,
Tilgung ...... %
Jährliche Belastung: .... €
= Sonstige Darlehen insgesamt: .... €
Jährliche Belastung insgesamt: .... €

4. Finanzierungsmittel insgesamt

Eigenkapital (siehe unter 1.) .... €
+ Hypothekendarlehen (siehe unter 2.) .... €
+ Sonstige Darlehen (siehe unter 3.) .... €
= Summe der Finanzierungsmittel .... €

Gesamtbetrag der jährlichen Zinsen .... €
+ Gesamtbetrag der jährlichen Tilgung: .... €
= Gesamtbetrag der jährlichen Belastung: .... €

Arbeitshilfe 7: Belastungsrechnung

1. Jährliche Belastung aus Kapitaldienst
Zins und Tilgung aus Hypothekendarlehen: .... €
+ Zins und Tilgung aus sonstigen Darlehen: .... €
+ Eventuell Erbbauzinsen (bei Erbbaurecht): .... €
= Jährliche Belastung aus Kapitaldienst .... €

2. Jährliche Belastung aus Bewirtschaftung
Betriebskosten (geschätzt): .... qm × .... € = ... €
+ Instandhaltungskosten (geschätzt): .... qm × .... € = ... €
+ Verwaltungskosten (bei Eigentumswohnungen): .... €
= Jährliche Belastung aus Bewirtschaftung: .... €
  Bei Eigentumswohnungen:
  Monatliches Hausgeld: .... € × 12 Monate = ... €

3. Monatliche Belastung insgesamt
Jährliche Belastung aus Kapitaldienst: (siehe unter 1.) .... €
+ Jährliche Belastung aus Bewirtschaftung (siehe unter 2.) .... €
= Jährliche Belastung insgesamt .... €
÷ 12 Monate
= Monatliche Belastung insgesamt .... €

Das erfolgreiche Kreditgespräch

Nach Einreichung Ihrer Darlehensanfrage mit allen Unterlagen werden Sie im Normalfall schon einige Tage später die vorläufige Finanzierungszusage der Bank in Ihren Händen halten.

Darin erklärt sich das Finanzierungsinstitut grundsätzlich bereit, ein Hypothekendarlehen zu gewähren, und macht Ihnen ein Darlehensangebot:

„Wir bestätigen dankend den Eingang Ihrer Darlehensanfrage nebst Unterlagen. Nach Vorprüfung dieser Unterlagen sind wir – vorbehaltlich einer endgültigen Beleihungsprüfung – grundsätzlich bereit, Ihnen ein Darlehen in der gewünschten Höhe von .... Euro zu gewähren. Hierfür können wir Ihnen heute freibleibend die folgenden Konditionen anbieten ...“

Es handelt sich bei einem derartigen Schreiben um eine vorläufige Darlehenszusage. Die Unverbindlichkeit wird meist mit folgenden Worten unterstrichen:

„Wir bitten Sie um Verständnis dafür, dass wir das Darlehen erst nach Vorlage aller Unterlagen (insbesondere der notariellen Abschrift des Kaufvertrags) und einer Wertschätzung des Beleihungsobjekts verbindlich zusagen können. Aufgrund der Veränderlichkeit des Geld- und Kapitalmarktes können wir Ihnen die genannten Konditionen nur freibleibend anbieten.“

Es ist jedoch auch möglich, dass Ihre Bank Ihnen direkt ein Darlehensangebot mit den folgenden Worten unterbreitet:

„Wir danken Ihnen für Ihre Anfrage und erklären uns vorbehaltlich der endgültigen Bewilligung nach abschließender Beleihungsprüfung bereit, Ihnen ein durch Grundpfandrecht gesichertes Darlehen bis zu .... Euro zur Verfügung zu stellen.

Für das Darlehen bieten wir Ihnen freibleibend zurzeit folgende Konditionen an:

....

Wenn Sie von unserem Angebot, das für uns bis zum .... verbindlich ist, Gebrauch machen wollen, bitten wir Sie, die beiliegende Annahmeerklärung zu unterschreiben und bis zum vorstehenden Termin zurückzusenden. Danach gelten gegebenenfalls andere Konditionen.

Zur endgültigen Darlehensbewilligung bitten wir Sie, uns neben der unterzeichneten Annahmeerklärung eine Abschrift des notariellen Kaufvertrags zuzusenden.“

Es ist nun allerhöchste Zeit, einen Termin für das Kreditgespräch zu vereinbaren. Dies gilt insbesondere für den Fall, dass sich das

Bonität für gut befunden?
Dann können Sie noch letzte Details zum Kreditvertrag besprechen.

Niveau der aktuellen Hypothekenzinsen nach oben bewegt.

Mit dem Schreiben der Bank liegt eine endgültige Bewilligung Ihres gewünschten Darlehens noch nicht vor. Die angegebenen Konditionen sind noch nicht das letzte Wort und lassen Ihnen Spielraum bei der Verhandlung mit der Bank.

Besondere Prüfpunkte

Jetzt also schlägt die Stunde für ein erfolgreiches Kreditgespräch mit der Bank. Besonders geschickt verhalten Sie sich, wenn Sie die entscheidenden Knackpunkte vorher schon einmal herausarbeiten.

Dabei hilft Ihnen ein gedanklicher Kniff: Worauf würden Sie besonders achten, wenn Sie einen Kredit an einen Unbekannten zu vergeben hätten? Die Antwort wird Ihnen sicherlich nicht schwerfallen.

Kreditgebern und Bankern kommt es bei der Finanzierung von Eigenheimen auf die Sicherheit an. Sie möchten auf Nummer sicher gehen, dass der Kreditnehmer das Darlehen inklusive Zinsen auch immer pünktlich und auf Dauer bedienen kann. Im Vordergrund stehen daher die folgenden besonderen Prüfpunkte:

▶ Sicherheit des Arbeitsplatzes (besonders sicher bei Beamten und Arbeitnehmern im öffentlichen Dienst)
▶ Höhe des nachweisbaren Nettoeinkommens
▶ Höhe des einsetzbaren Eigenkapitals
▶ Nachhaltig tragbare Belastung für Zins und Tilgung
▶ Eventuell Mithaftung des Ehegatten (dann auch dessen finanzielle Situation)
▶ Hohe Werthaltigkeit des Objekts

Letztlich geht es also wieder um die Prüfung von Bonität, Beleihung und Belastung, also die sogenannten drei Bs.

Die Bonitätsprüfung bezieht sich auf Ihre persönliche und sachliche Kreditwürdigkeit, also vor allem auf die Sicherheit des Arbeitsplatzes sowie Ihre Einkommens- und Vermögensverhältnisse.

Die Beleihungsprüfung erstreckt sich auf die Prüfung der Beleihungsunterlagen sowie die Ermittlung eines Beleihungswerts für die zu finanzierende Immobilie.

Die Bank wird den Beleihungswert aufgrund einer eigenen oder fremden Wertschätzung des Objekts ermitteln. Der Beleihungswert soll ein dauerhaft erzielbarer Wert sein, der bei einem späteren freihändigen Verkauf unter normalen Umständen jederzeit erzielt werden kann.

In der Regel liegt der Beleihungswert bei Wohnimmobilien 10 Prozent unter dem Kaufpreis bzw. den Gesamtkosten (bei Neubauten).

Erst zuletzt, also nach Prüfung von Bonität des potenziellen Darlehensnehmers und Beleihbarkeit des Objekts, steht die konkrete Finanzierung an. Aufbauend auf einem Finanzierungsplan wird Ihr Banker insbesondere bei einem selbstbewohnten Eigenheim prüfen, ob Sie die aus Darlehenssumme sowie Zins- und Tilgungskonditionen errechnete Belastung aus Kapitaldienst, also laufende Zinsen und Tilgungen, aus Ihrem Einkommen auf Dauer tragen können. Diese Belastungsprüfung fällt bei Eigenheimen in der Regel strenger aus als bei Mietobjekten mit relativ sicher fließenden Mieteinnahmen.

Kreditpoker um Zins- und Tilgungskonditionen

Je mehr Pluspunkte Sie bei den drei Bs sammeln können, desto reibungsloser geht Ihre Finanzierung über die Bühne und umso bessere Karten haben Sie auf der Hand, wenn es im Konditionenpoker um Zins und Tilgung geht.

Mit Einschränkungen gilt der Grundsatz „Wer hat, dem wird gegeben". Beispielsweise kursiert der Satz, dass man einen Kredit dann am leichtesten bekommt, wenn man ihn am wenigsten braucht. Von Mark Twain stammt der Spruch: „Ein Bankier ist ein Kerl, der Regenschirme verleiht, wenn es schön ist, und sie zurückfordert, wenn es zu regnen anfängt."

Sie können jedoch – um im Bild zu bleiben – selbst für schönes Wetter sorgen, indem Sie Ihren Gesprächspartner bei der Bank mit einer aussagefähigen Unterlagenmappe konfrontieren und als selbstbewusster Kreditnehmer mit ihm über die genaue Konditionengestaltung diskutieren. Sie sind nicht Bittsteller, sondern potenzieller Geschäftspartner der Bank.

Über Rahmenkonditionen verhandeln

Grundsätzlich ist zwischen Rahmenkonditionen (zum Beispiel Darlehenshöhe, Sicherheiten, Tilgungsmethode) und reinen Zinskonditionen (zum Beispiel Sollzins und Effektivzins bei unterschiedlichen Zinsbindungsfristen) zu unterscheiden.

Taktisch klug gehen Sie vor, wenn Sie das Gespräch zunächst auf die Rahmenkonditionen lenken und nicht sofort mit der Tür, sprich dem Zinssatz, ins Haus fallen.

Ihr Gegenüber hat sich anhand Ihrer Einkommens- und Vermögensverhältnisse schnell ein Urteil über die Finanzierbarkeit Ihrer Immobilie und über die Höhe der Darlehenssumme gebildet. Falls ein Eigenkapital von mindestens 20 Prozent der Gesamtkosten vorhanden ist, wird dieser Punkt meist umgehend abgehakt.

In der Frage der Sicherheiten kommen Sie an einer grundbuchlichen Absicherung des Hypothekendarlehens und Ihrer persönlichen Haftung für die aufgenommenen Schulden nicht vorbei. Geben Sie aber nicht voreilig zusätzliche Sicherheiten aus der Hand wie beispielsweise die Abtretung einer Kapitallebensversicherung oder die grundbuchliche Belastung einer anderen Immobilie.

Die Mithaftung Ihres Ehegatten in Form eines gemeinsamen Darlehensvertrags oder zumindest einer Mitverbindlichkeitserklärung werden Sie nicht vermeiden können, wenn Sie die Immobilie gemeinsam erwerben und/oder mit Ihrem Ehegatten im gesetzlichen Güterstand der Zugewinngemeinschaft leben.

Die Unterschrift des Ehegatten ist entbehrlich, wenn Sie den Kaufvertrag allein abschließen und Alleineigentümer der Immobilie werden. Ihre Bank wird auf die Mithaftung Ihres Ehegatten verzichten, wenn die Eheleute zusätzlich Gütertrennung vereinbart haben.

Ihr Ziel sollte es sein, den gesamten Darlehensbetrag oder zumindest den allergrößten Teil im zinsgünstigen Erstrang (1a-Hypothek über 60 Prozent des Beleihungswerts) zu erhalten. Geht Ihr Darlehenswunsch über diesen erstrangigen Teil hinaus, sollten Sie den Banker offen auf die Konditionen für den zweitrangigen Teil des Hypothekendarlehens (1b-Hypothek) ansprechen.

Relativ undramatisch geht es bei der Frage der Tilgungsmethode zu. Je schneller Sie sich mit Ihrem Banker über die hier genannten Rahmenkonditionen einigen können, desto mutiger können Sie nun beim Poker um die Zinskonditionen auftreten. Grundsätzlich gilt die Regel: Mit steigender Bonität verbessern sich die Zinskonditionen. Werfen Sie also Ihre – vorausgesetzt einwandfreie – Bonität in die Waagschale und fragen Sie ohne Scheu nach Sonderkonditionen. Die am Telefon oder im Schreiben der Bank genannten Zinssätze sind Standardkonditionen für erstrangige Darlehen im Massengeschäft (auch Normal- oder Regelkonditionen genannt). Sie müssen diese Standardkonditionen nicht akzeptieren, sondern können die Zinssätze mit viel Geschick um bis zu einem viertel Prozentpunkt herunterhandeln. Dabei hilft es Ihnen, wenn Sie auf Konditionen von Konkurrenzinstituten verweisen können.

Beißen Sie bei den Hauptkonditionen wie Sollzins bei 100 Prozent Auszahlung oder Effektivzinsen auf Granit, sollten Sie zumindest versuchen, diese Hauptkonditionen für das gesamte Darlehen (also 1a-und 1b-Hypothek) festzuzurren. Außerdem sollten Sie umso stärker bei den Nebenkonditionen wie Bereitstellungszinsen, Wertschätzungsgebühren sowie Teilzahlungs-

„Wer hat, dem wird gegeben."
Spielen Sie deshalb ruhig alle Ihre Vorzüge als Kreditnehmer geschickt aus.

aufschlägen verhandeln und diese nicht in den Effektivzins eingerechneten Kreditnebenkosten auf null drücken.

Bewegt sich Ihr Banker weder bei den Haupt- noch bei den Nebenkonditionen, sollten Sie sich nicht scheuen, auf bessere Konditionen der Konkurrenz hinzuweisen und dies auch glaubhaft zu belegen. Der Wink mit der Konkurrenz bewirkt oftmals Wunder.

Verderben Sie sich beim Zinspoker aber nicht alle Sympathien dadurch, dass Sie unrealistisch hohe Zinsrabatte von beispielsweise mehr als einem halben Prozentpunkt verlangen. Sie riskieren dabei, dass der Banker das Gespräch mangels Erfolgsaussichten abbricht. Unklug ist es zudem, um den letzten Zehntel- oder gar Hundertstelprozentpunkt zu feilschen und das Kreditgespräch wegen ein paar Hundert Euro Zinsersparnis über eine Laufzeit von 15 Jahren noch im letzten Moment platzen zu lassen.

Sicherer Vertragsabschluss

Wenn Sie sich mit Ihren Kreditgebern über alle Rahmen- und Zinskonditionen der Darlehen geeinigt haben, ist das weitere Verfahren im Prinzip nur noch Formsache.

Es geht nun hauptsächlich darum, das Verfahren so zu beschleunigen, dass einer zügigen Auszahlung der Darlehen nichts mehr im Wege steht. Schließlich möchten Sie teure Bereitstellungszinsen für bereits bewilligte, aber noch nicht ausgezahlte Darlehen vermeiden.

Prüfung und Abschluss des Darlehensvertrags

Als Erstes schließen Sie einen schriftlichen Darlehensvertrag ab. Meist wird Ihnen die Bank einen bereits komplett ausgefüllten und von ihr unterschriebenen Vertrag mit der Bitte zusenden, diesen gegenzuzeichnen. Da der Darlehensvertrag wie jeder Vertrag durch Antrag und Annahme zustandekommt, stellt die Zusendung des von der Bank bereits unterschriebenen Darlehensvertrags rechtlich nichts anderes als einen Antrag dar. Mit Ihrer Unterschrift nehmen Sie diesen Antrag dann an. Damit ist der Darlehensvertrag für beide Seiten rechtswirksam abgeschlossen.

Die meisten Banken verlangen den Abschluss des Darlehensvertrags schon vor dem notariell beurkundeten Kaufvertrag. Dies hat für Sie den Vorteil, dass Ihre Immobilienfinanzierung sichergestellt ist und bereits im Notartermin die Grundschuldbestellung zusammen mit der Beurkundung des Kaufvertrags erfolgen kann.

Als Nachteil kann sich herausstellen: Kommt der notarielle Kaufvertrag wider Erwarten nicht zustande, müssen Sie eine Nichtabnahmeentschädigung an die Bank zahlen – es sei denn, Sie können das bereits zugesagte Darlehen für den Kauf einer anderen Immobilie verwenden.

Gehen Sie jeden Passus im Darlehensvertrag auf versteckte Fallen durch und haken Sie beim künftigen Kreditgeber nach, wenn Sie etwas nicht verstanden haben. Eventuell lassen Sie den Darlehensvertrag nebst allgemeinen Darlehensbedingungen zuvor von einem Finanzierungsfachmann prüfen.

Dies könnte ein unabhängiger Baufinanzierungsberater machen, der auf Honorarbasis arbeitet.

Übertriebene Angst ist jedoch fehl am Platze, da Sie durch das Verbraucherkreditgesetz, das Gesetz über die Allgemeinen Geschäftsbedingungen und andere gesetzliche Vorschriften weitgehend geschützt werden.

Einen späteren Kreditverkauf durch das kreditgebende Unternehmen können Sie

Darlehensvertrag prüfen

Folgende Vertragsdaten muss jeder Darlehensvertrag enthalten:

☐ **Vertragsparteien.** Darlehensgeber und Darlehensnehmer

☐ **Darlehenshöhe.** Darlehenssumme nominal und Auszahlungssumme

☐ **Zinsen.** Sollzinssatz, eventuell Disagio/Damnum, anfänglicher effektiver Jahreszins

☐ **Kosten.** Nicht im anfänglichen effektiven Jahreszins enthaltene Kreditnebenkosten wie Bereitstellungszinsen, Wertschätzungsgebühren, Teilzahlungszuschläge

☐ **Tilgung.** Jährlicher Tilgungssatz zuzüglich ersparter Zinsen bei Annuitätentilgung, Tilgungsersatz durch Kapitallebensversicherung oder Bausparvertrag

☐ **Zinsbindungsfrist bei Festzinsdarlehen.** Geltungsdauer der Zinskonditionen, falls keine variablen Zinsen vereinbart wurden

☐ **Belastung.** Monatliche bzw. vierteljährliche Rate für Zins und Tilgung, Gesamtbelastung für die Dauer der Zinsbindung

☐ **Sicherheiten.** Dingliche Absicherung über Grundschuld, Übernahme der persönlichen Haftung, eventuell Zusatzsicherheiten

☐ **Optionale Sondertilgungen.** Jährliche zusätzliche Tilgung von 5 bis 10 Prozent der Darlehenssumme und/oder vereinbarter zwei- oder dreimaliger Tilgungssatzwechsel während der Zinsbindung

☐ **Widerrufsfrist:** Belehrung über die Möglichkeit, den abgeschlossenen Darlehensvertrag innerhalb von 14 Tagen zu widerrufen

bereits im Darlehensvertrag ausschließen. Allerdings verlangen einige Banken dafür einen Zinsaufschlag, was den Kredit unnötig verteuert.

Bestellung und Eintragung der Grundschulden

Bei Immobilienfinanzierungen ist die dingliche Absicherung durch Eintragung eines Grundpfandrechts (Grundschuld, Hypothek, Rentenschuld) in der Abteilung III des Grundbuchs gang und gäbe.

Die Grundschuld ist die Belastung eines Grundstücks zugunsten eines Gläubigers. Im Gegensatz zur Hypothek braucht der Grundschuld keine konkrete Forderung des Grundschuldgläubigers zugrunde zu liegen. Die Grundschuld ist somit rein formal eine „Schuld ohne Grund" und kann daher sogar auch zugunsten des Eigentümers bestellt und eingetragen werden (das nennt sich Eigentümergrundschuld).

Grundschuld statt Hypothek

Der Grundschuld wird heute fast immer der Vorzug gegeben, weil sie beweglicher ist als eine Hypothek. So kann beispielsweise nach Teilrückzahlung eines durch die Grundschuld gesicherten Darlehens problemlos ein neues Darlehen aufgenommen werden, ohne dabei eine neue Eintragung in das Grundbuch vornehmen zu müssen. Außerdem kann die Grundschuld zugleich mehrere Forderungen, deren Höhe oft schwankt, sichern.

Die Grundschuld wird meist brieflos als sogenannte Buchgrundschuld mit 15 bis 18 Prozent Jahreszinsen zugunsten der Gläubigerbank im Grundbuch eingetragen. Die in der Abteilung III des Grundbuchs eingetragenen „dinglichen" Zinsen von beispielsweise 15 Prozent dienen aber nur zur pfandmäßigen Absicherung der Zinsansprüche des Gläubigers. Zu zahlen sind selbstverständlich nur die „schuldrechtlichen" Zinsen laut abgeschlossenem Darlehensvertrag. Mit Eintragung der Grundschuld sichert sich die Bank ein sogenanntes dingliches Recht gegenüber dem Kreditnehmer und Eigentümer der Immobilie. Das heißt, sie kann sich im Falle der Zwangsversteigerung aus dem Pfandobjekt befriedigen.

Grundschuldbestellung

Üblicherweise wird die Grundschuld notariell anhand eines vom Kreditgeber vorgelegten Formulars, der Grundschuldbestellungsurkunde, bestellt. In dieser Urkunde unterwirft sich der Eigentümer der Immobilie der sofortigen Zwangsvollstreckung in den belasteten Grundbesitz und übernimmt die persönliche Haftung für die Zahlung des Geldbetrags, dessen Höhe der vereinbarten Grundschuld entspricht.

Die fast schon furchterregend klingende Unterwerfungsklausel (dingliche Zwangsvollstreckungsunterwerfung) hat meist folgenden Wortlaut:

„Wegen aller Ansprüche aus dieser Grundschuld unterwirft sich der Eigentü-

Geschafft!
Die Finanzierung für die
neue Immobilie steht.

mer der sofortigen Zwangsvollstreckung in der Weise, dass die Zwangsvollstreckung aus dieser Urkunde gegen den jeweiligen Eigentümer zulässig ist."

Selbstverständlich kann eine Zwangsversteigerung nur eingeleitet werden, wenn Sie mit Zins- und Tilgungszahlungen in Rückstand geraten sind und das Darlehen von der Bank gekündigt wird. Sofern Sie die im Darlehensvertrag vereinbarten Zins- und Tilgungsleistungen regelmäßig von Ihrem Konto abbuchen lassen, haben Sie nichts zu befürchten.

Die dingliche Absicherung kann sowohl bei Realkrediten, die bis zur jeweiligen Beleihungsgrenze des Objekts gewährt werden, als auch bei Personalkrediten erfolgen. Dinglich gesicherte Realkredite stehen an erstrangiger (1a-Hypothek) oder an nachrangiger Stelle (1b-Hypothek). Manche Darlehensnehmer erschrecken auch bei folgendem Satz, den der Notar pflichtgemäß vorliest:

„Die Grundschuld ist fällig. Sie ist von heute an mit 15 vom Hundert jährlich zu verzinsen. Die Zinsen sind jeweils am 31. Dezember nachträglich zu entrichten. Ferner wird eine einmalige Nebenleistung von 10 vom Hundert des Grundschuldbetrages geschuldet."

Mit dem in der Grundschuldbestellungsurkunde genannten Zinssatz von beispielsweise 15 Prozent sowie der einmaligen Nebenleistung von 10 Prozent sichert sich die Gläubigerbank ebenfalls nur dinglich ab für den Fall, dass die Zinsen bei der Anschlussfinanzierung extrem steigen oder Verzugszinsen bei Zinsrückständen fällig werden. Auch diese utopisch hohen „dinglichen Zinsen" stellen praktisch nur ein Pfandrecht dar. Für die Zinszahlung kommt es allein auf die „schuldrechtlichen Zinsen" laut Darlehensvertrag an.

Der Kreditgeber wird neben der dinglichen Absicherung fast immer auch die Übernahme der persönlichen Haftung durch den Eigentümer und Darlehensnehmer verlangen. Eine in der Grundschuldbestellungsurkunde enthaltene Klausel kann daher lauten:

„Der Eigentümer übernimmt als Gesamtschuldner die persönliche Haftung für die

Zahlung eines Geldbetrages, dessen Höhe der vereinbarten Grundschuld (Kapital und Nebenleistungen) entspricht. Er unterwirft sich insoweit der sofortigen Zwangsvollstreckung aus dieser Urkunde in sein gesamtes Vermögen. Die Bank kann die persönliche Haftung unabhängig von der Eintragung der Grundschuld und ohne vorherige Zwangsvollstreckung in den Grundbesitz geltend machen."

Auch diese persönliche Haftung setzt natürlich voraus, dass der Darlehensnehmer schuldhaft Pflichten aus dem Darlehensvertrag (zum Beispiel Zinsrückstände über mindestens drei Monate) verletzt hat.

Wenn Eheleute eine Immobilie wie üblich je zur Hälfte erwerben, werden auch beide den Darlehensvertrag unterschreiben und die Grundschuld nebst Übernahme der persönlichen Haftung durch beide Ehegatten eintragen lassen.

Zusatzsicherheiten nach Möglichkeit vermeiden

Weitere Zusatzsicherheiten können erforderlich werden, wenn sich der Darlehensgeber mit der dinglichen Absicherung auf dem Beleihungsobjekt und der Übernahme der persönlichen Haftung durch die Darlehensschuldner nicht zufriedengibt. Denkbar sind folgende zusätzliche Kreditsicherheiten:

- ▶ Zusätzliche dingliche Absicherung auf einer weiteren Immobilie des Darlehensnehmers

- ▶ Abtretung der Versicherungsansprüche aus einer zur Sicherung und Tilgung des Darlehens abgeschlossenen Kapitallebensversicherung
- ▶ Abtretung der Ansprüche aus einem Bausparvertrag bei Vorausdarlehen
- ▶ Verpfändung beziehungsweise Abtretung von Bankguthaben, Sparbriefen, Wertpapieren oder Fondsanteilen
- ▶ Abtretung von Lohn- und Gehaltsansprüchen
- ▶ Bürgschaft eines Drittschuldners (bei Privatbürgen in Form der selbstschuldnerischen Bürgschaft)

Vermeiden Sie, wenn möglich, solche Zusatzsicherheiten, die Sie in Ihrer finanziellen Handlungsfreiheit stark einschränken. Eine „Übersicherung" sollten Sie keinesfalls akzeptieren.

Auszahlung des Darlehens

Üblicherweise kommt es zur Auszahlung des Darlehens erst nach der Eintragung der Grundschuld.

Um zu erreichen, dass die Auszahlung bereits vor der Grundschuldeintragung erfolgt, ist ein Treuhandauftrag beziehungsweise eine Rangbescheinigung des Notars erforderlich. In diesem Fall könnte die Auszahlungsmitteilung der Bank wie folgt lauten:

„Sehr geehrter Herr Notar ....,
wir überweisen Ihnen auftragsgemäß .... Euro zu treuen Händen. Über diesen Betrag dürfen Sie verfügen, wenn sichergestellt ist, dass unsere Grundschuld rangrichtig eingetragen wird. Folgende Rechte dürfen unserer Grundschuld vorgehen beziehungsweise gleichstehen:

Abt. II: Nr. .....
Abt. III: ./.

Nach rangrichtiger Eintragung der Grundschuld ist uns von Ihnen eine beglaubigte Grundbuchblattabschrift zu übersenden.

Bitte bestätigen Sie uns auf der beigefügten Durchschrift dieses Schreibens den Geldeingang und die Übernahme des Treuhandauftrages. Unser Darlehensnehmer erhält eine Durchschrift dieses Schreibens. Die mit der Abwicklung des Treuhandauftrages verbundenen Kosten gehen zu dessen Lasten.

Mit freundlichen Grüßen
XY-Bank".

Der Notar wird im Fall eines Immobilienkaufs den Auszahlungsbetrag des Darlehens zusammen mit Ihren eingesetzten Eigenmitteln auf das Konto des Verkäufers überweisen. Über die Kosten der Grundschuldbestellung und -eintragung (Kredit- beziehungsweise Finanzierungsnebenkosten beziehungsweise Kosten der dinglichen Sicherung) in Höhe von circa 0,5 Prozent der Grundschuldsumme erhalten Sie später eine Rechnung des Notars, meist zusammen mit der Rechnung über die Kosten der Eigentumsumschreibung (Teil der Kaufnebenkosten) in Höhe von circa 1,5 Prozent des Kaufpreises. Außerdem wird das Finanzamt noch die Grunderwerbsteuer in Höhe von mindestens 3,5 Prozent des Kaufpreises einfordern.

Hilfe

Zum Lesen

Hammer, Thomas,
Meine Immobilie finanzieren
2. Aufl. 2021, Verbraucherzentrale NRW

Hölting, Michael,
Immobilienfinanzierung
9. Aufl. 2016, C.H. Beck Verlag

Kommer, Heinz,
Immobilienfinanzierung für Selbstnutzer
1. Aufl. 2017, Campus Verlag

Schulze, Eike / Stein, Anette,
Immobilien- und Baufinanzierung
2. Aufl. 2013, Haufe Verlag

Mayer-Kuckuk, Finn,
Immobilienfinanzierung. Das Set
1. Aufl. 2021, Stiftung Warentest

1 Zum Lesen
Die aufgeführten Bücher vermitteln Grundwissen und beleuchten Finanzierungsfragen noch aus anderen Blickwinkeln.

2 Dokumente zur Immobilienfinanzierung
Hier können Sie sich damit vertraut machen, wie Wertschätzungsgutachten, Darlehensverträge und Grundschuldbestellungen formuliert sind.

3 Finanztest-Rechner
Hier finden Sie einige der wichtigsten Rechen-Werkzeuge, die auf den Internetseiten der Stiftung Warentest bereitgestellt werden.

4 Verbraucherzentralen
Erfahren Sie hier, unter welchen Bedingungen Sie persönliche Hilfe und Beratung finden.

5 Stichwortverzeichnis
Benutzen Sie den Schnellzugriff auf häufig gesuchte Stichworte im Buch.

Dokumente zur Immobilienfinanzierung

Wertschätzungsgutachten (Auszug)

Gutachten für die XY-Bank zum Zwecke der Beleihung des Grundstücks in A-Stadt, Z-Straße 10

1. Beschreibung des Grundstücks

Größe: insgesamt rund 453 qm

Lage: Hanglage

Verkehrsverbindungen: 5 Minuten Gehzeit zur Bushaltestelle, 2 km bis zum Bahnhof

Erschließung: öffentliche Straße, vollständig erschlossen

Nutzung: Wohngebiet, Geschosszahl 1 1/2

Baugrund: leicht geneigt, keine Hochwassergefahr, kein Bergbaugebiet

Nachbarrechtliche Verhältnisse: drei Grunddienstbarkeiten (Rohrleitungs-, Gemeinschaftsantennen- und Grenzüberbauungsrecht)

Sonstige Bemerkungen zum Grundstück: rechteckig geschnitten, Einfriedung in Mauerwerk, Zuwege in Gehplatten, Anschluss an Wasser, Kanal und Strom

2. Gebäudebeschreibung

Gebäudetyp: Voll unterkellertes Ein- (unter Umständen auch Zwei-)familienhaus, bei dem das Gelände 1,30 m über Kellergeschoss liegt und teilweise ordnungsgemäß abgeböscht wurde, sodass ein Hobbyraum im Untergeschoss entstand; das Erdgeschoss mit Flachdach. Dem Baujahr entsprechende gute Ausstattung.

....

....

....
Baujahr: 1978
Voraussichtliche Restnutzungsdauer: 60 Jahre
Äußerer Zustand: sehr gut
Innerer Zustand: sehr gut
Verkäuflichkeit: gut
Vermietbarkeit: gut

3. Wertermittlung
Bodenwert: 453 qm × 320 Euro = 145 000 Euro
+ Nebenkosten 5 000 Euro
= Bodenwert insgesamt 150 000 Euro

Bauwert: 159 qm Wohnfläche × 3 000 Euro = 417 000 Euro
+ Garage 10 000 Euro
+ Außenanlagen 15 000 Euro
+ Baunebenkosten 57 000 Euro
Zwischensumme = 484 000 Euro
– Alterswertminderung (43 % von 484 000 Euro) rund 208 000 Euro
Bauwert = 276 000 Euro

Bodenwert 150 000 Euro
+ Bauwert 176 000 Euro
= Sachwert 426 000 Euro

Ertragswert:
159 qm Wohnfläche × 12 Euro × 12 Monate = 22 900 Euro
+ Garage und Außenstellplatz: 100 Euro × 12 Monate = 1 200 Euro
= Jahresrohmietwert 24 100 Euro
– 25 % Bewirtschaftungskosten 6 000 Euro

= Jahresreinertrag 18 100 Euro
kapitalisiert mit 5 %, also × 20
= Ertragswert 362 000 Euro

Mittelwert aus Sach- und Ertragswert: (426 000 + 362 000) : 2
= 394 000 Euro

Verkehrswert für selbstbewohntes Einfamilienhaus, falls Sachwert zu 2/3
und Ertragswert zu 1/3:
(2/3 von 426 000 Euro + 1/3 von 362 000 Euro) = 405 000 Euro

A-Stadt, 05.05.2021

_____

(Gutachter)

Darlehensvertrag (Auszug)

Objekt: Einfamilienhaus in A-Stadt, Z-Straße 10
Auf der Grundlage unserer Allgemeinen Bedingungen für Tilgungsdarlehen wird ein Darlehen in Höhe von 300 000 Euro gewährt.

Konditionen
Zinsen: 1,5 %
Auszahlungskurs: 100 %
Tilgung: 2 % p.a. zuzüglich ersparter Zinsen ab 1.7.2021
Fälligkeitstermin: 30.6.2041
Zinsbindung bis: 30.6.2041
Anfänglicher effektiver Jahreszins: 1,53 %
Bereitstellungszinsen: 3 % p.a. ab 1.1.2022 bis zum Tage der jeweiligen Auszahlung auf den noch nicht ausgezahlten Darlehensbetrag.

Die gleichbleibende Leistung in Höhe von jährlich 10 500 Euro, die sich aus Zinsen und Tilgung zusammensetzt, ist monatlich zu Beginn jeden Monats zu entrichten. Vom Beginn der Tilgung an werden die Zinsen jeweils von dem am Anfang des Monats noch nicht getilgten Restkapital berechnet. Der die Zinsen übersteigende Betrag der Monatsleistung wird am Ende eines jeden Monats zur Tilgung des Kapitals verwandt.

Besicherung
Die Besicherung erfolgt durch eine vollstreckbare Grundschuld in Darlehenshöhe auf dem Beleihungsobjekt.

Auszahlungsvoraussetzungen
Das Darlehen wird ausgezahlt, sobald uns die in der Anlage angekreuzten Unterlagen vorliegen. Die Voraussetzungen für die Schlussauszahlung sind von Ihnen spätestens bis zum 30.9.2021 zu schaffen.

Kündigungsrechte

Ihre Kündigungsrechte richten sich ausschließlich nach § 609 a BGB; danach kann das Darlehen frühestens zum Ende der Zinsbindung – bei einer Zinsbindung von mehr als 10 Jahren jedoch bereits 10 Jahre nach Schlusszahlung – gekündigt werden. Für das Kündigungsrecht der Bank gelten die Allgemeinen Bedingungen für Tilgungsdarlehen.

Weitere Darlehensbedingungen

Sie sind verpflichtet, die nach Auszahlung fällige werdenden Monatsleistungen im Lastschriftverfahren von Ihrem Konto einziehen zu lassen und uns eine entsprechende Ermächtigung zu erteilen.

An dieses Angebot halten wir uns 10 Tage gebunden und bitten Sie, uns die Durchschrift dieses Schreibens sowie das gleichfalls beigefügte Formular „Schufa-Klausel" von allen Darlehensnehmern unterzeichnet innerhalb dieser Frist zurückzugeben, wenn Sie unser Angebot annehmen:

Mit freundlichen Grüßen

XY-Bank 5.6.2021

_____

Einverstanden: Darlehensnehmer NN, 10.6.2021

Grundschuldbestellung (Muster)

Verhandelt in A-Stadt am 12.6.2021

Vor dem unterzeichnenden Notar NO mit Amtssitz in A erschien heute: Herr NN ….. als Darlehensnehmer und künftiger Eigentümer des nachgenannten Pfandobjektes. Der Erschienene ist dem Notar von Person bekannt. Herr NN versichert, nachstehend nicht über sein Vermögen im Ganzen oder Wesentlichen zu verfügen.

Der Erschienene erklärte:

1. Der Eigentümer ist mit der XY-Bank einig, der Bank auf dem im Grundbuch des Amtsgerichts A, Grundbuch von B, Blatt 7865, Flur 42, Flurstücke 100 und 101 eingetragenen Grundbesitz eine brieflose Grundschuld von 300 000 Euro (in Worten: zweihunderttausend Euro) einzuräumen.

2. Die Grundschuld ist fällig. Sie ist von heute an mit 15 vom Hundert jährlich zu verzinsen. Die Zinsen sind jeweils am Anfang eines Monats zu entrichten. Ferner wird eine einmalige Nebenleistung von 10 vom Hundert des Grundschuldbetrages geschuldet.

3. Wegen aller Ansprüche aus dieser Grundschuld unterwirft sich der Eigentümer der sofortigen Zwangsvollstreckung in den belasteten Grundbesitz in der Weise, dass die Zwangsvollstreckung aus dieser Urkunde gegen den jeweiligen Eigentümer zulässig ist.

4. Der Eigentümer übernimmt als Gesamtschuldner die persönliche Haftung für die Zahlung eines Geldbetrages, dessen Höhe der vereinbarten Grundschuld (Kapital und Nebenleistungen) entspricht. Er unterwirft sich insoweit der sofortigen Zwangsvollstreckung aus dieser Urkunde in sein gesamtes Vermögen. Die Bank kann die persönliche Haftung unabhängig

von der Eintragung der Grundschuld und ohne vorherige Zwangsvollstreckung in den Grundbesitz geltend machen.

5. Zusätzlich tritt der Eigentümer bei etwaigen vor- und gleichrangigen Grundschulden seine – auch künftigen – Ansprüche auf Rückübertragung, Erteilung einer Löschungsbewilligung oder Verzichtserklärung sowie auf Herausgabe des anteiligen Erlöses aus einer Zwangsvollstreckung an die Bank ab.

6. Der Eigentümer bewilligt und beantragt, die Grundschuld gemäß Nr. 1 und 2, die Fälligkeit und die Unterwerfung unter die sofortige Zwangsvollstreckung gemäß Nr. 3 in das Grundbuch einzutragen.

7. Der Eigentümer ist mit der späteren Umwandlung in eine Briefgrundschuld einverstanden, desgleichen mit einem erneuten Briefausschluss und bevollmächtigt die Bank, jederzeit die Eintragung der Umwandlung in das Grundbuch zu bewilligen und zu beantragen sowie sich den Brief vom Grundbuchamt aushändigen zu lassen.

8. Der Eigentümer ist verpflichtet, die Grundschuld löschen zu lassen, wenn die Bank dies verlangt. Die Bank ist berechtigt, zur Löschung erforderliche Unterlagen an Institute auszuhändigen, denen ein Löschungsanspruch zusteht.

9. Es wird gebeten, von dieser Verhandlung der Bank und dem Eigentümer je eine Abschrift und der Bank außerdem eine vollstreckbare Ausfertigung wegen sämtlicher in den Nrn. 1, 2 und 4 bezeichneter Ansprüche (Kapital und Nebenleistungen) zu erteilen sowie bei dem Grundbuchamt eine Ausfertigung zum Zwecke der Eintragung der Grundschuld in das Grundbuch mit dem Antrag einzureichen, der Bank eine beglaubigte Grundbuchblattabschrift zu übersenden.

10. Sämtliche Gerichts- und Notariatskosten sowie alle Kosten dieser Verhandlung und ihrer Ausführung trägt der Eigentümer. Das Recht auf die Aushändigung der vollstreckbaren Ausfertigung erwirbt die Bank sofort und unwiderruflich mit der Errichtung dieser Urkunde.

11. Außergrundbuchliche Erklärungen über Sicherheiten und Zweckbestimmung:

a) Zur Sicherung aller gegenwärtigen und künftigen Ansprüche der Bank – auch gegen einzelne Beteiligte – dienen die an dem in Nr. 1 bezeichneten Grundbesitz für die Bank einzutragenden Grundschuld und die sonstigen einzuräumenden Rechte.
b) Alle Zahlungen werden auf die persönliche Forderung und nicht auf die Grundschuld angerechnet, soweit mit dem Zahlenden nichts anderes schriftlich vereinbart ist.
c) Ansprüche auf Rückgewährung dieser Grundschuld können nur mit Zustimmung der Bank abgetreten werden.
d) Bei einem Eigentumswechsel ist die Bank berechtigt, dem Veräußerer zustehende Rückgewähransprüche durch Leistung an den Erwerber zu erfüllen.
e) Die Bank ist berechtigt, aber nicht verpflichtet, Teile des belasteten Grundbesitzes sowie Grundstückszubehör aus der Haftung für die Grundschuld zu entlassen und Rangänderungen zu bewilligen sowie ähnliche im Rahmen der bei ihr üblichen Sicherheitenverwaltung liegende Maßnahmen zu treffen. Das soll auch gelten, wenn der Rückgewährsanspruch an einen Dritten abgetreten ist oder abgetreten wird.
f) Die Bank ist nicht verpflichtet, in Zwangsvollstreckungsverfahren einen Grundschuldbetrag geltend zu machen, der über ihre persönlichen Forderungen hinausgeht; sie ist berechtigt, im Verteilungsverfahren auf etwaige Mehrerlöse zu verzichten.

Diese Niederschrift wurde dem Erschienenen vom Notar vorgelesen, von ihm genehmigt und eigenhändig unterschrieben.

_____   _____
(Notar NO)   (Eigentümer NN)

Hier können Sie selbst rechnen

Auf unserer Internetseite finden Sie Excel- und PDF-Programme, die Ihnen helfen, Ihre Finanzierung zu planen und Kredite zu vergleichen. Die meisten Programme gibt es kostenlos unter test.de/rechner-baufinanzierung.

Hinweis: Seit August 2021 gibt es einen großen Relaunch der Homepage von test.de. Die Immobilienrechner finden Sie gegebenenfalls auch durch eine Suche nach den hier genannten Rechnern.

So teuer darf Ihr Haus werden

Viele Banken und Vermittler rechnen ihren Kunden derzeit vor, dass sie auch mit geringen monatlichen Raten hohe Immobilienkredite aufnehmen können. Doch Vorsicht: Der Preis ist oft ein extrem hohes Zinserhöhungsrisiko und eine Kreditlaufzeit bis über 50 Jahre. Mit dem Rechner können Sie realistisch einschätzen, welchen Kaufpreis Sie sich höchstens leisten können.

Kaufen oder mieten?

Der Finanztest-Rechner ermittelt, ob Sie langfristig als Mieter oder als Käufer einer Immobilie günstiger wegkommen. Das Ergebnis hängt von vielen Faktoren ab. Rechnen Sie verschiedene Szenarien durch.

Kredit- und Tilgungsrechner

Mit dem Excel-Rechner können Sie Kreditangebote vergleichen, die Restschuld berechnen, einen Tilgungsplan erstellen und die Höhe der Monatsrate oder den passenden Tilgungssatz ermitteln. Sie können außerdem einmalige und regelmäßige Sondertilgungen berücksichtigen und die Anschlussfinanzierung nach Ende der Zinsbindung mit einem neuen Zinssatz kalkulieren.

Mit Eigenkapital Zinsen sparen

Oft reichen schon wenige Tausend Euro mehr Eigenkapital, um einen günstigeren Zinssatz zu bekommen und viele Tausend Euro Zinsen zu sparen. Mit dem Grenzzinsrechner können Sie berechnen, wie viel Zinsen Sie sparen, wenn Sie vorhandene Geldanlagen zugunsten eines höheren Eigenkapitals auflösen.

Die richtige Zinsbindung

Der Rechner vergleicht Kreditangebote mit unterschiedlich langer Zinsbindung. Der Grenzzinssatz gibt an, wie hoch die Zinsen steigen müssen, damit sich das Darlehen mit längerer Zinsbindung trotz anfangs höherem Zins rechnet.

Bausparrechner

Mit dem Finanztest-Bausparrechner können Sie Verträge von Bausparkassen prüfen und miteinander vergleichen – mit und ohne Riester-Förderung. Das Excel-Programm berechnet außerdem den Vor- oder Nachteil gegenüber einer vergleichbaren Bankfinanzierung und den Grenzzinssatz von Bankkrediten, ab dem der Bausparvertrag vorne liegt.

Risikocheck für die Finanzierung

Ist Ihre geplante Finanzierung auch bei steigenden Zinsen noch sicher? Der Risikocheck hilft Ihnen bei der Kalkulation – damit die Finanzierung Ihrer eigenen vier Wände nicht nach Ablauf der ersten Zinsbindung zusammenbricht.

Kauf einer vermieteten Wohnung

Lohnt sich für Sie der Kauf einer Eigentumswohnung zur Vermietung? Der Finanztest-Rechner ermittelt, unter welchen Bedingungen Ihnen der Kauf einer Immobilie wie viel Rendite bringt. Zusätzlich können Sie einen Investitionsplan für einen Zeitraum bis zu 40 Jahren aufstellen.

Effektivzins von Bauspardarlehen

Der von Bausparkassen genannte Effektivzins sagt meist nur wenig aus. Je nach Konstellation kann der Effektivzins deutlich zu hoch oder zu niedrig angegeben sein. Der Rechner hilft, den tatsächlichen Effektivzins Ihres Bauspardarlehens zu berechnen.

Entschädigung bei Kreditablösung

Viele Banken verlangen eine zu hohe Entschädigung von Kreditnehmern, wenn sie ihr Hypothekendarlehen vorzeitig zurückzahlen oder nicht abnehmen möchten. Der Finanztest-Rechner ermöglicht es, die maximal zulässige Vorfälligkeitsentschädigung zu berechnen.

Einheitsdarlehen oder Kombikredit

Bei den Anbietern gibt es den günstigsten Zinssatz häufig nur für Darlehen bis zu 60 Prozent des Immobilienwerts, die mit einer erstrangigen Grundschuld gesichert sind. Brauchen Sie mehr Geld, müssen Sie entweder ein Darlehen zu ungünstigeren Konditionen aufnehmen oder sich zusätzliches Geld über einen Extrakredit besorgen. Der Finanztest-Rechner ermöglicht Ihnen den Vergleich der verschiedenen Varianten.

Solarstromrechner

Mit Solarstrom können Hauseigentümer Geld verdienen und Strom sparen. Mit unserem Solarstromrechner können Sie ausrechnen, welche Rendite Ihnen die Installation einer Solarstromanlage langfristig bringt.

Neutrale und unabhängige Beratung

Der Kauf einer eigenen Immobilie ist für viele Menschen die größte Investition in ihrem Leben. Entsprechend gut geplant sollte die Finanzierung sein. Für den Laien ist jedoch in der Regel nicht zu erkennen, ob der Berater in der Bank die bestmögliche Variante vorschlägt. Das kann viele Tausend Euro kosten und im Ernstfall den Traum vom Eigenheim zum Albtraum machen.

Unabhängigen Expertenrat bieten die Verbraucherzentralen. Sie stellen einen Finanzierungsplan auf oder rechnen nach, wenn eine Bank nach der Kündigung eines Kredits zu viel Entschädigung verlangt. Sie prüfen auch, ob der Kunde einen Kreditvertrag widerrufen kann.

Die Finanzierungsberatung gibt es im persönlichen Gespräch, in Seminaren und am Telefon. Ein persönliches Gespräch lohnt sich vor allem, wenn schon konkrete Pläne für den Bau oder Kauf der eigenen vier Wände bestehen. Der Berater prüft, ob Einkommen und Eigenkapital für die Finanzierung reichen. Er erstellt einen Finanzierungsplan und ermittelt die zu erwartende Monatsbelastung. Wer schon Kreditangebote hat, kann sie überprüfen lassen. Eine telefonische Beratung ist sinnvoll, wenn Bauherren und Hauskäufer einzelne Fragen zur Baufinanzierung haben.

Die Beratung ist kostenpflichtig

Anders als Banken verlangen die Verbraucherzentralen für ihre Ratschläge Geld. Dafür beraten sie unabhängig und ausschließlich im Interesse des Kunden. Eine ausführliche Beratung in 90 bis 120 Minuten kostet je nach Verbraucherzentrale 60 bis 200 Euro.

Tipp

Bereiten Sie sich auf den Termin gut vor, um die Zeit optimal auszunutzen. Das gilt insbesondere für eine telefonische Beratung, denn hier kostet jede Minute Geld. Formulieren Sie Ihre Frage kurz und klar. Für ein persönliches Beratungsgespräch sollten Sie vorab alle Daten zu Einkommen, Vermögen und Ausgaben zusammentragen.

Baufinanzierungsberatung gibt es in allen Bundesländern, wenn auch nicht in allen Beratungsstellen. Einige Verbraucherzentralen bieten zusätzliche Beratungen an, in Hamburg etwa für unverheiratete Paare, die gemeinsam eine Immobilie kaufen wollen. Eine detaillierte Übersicht gibt es auf den Internetseiten der Verbraucherzentralen.

Stichwortverzeichnis

Die Stiftung Warentest wurde 1964 auf Beschluss des Deutschen Bundestages gegründet, um dem Verbraucher durch vergleichende Tests von Waren und Dienstleistungen eine unabhängige und objektive Unterstützung zu bieten.

Der Autor: Werner Siepe ist seit 1987 Fachbuchautor und Dozent mit Schwerpunkt Immobilien. Er kennt die Knackpunkte der Finanzierung nicht zuletzt aus der eigenen praktischen Erfahrung als Eigentümer.

6., aktualisierte Auflage
© 2021 Stiftung Warentest, Berlin

Stiftung Warentest
Lützowplatz 11–13
10785 Berlin
Telefon 0 30/26 31–0
Fax 0 30/26 31–25 25
www.test.de
email@stiftung-warentest.de

USt-IdNr.: DE136725570

Vorstand: Hubertus Primus
Weitere Mitglieder der Geschäftsleitung:
Dr. Holger Brackemann, Julia Bönisch, Daniel Gläser

Programmleitung: Niclas Dewitz

Autor: Werner Siepe
Projektleitung: Uwe Meilahn
Lektorat: Magnus Enxing, Münster
Korrektorat: Hartmut Schönfuß, Berlin
Redaktionelle Mitarbeit: Merit Niemeitz

Fachliche Unterstützung: Jörg Sahr
Titelentwurf: Josephine Rank, Berlin
Layout: Büro Brendel, Berlin
Grafik, Satz: Anna Bakalovic Gestaltung, Berlin
Bildredaktion: Stefan Scholtz, Hamburg
Bildnachweis: UWE/Westend61/Corbis (Titel); Avenue Images: S. 3, 156 l.; colourbox: S. 55 r., 182, 185 r.; F1online: S. 130; Fotolia: S. 13, 79, 84, 111, 156 r.; Getty Images: S. 2, 10, 166; iStockphoto: S. 55 l., 70, 75, 76, 94, 128, 169, 185 l., 189 l.; polylooks: S. 16, 38, 155, 170, 189 r.; shotshop.com: S. 69
Infografiken/Diagramme: Mario Mensch, Hamburg: S. 163; René Reichelt: S. 67, 115, 132, 159,
Produktion: Vera Göring
Verlagsherstellung: Rita Brosius (Ltg.), Romy Alig, Susanne Beeh
Litho: tiff.any, Berlin
Druck: Fromm + Rasch GmbH & Co. KG., Osnabrück

ISBN: 978–3–7471–0470–5